TRINITY

Antonia Langsdorf

LILITH

Die Weisheit der ungezähmten Frau

TRINITY

Überarbeitete Neuauflage 2018

© der überarbeiteten Neuauflage 2018 Trinity Verlag
in der Scorpio Verlag GmbH & Co. KG Berlin · München
© 2013 Trinity Verlag
in der Scorpio Verlag GmbH & Co. KG Berlin · München
Umschlaggestaltung: Guter Punkt, München, unter Verwendung
eines Motivs von © pressmaster / Fotolia
Illustrationen: Reinert & Partner, München
Lektorat: Juliane Molitor
Satz: Veronika Preisler, München
Druck und Bindung: Pustet, Regensburg
ISBN 978-3-95550-263-8

Alle Rechte vorbehalten.
www.trinity-verlag.de

Für meine Tochter Marilen

INHALT

Vorwort zur Neuauflage	11
Vorwort	15
Einweihung – Wie ich Lilith entdeckte	20
Jenseits von Eva	21
Die Reise beginnt	24

TEIL 1 – WER WAR LILITH WIRKLICH?   29

Spuren im Sand	31
Mehr als 1000 Worte – die Bilder der Göttin	33
Lilith, die Göttin	33
Lilith und die Schlange der Weisheit	36
Weltenschlange und Weltenbaum	37
Die Weisheit der dunklen Göttin oder warum auch Dämonen heilig sind	40
Mythen und Motive der Lilith	43
Wilde Natur – Lilith im Weltenbaum	43
Unzähmbarkeit – Adams erste Frau	46
Sexualität – die Liebesdämonin	48
Blut – die Flucht ans Rote Meer	51
Geburt – die Vertreibung aus dem Mutterleib	55
Tod – Lilith als Todesengel	59
Dämonische Kräfte – die Rachegöttin	62
Tabu – die heiligen Namen aussprechen	64
Schuld – die Provokation, eine Frau zu sein	67

Opfer – der Schmerz der Initiation	69
Matriarchat – die Weisheit der alten Wurzeln	70
Weiß wie Schnee, rot wie Blut, schwarz wie Ebenholz – Lilith und die Heilige Dreifaltigkeit	**74**
Weiß wie Schnee – Jungfrau und Priesterin	76
Rot wie Blut – die mächtige Mutter	80
Schwarz wie Ebenholz – die weise Alte	85
Einweihung – Die Göttin kehrt zurück	**89**

Teil 2 – Lilith-Geschichten — 111

Annette	113
Lia	122
Ingrid	128
Sophie	132
Hanna	135
Uschi Obermaier	139

Teil 3 – Lilith in der Praxis — 143

Lilith in den Sternzeichen	**145**
Einführung	145
Lilith im Widder / 1. Haus	156
Lilith im Stier / 2. Haus	165
Lilith in den Zwillingen / 3. Haus	173
Lilith im Krebs / 4. Haus	183
Lilith im Löwen / 5. Haus	197
Lilith in der Jungfrau / 6. Haus	209

Lilith in der Waage / 7. Haus	221
Lilith im Skorpion / 8. Haus	232
Lilith im Schützen / 9. Haus	242
Lilith im Steinbock / 10. Haus	252
Lilith im Wassermann / 11. Haus	263
Lilith in den Fischen / 12. Haus	272
Löwenmütter und wilde Kinder – Lilith im Horoskop des Kindes	282
Übungen und Anregungen, um dich mit Liliths Kräften zu verbinden	**288**
Lilith-Inspirationen	326
Lilith-Test	335
Lilith in den Zeichen / Datenliste	338
Anhang	**349**
Literatur	349
Websites	353
Anmerkungen	354
Dank	356
Über die Autorin	357

Vorwort zur Neuauflage

Viel ist geschehen, seit die erste Auflage dieses Buches im Jahre 2013 erschienen ist. Die Gender-Debatte ist präsent wie nie zuvor. Hierzulande setzt es sich immer weiter durch, Frauen bei allen Ansprachen extra zu nennen, à la: »Liebe Bürgerinnen und Bürger« – da zeigt sich die deutsche Sprache ziemlich sperrig. Andererseits entstehen interessante Wortneuschöpfungen wie »die Gästin« – ich bin gespannt, wann solche Kreationen Eingang in den Duden finden! Der Hintergrund ist jedoch ein ernster: Wir müssen unser Bewusstsein dafür schärfen, dass Frauen noch immer einen langen Weg zur Gleichberechtigung vor sich haben, vor allem wenn es um die angemessene Bezahlung ihrer Leistung geht.

2017, als Lilith im Zeichen des wahrheitsliebenden Schützen stand, kam die Wahrheit über die Machenschaften des Hollywood-Produzenten Harvey Weinstein ans Licht, der jahrelang seine Machtposition ausgenutzt hatte, um Schauspielerinnen zu demütigen und zu sexuellen Dienstbarkeiten zu nötigen. Daraus entstand die »MeToo«-Bewegung: Zahlreiche Frauen, aber auch einige Männer wagten sich mit lange verdrängten Geschichten über den sexuellen Missbrauch durch Männer in Machtpositionen an die Öffentlichkeit. Während gleichzeitig Ikonen der Weiblichkeit aus dem charmanten

Frankreich davor warnten, dadurch in eine neue Prüderie zurückzufallen.

Im Internet demonstrieren und diskutieren junge Frauen ohne jede Scheu und Scham ausführlich den Gebrauch der Menstruationstasse (z.B. »Mamiseelen« mit mehr als 300 000 Aufrufen). Furchtlose und witzige Komikerinnen wie Carolin Kebekus thematisieren die »Geburts-Battle« moderner junger Frauen nach dem Motto: »Wer ist die Coolste und steckt die Schmerzen am besten weg«. Andere porträtieren den Feminismus als schrecklichen Streber, der uns zwingt, »Bürgerinnen und Bürger« zu sagen, ohne den wir aber nicht auskommen.

Die Dinge sind also in Bewegung, und zwar ganz im Sinne Liliths!

Auch ich selbst habe einen großen Schritt in Richtung Kreativität und persönlicher Entfaltung gewagt: 2016 gründete ich meinen YouTube-Kanal »Antonias Sterne«. Hier kann ich meine Kenntnisse der Astrologie und Mythologie kreativ und frei darstellen, ohne dass Redakteure mit Quotendruck, aber ohne jede Ahnung vom Thema mir hineinreden. Als Dank dafür habe ich ein völlig neues Publikum gewonnen und wunderbare Klientinnen und Klienten, die zu mir kommen, weil sie im Leben etwas vorhaben und mein astrologisches Coaching für ihre Persönlichkeitsentwicklung nutzen möchten. Natürlich ist auch Lilith mit einem großen Video-Special vertreten (»Gehe deinen eigenen Weg«). *(youtube.com/user/starantionialangsdorf)*

Besonders freut mich, dass viele andere Frauen ebenfalls das Göttinnenthema aufgegriffen haben und es in Blogs, Podcasts, Videos und tollen Kongressen würdigen. Im Rahmen des »Womb Power«-Kongresses *(weibliche-kraft.de)* gab ich

2017 ein langes Interview zu Lilith, was dazu führte, dass die letzten gebundenen Ausgaben meines Buches auf Amazon zu Preisen bis 800 Euro gehandelt wurden, obwohl das Buch auch als E-Book zur Verfügung steht! Es scheint typisch für Lilith-Frauen, dass sie die sinnliche Erfahrung eines echten Buches mit raschelnden, duftenden Papierseiten bevorzugen. Nun hältst du die neue Taschenbuchausgabe in deinen Händen, mit vielen Aktualisierungen, besonders im praktischen Teil des Buches.

Ein ganz großes Dankeschön möchte ich an alle Leserinnen und Leser aussprechen, die die ersten beiden Auflagen dieses Buches erstanden und gelesen haben. Wie mir zu Ohren kam, wurde mein Buch häufig verschenkt, als Anregung und zur Inspiration. Eine Leserin schrieb mir: »Danke für dieses wundervolle Buch, welches jede Frau lesen sollte!« Wow! 1000 Dank dafür und für die vielen anderen, ermutigenden Zuschriften und Rückmeldungen. Liebe Frauen, und auch liebe Männer, die dies lesen: Lasst uns auf diesem Weg weitergehen, für den Lilith uns sensibilisiert hat – den Weg der Überwindung des Geschlechterkampfes, der Anerkennung unserer inneren, menschlichen Natur und der Rückverbindung mit der äußeren Natur unseres Planeten, *Mutter Erde*. Es gibt noch viel zu tun!

Antonia Langsdorf, Februar 2018

Vorwort

*Lange, lange war sie nur in seichten Gewässern
dahingetrieben. Jetzt wurde sie wieder
in den Strom des Lebens gezogen.*
MARION ZIMMER BRADLEY: DIE NEBEL VON AVALON

Wenn man über Lilith spricht, muss man Geschichten erzählen. So wie es die Frauen jahrtausendelang getan haben, um das Wissen ihrer Clans und Familien lebendig zu erhalten und weiterzugeben. Lilith ist in meiner Geschichte und auch in deiner, denn jede Frau hat ihre eigene Geschichte. Ich möchte dich einladen, mit mir auf die Entdeckungsreise zur Göttin zu gehen. Ich werde dir meine eigene Entdeckungsreise zu Lilith schildern, denn Lilith-Erfahrungen berühren sehr persönlich. Und ich möchte dich ermutigen, deine Lilith-Geschichte zu finden. Mach dich mit der starken, furchtlosen, weisen, wilden, wahrhaftigen und emotionalen Göttin in dir vertraut.

Ich habe mich für dieses Buch entschieden, dich mit dem intimeren »Du« anzusprechen, statt mit dem im Deutschen üblichen »Sie«. Denn Lilith nimmt dich mit auf einen Einweihungsweg, auf dem es kein »Sie« mehr gibt, nur das »Du« deiner nackten, ursprünglichen Natur. Wenn ich dir von Lilith erzähle, verbinde ich mich ganz automatisch mit ihrer Kraft und lasse mich davon leiten.

Stelle dich darauf ein, dass Lilith nicht höflich ist, nicht an äußeren Umgangsformen interessiert und nicht politisch korrekt!

Die Konfrontation mit Lilith-Erlebnissen kann spannend, lustvoll und aufregend sein – aber auch schmerzlich und niederschmetternd. Wenn dir Lilith begegnet, geht es um Initiationen, um Situationen, die dich mit deiner ursprünglichsten Kraft verbinden sollen – Situationen, die du nur meistern kannst, wenn du voll in deiner Kraft bist. Doch wenn man dich in dem Glauben erzogen hat, du seiest schwach und nicht liebenswert, oder die Natur sei allgemein gefährlich und du unfähig, sie zu erkunden und zu erleben, dann ist dein Zugang zu deiner wilden, inneren Natur vielleicht verschüttet. Dann hast du vielleicht – bewusst oder unbewusst – Angst davor, was passieren könnte, wenn du sie wieder erweckst.

Lilith ist nicht böse, sie will dich aufwecken und dir dein Gefühl für deine innere Natur zurückgeben. Stell dir vor, wie es ist, wenn dir durch eine falsche Haltung eine Hand »einschläft«. Die Hand wird erst taub und gefühllos, dann kribbelt sie heiß, manchmal schmerzhaft, ehe sie sich wieder warm und beweglich und wie ein Teil von dir anfühlt. Wenn eine Lilith-Erfahrung dich aufwühlt oder verletzt, weist das darauf hin, dass ein Teil deiner Psyche oder Seele taub und gefühllos geworden ist, weil er abgeschnürt und unterdrückt wurde.

Wenn dieser Teil nun wieder zum Leben erwacht, tut das zunächst weh, und es können sehr intensive Schmerzen sein. Aber wenn du den Seelenanteil integrieren und wieder als Teil von dir wahrnehmen kannst, lässt der Schmerz nach und weicht einem Gefühl von mehr Vollständigkeit und Lebenskraft. Die Geschichten anderer Frauen können dir sehr gut dabei helfen, deine eigene Geschichte zu verstehen und dir deine eigene, wahre innere Kraft zurückzuerobern.

Ich verehre Lilith sehr – als Ruf der wilden, inneren Natur. Wie eine Tigerin, die zum Sprung ansetzt, so empfinde ich die Energie der Lilith, wenn sie mich ruft. Aber ich kann ihr nicht immer folgen. Ich habe ein Leben mit Verpflichtungen und Verantwortung, und ich habe gelernt, nicht jeder Regung meiner Instinktnatur stattzugeben. Doch ich weiß auch, wann es Zeit ist, alles stehen und liegen zu lassen und Liliths Ruf zu folgen. Es kann sein, dass ich als Mutter gerufen werde, mich für meine Tochter einzusetzen. Oder dass ich durch ein Liebesabenteuer in eine neue Stufe der Ekstase initiiert werden soll. Oder dass ich selbst die Chance bekomme, jemand anderen zu initiieren. Oder einfach, dass ich in ein Unwetter gerate oder auf einem Pferd sitze, das plötzlich durchgeht. Lilith erscheint in Momenten, die man nicht planen kann, in denen man sich dem Leben hingeben muss und nichts mehr hinterfragen kann. Sie schickt dir vorher schon Zeichen und Träume, wenn du darauf achtest. In allen Situationen, vor denen ich eine unglaubliche Angst hatte, wurde ich geführt, ich wurde durch Träume vorbereitet, und ich konnte mich auf meine Instinkte verlassen. Die einfältige christliche Frömmigkeit der Kirche, mit der ich aufwuchs, konnte mir nichts über die Kräfte des Lebens beibringen. Erst die Entdeckung dessen, was mich Lilith gelehrt hat, gab mir das Gefühl, in meinem Leben als Frau wirklich angekommen zu sein.

Wir können in Lilith sicher eine Ikone der Gleichberechtigung sehen. Doch sie ist deshalb keine Galionsfigur für ein »neues Matriarchat«. Ambivalent sehe ich ihr Verhältnis zum Begriff der »Karrierefrau« und der Annahme einer neuen

Dominanz der Frauen in Wirtschaft und Politik. Lilith ist nicht unbedingt die Schutzpatronin der Karrierefrauen, weil sie nicht bereit ist, sich anzupassen und nach den Regeln des Männerspiels zu spielen. Mit ihren Krallen und Flügeln ist sie ein archaisches Prinzip. Sie will uns mit »dem Tier« in uns verbinden, und zwar in Respekt und in einem spirituellen Kontext. Die Matriarchatskulte, denen ihr Mythos entspringt, waren dem Erhalt des Lebens verpflichtet und in tiefer Spiritualität mit den Kräften der Natur verbunden. Darauf beschränke ich mich bei meinen Lilith-Forschungen. Ich beleuchte das Lilith-Thema als ein seelisches, mystisches und kulturelles Phänomen, welches auch politisch und sozial brisant ist. Ich bin jedoch keine Matriarchatswissenschaftlerin. Und ich denke auch nicht so schlicht, dass ich glaube, ein neues Matriarchat würde alle unsere Probleme lösen. Die Kräfte der Lilith sind zwar zu einem Teil in dem urweiblichen Geschehen der Geburt und des Monatsblutes gebunden. Doch sie stehen darüber hinaus auf vielfältige Weise jedem Menschen offen. Indem Lilith unsere Faszination für das Wilde schürt und uns mit Situationen konfrontiert, in denen wir die Verbindung mit der Weisheit und dem Schrecken des Lebens zugleich erleben, fordert sie unser Vertrauen ein, Vertrauen zu den Kräften der Natur, zu Geburt und Tod, zu den Phasen des Lebens und den Geschenken unseres wunderschönen Planeten.

Wie die Erfahrungen mit Lilith auf die Seele wirken, hängt natürlich auch sehr vom jeweiligen kulturellen Kontext ab. Gerade in der Gegend, aus der ihr Mythos ursprünglich stammt, nämlich dem Vorderen Orient, ist die Frau gesellschaftlich noch im finsteren Mittelalter gefangen. Wie in den alten Mythen kann Lilith nicht in ihrer Heimat wirken, sondern nur im Exil. So stammen die Geschichten und Erkenntnisse in diesem Buch aus dem deutschsprachigen Raum und den USA, wo ich den Schwarzen Mond, Liliths Zeichen im Horoskop, seit 15 Jahren erforsche. Lilith ist auch in Frankreich, England, Italien, Argentinien und Australien sehr populär.

Nun möchte ich das Wissen, das ich in meiner astrologischen Arbeit und in meinem gelebten Leben über Liliths Einweihungswege gesammelt habe, mit dir teilen. Damit du spürst, wann es Zeit ist, dem Ruf der Lilith zu folgen.

Einweihung – Wie ich Lilith entdeckte

Lilith war für mich der Wegweiser zur weiblichen Göttlichkeit. Warum? Warum die wilde Lilith und nicht zum Beispiel eine Göttinnenfigur wie Venus, mit der ich als Astrologin dauernd zu tun habe? Oder auch die heilige Mutter Maria, die einzige weibliche göttliche Figur, die unser Christentum uns gönnt und die nicht einmal Göttin sein darf, sondern »nur« eine Heilige. Ja, warum war es Lilith, die mich genug faszinierte, um ihr durch das Religionsgestrüpp zu folgen, in dem ich mich als Frau gefangen fühlte? Um nach dem Geheimnis der weiblichen Magie zu suchen, über das mich niemand aufklären konnte und wollte, doch von dessen Vorhandensein ich überzeugt war, seit mir Lilith begegnet war? Und das, obwohl die Lilith-Mythen und astrologischen Deutungen eher düster waren? Das Gefühl, sie sei »die Richtige«, war untrüglich für mich. Ich wollte eine Göttinnenfigur finden, vor der ich mich nicht schuldig fühlen musste, eine sinnliche, leidenschaftliche Frau zu sein, die das Muttersein fürchtete und die Männer abwechselnd liebte und hasste – und die Karrierestrukturen der Männerwelt nur ansatzweise verstand. Warum war es für mich nie eine Option, Kostümchen und High Heels zu tragen, gleichzeitig Männerrituale mitzumachen und auch noch härter zu arbeiten als die Kollegen, um Erfolg zu haben? Warum suchten Männer meine Nähe, bekamen dann aber irgendwie Angst vor mir? War ich ein Wesen von einem anderen Stern? Als ich auf die Mythen der Lilith stieß, ausgegrenzt, verfolgt, gejagt, für ihren Anspruch auf weibliche Stärke unverstanden und bestraft, dabei furchtlos, stark, leidenschaftlich und unberechenbar, wusste ich: Ich habe sie gefunden, »meine« Göttin. Venus, die ewig Raffinierte, die mit den Waffen einer Frau kämpft, sagte mir wenig. Musste sie sich denn nicht andauernd verkleiden und verstellen, um zu erreichen, was sie wollte? Musste sie nicht auf schmerzenden High Heels laufen, statt sich wie eine Tigerin auf schmiegsamen Sohlen im Großstadtdschungel zu bewegen?

Jenseits von Eva

Lilith dagegen, die hocherhobenen Hauptes und wahrscheinlich barfuß vor den grausamen Jahwe hintrat, den ich schon immer gehasst hatte, und ihm Paroli bot, ließ mein Herz höherschlagen. Ich stellte mir vor, wie sie ihm entgegenschleuderte: »Du kannst mich mit deinen Engeln nicht beeindrucken! Ich kenne deine heiligen Namen, und ich werde sie aussprechen und dich verfluchen, denn ich bin eine Göttin, und ich weiß, was hier gespielt wird! Niemals werde ich dir zur Verfügung stehen, damit ein ungehobelter Kerl wie Adam eine Frau bekommt! Such dir eine andere, die bereit ist, die Gehorsame zu spielen – mich siehst du hier nie wieder!« Das tat Gott dann ja auch: Er erschuf Eva aus einer Rippe Adams, damit sie sich ihm folgsam unterordnete. Dass Eva nachher ihre innere Venus entdeckte und begriff, wie man mit den Waffen einer Frau kämpft, ist eine andere Geschichte.

Ich will nun nicht sagen, dass wir es immer und in jeder Situation genauso machen sollten wie Lilith: provozieren, die Wahrheit herausposaunen, uns nichts gefallen lassen, stur bleiben und keine Kompromisse eingehen und womöglich ein schönes Paradies verlassen, das wir uns sogar selbst geschaffen haben. Lilith blind zu folgen kann gefährlich sein. Man muss schon wissen, was man tut, oder über ein enormes Urvertrauen verfügen. Denn Lilith ist nicht für ein wohlgeordnetes, kultiviertes Leben zuständig. Und auch nicht für ein Leben als Karrierefrau, bei dem die Gefühle auf der Strecke bleiben. Sie regiert die ungebändigten Kräfte der Natur, namentlich Sexualität, Geburt, Leben und Tod und die Weisheit, die sich in den tiefsten Geheimnissen des Lebens verbirgt. Wir werden geboren, und wir werden sterben, aber wir können uns ansonsten aus der Intensität des Lebens erfolgreich heraushalten. Bis Lilith kommt und sagt: »Komm. Verbinde dich mit den Kräften von Sonne und Mond, von Ozean und Wüste, von Engeln und Dämonen, von Blut und Wasser, von Wind und Feuer.« Dann sollst du initiiert werden in die Geheimnisse des Lebens – und des Todes, wenn es sein muss. Das wird nicht unbedingt ein lustiger, angenehmer Trip. Aber am Ende wirst du dich unfassbar lebendig fühlen – jenseits aller schlauen Ratschläge und Konzepte, nur deiner eigenen Wahrheit verpflichtet.

Lilith-Erfahrungen sind solche, die es in keinem Vergnügungspark der Welt nachzustellen und nirgendwo zu kaufen gibt. Sie bringen dich in Kontakt mit der Liebe des Lebens zu sich selbst und aus sich selbst heraus. Das Erlebnis einer Geburt, eine verzehrende Liebe, von der man noch seinen Enkelkindern erzählt, die wortlose Freundschaft zu einem Tier, ein unvergessliches Naturerlebnis, die Begegnung mit einer Schamanin oder Hexe, die Rettung einer Frau in Not, der Traum, der dir von deiner Tochter erzählt, all das können Liliths Botschaften sein, die uns daran erinnert, welch ein Wunder das Leben an sich ist – in seiner Schönheit und Hässlichkeit, in seiner Sanftheit und seiner Gewalt, in seiner Weisheit und seiner Grausamkeit. Ja, sie erzählt auch von der Gewalt gegen die Frauen, Gewalt die ihnen entgegenschlägt, weil ihre innere Kraft den Männern Angst macht, genau wie damals, als Jahwe Lilith nicht einfach ziehen ließ, wo es ihm doch so wenig Mühe machte, Eva zu erschaffen, sondern sie bestrafte und über lange Zeit zu einem Dasein als Ausgestoßene verurteilte. Lilith erzählt von der unzerstörbaren inneren Kraft der Frauen, vom Kampf um Respekt und Gerechtigkeit, von Schmerz und Elend der Hexenverbrennungen, von der Rebellion gegen die Ungerechtigkeiten, die Frauen bis heute widerfahren. Sie erzählt von Geheimnissen und Tabus, die sich um das Frausein ranken, weil die Christen das Blut, die Stimmungen, die Fähigkeit der Frauen, Kinder zu bekommen, und den Akt der Geburt nicht verstanden. Und sie erzählt von der Ekstase, wenn du in Verbindung mit den tiefsten und ursprünglichen Kräften des Lebens bist und gleichzeitig die Zeit stillzustehen scheint, weil du in diesem Moment deinen eigenen Kosmos schaffst – als Künstlerin, Tänzerin, als Liebende oder sogar als Gebärende. Wenn du auf dem Sterbebett sagst: »Mein Leben war voll und reich, ich habe nichts ausgelassen, keine Freude und keinen Schmerz, ich habe mich in jede Erfahrung mit voller Kraft hineingeworfen«, wird Lilith zufrieden sein und dich auf ihren Flügeln in den Himmel und die geistigen Welten tragen.

Wir Frauen hier in Deutschland und Europa sind in der privilegierten Situation, die atemberaubend abenteuerliche, magische, lustvolle, leidenschaftliche und weise Seite der Lilith kennenlernen zu dürfen, und davon soll dieses Buch in der Hauptsache handeln. Wir gehören zu den Frauen, die dabei sind, die ekstatische Kraft der Lilith wieder für sich zu entdecken. Wir sind in vieler Hinsicht bereits frei und auf Augenhöhe mit den Männern, auch wenn es sich noch immer nicht auf dem Gehaltsscheck zeigt. Aber Zahlen sind nicht Liliths Zuständigkeitsbereich. Stärke und Gerechtigkeit haben viele Gesichter.

DIE REISE BEGINNT

Ende der 1980er-Jahre begann ich, Lilith zu folgen. Ein Buch hatte mich in seinen Bann geschlagen: *Lilith – der Schwarze Mond. Die Große Göttin im Horoskop* von Joelle de la Gravelaine. Es war wundervoll und erschreckend zugleich, denn Gravelaine stieg tief ein in die Mysterien der dunklen und gewaltsamen Lilith oder vielmehr all dessen, was ihren schlechten Ruf ausmachte. Kein Wunder – Lilith war ja wie aus der Verbannung zurückgekehrt. Sie hatte fast 3000 Jahre im Schatten des Vergessens und Verdrängens ausgeharrt – und so mochte sie anfangs sehr furchterregend gewirkt haben. Vor meinem inneren Auge sah ich eine Yogini, die über die Äonen hinweg allein in einer Höhle am Strand des

Roten Meeres meditiert hatte – zugewachsen von Haaren, von Staub bedeckt, nur die Augen glühend und lebendig, seit Ewigkeiten in der Dunkelheit, aber mit der Kraft, ihre Stimme in deinen Gedanken erklingen zu lassen: »Bist du bereit für meine Rückkehr? Bist du bereit, dir all das anzuschauen, was mir widerfahren ist, als ich mich in deinem Namen für die weibliche Kraft eingesetzt habe, damals, im Paradies? Ich bin zurückgekehrt, denn die Welt ist nun bereit für mich!«

In der Psychologie wurde Lilith ein Verhaltensmuster zugewiesen, das wenig schmeichelhaft war. Sie wurde beschrieben als zorniger Racheengel, als wilde Amazone, ja sogar als verstörte Kindstöterin. Sie wurde immer dann zitiert, wenn unverständliche weibliche Verhaltensweisen erklärt werden sollten. Denn Lilith haftete das Mysterium von Mondrhythmus, Blut, Kraft, Natur und Matriarchat an – aber es wurde häufig gründlich missverstanden. So kam es, dass Lilith im Zusammenhang mit verstörter Weiblichkeit und traumatischen Mutter-Kind-Beziehungen gesehen wurde, aber auch als Faktor für betörende, unheimliche weibliche Magie. Parallel zu dieser psychologischen Einordnung des Lilith-Archetyps hatten sich auch die Astrologen der Figur der Lilith angenommen. Sie wiesen ihr einen wichtigen Punkt in der Himmelsmechanik zu – einen Punkt, der im kosmischen Tanz von Erde und Mond einem Neunmonatsrhythmus folgt und als Einziger den Zeitraum der weiblichen Schwangerschaft beschreibt. Diesen Punkt nannte man den »Schwarzen Mond«. Der »Schwarzmond« hat vielerlei Bedeutungen in den Mondkulten und Göttinnenkalendern. Frauen menstruieren seit Menschengedenken im Rhythmus des Mondes, was offensichtlich werden lässt, wie stark wir Menschen eingebunden sind in die natürlichen Rhythmen unserer Natur und damit der Himmelskörper, die diesen Rhythmus ja vorgeben. Unzählige Kulte, Rhythmen, Zählungen und Kalender, auch der der Maya, entwickelten sich entlang dieses Mondrhythmus, der immer leicht vom Sonnenrhythmus abweicht. In unserer Kultur folgen wir dem offiziellen Kalender mit zwölf Sonnenmonaten, demgegenüber stehen die magischen 13 Mondmonate, die sich als Neumonde und Vollmonde in unserem Kalender wiederfinden, doch deren magisch-weibliche Bedeutung in Vergessenheit geriet – bis Lilith wieder in unserem Bewusstsein auftauchte.

Über 15 Jahre folgte ich dem Schwarzen Mond, Liliths Spur im Horoskop. Nicht nur in Geburtshoroskopen, auch in Partnerhoroskopen und Prognosen – überall, wo der Schwarze Mond einen Akzent setzte, war Lilith am Werk, die Wilde, die Unberechenbare, und vermittelte ihre Botschaft vom Wiedererwachen der Natur und des Weiblichen, vom Kampf um die Gleichberechtigung, von Gewalt gegen Frauen und von neuen Männern, die starke Frauen lieben.

Ich entdeckte, dass Lilith im Horoskop von starken, mutigen, kompromisslosen, engagierten, provokanten Frauen, aber auch Männern, besonders herausgehoben und als Persönlichkeitsanteil stark entwickelt ist. Und ich musste feststellen, es war auch etwas dran an den düsteren Deutungen – einfach deshalb, weil sich der Schwarze Mond oft zeigte bei schwierigen Liebesgeschichten, wenn Leidenschaften in wohlgeordnete Beziehungswelten einbrachen, wenn Menschen wider besseres Wissen ihrem Herzen folgten und dafür geächtet wurden, in konfliktreichen Mutter-Kind-Beziehungen, wenn eine Femme fatale einen Mann in den Ruin trieb – oder ein durchgedrehter Manager eine ganze Firma. Ich suchte weiter, denn ich spürte, dass hier noch etwas richtiggestellt werden musste, dass es noch andere Geschichten geben musste, in denen Lilith als die Heldin, die Schamanin und die weise Wilde auftreten würde, als die ich sie sah, und mit mir viele andere Frauen, die um ihre Figur und Symbolik wussten und Lilith verehrten. Ich ahnte ja nicht, dass es meine eigene Geschichte war, in der sich Lilith mir offenbaren würde!

Wer war Lil

TEIL 1

Wer war Lilith wirklich?

Spuren im Sand

Windgöttin, Dämonin, dunkle Göttin – der Name Lilith ist eher ein mystisches Raunen als ein klar umrissener Begriff. Die sumerische Silbe *Lil* wird mit »Windhauch« übersetzt, *Lilitu* mit »Dunkelheit« oder »Nacht«. Im Neuhebräischen heißt *Lilit* »Schleiereule«. Die *Lilitu* waren mädchenhafte Dämonen. Biblische Gelehrte verglichen Lilith mit *Lamia*, der libyschen Schlangengöttin. Martin Luther übersetzte *Lîlît* mit »Nachtgespenst«. Ihr Dämonenname ist *Lamaschtu*, die Wandlungsgöttin, die Leben nimmt und Leben schenkt. In der Kabbala ist Lilith die Gefährtin von Samael und Teil eines heiligen Dämonenpaars. Andere sagen, Lilith sei verwandt mit der babylonischen Göttin *Belet-ili*, oder mit *Ba'alat*, der heiligen Herrin der Kanaaniter. Der genaue Ursprung des Namens Lilith bleibt rätselhaft. Ziemlich eindeutig scheint zu sein, dass ihre Spuren in den Vorderen Orient führen, in die Gegend, die in der Bibel als das »Land von Euphrat und Tigris« beschrieben wird. In dieser Gegend befand sich Mesopotamien und als Teil davon Sumer, das sich zwischen der heutigen Stadt Bagdad und dem persischen Golf erstreckte. Vor mehr als 6000 Jahren wurde die mystische Stadt Uruk gegründet, und hier spielt der Mythos, in dem die »Göttin Lilith« zum ersten Mal namentlich genannt wird, an dessen Ende sie in die Wüste flieht. In der

Genesis ist sie Adams erste Frau, und sie flieht wieder, diesmal ans Ufer des Roten Meeres, das zwischen Ägypten und Saudi-Arabien liegt und die Halbinsel des Sinai umschließt.

Lilith ist also ein Geschöpf der Wüste mit ihrer flirrenden Hitze und ihren Fata Morganen, ihren Oasen und Flüssen, deren Überschwemmungen das Land fruchtbar machen, ihrem Wind, der die Geheimnisse des Lebens weiterträgt, ihren Sandstürmen, ihren Schlangen, Skorpionen, ihren Raubkatzen und Gazellen, stolzen Araberpferden und ausdauernden Kamelen, und des Meeres, in das die Wüste übergeht.

Ich habe drei Jahre am Rand der Wüste in Kairo gelebt und habe eine Ahnung davon, welche mystischen Mächte sich in ihr entfalten. Ich habe die großen Oasen gesehen, die so aussahen, wie ich mir das biblische Paradies vorstellte. Ich weiß, was es bedeutet, wenn jemand »in die Wüste flieht«. Um dort zu überleben, braucht es große innere Stärke, Weisheit und Erfahrung, Verbindung mit dem Wesen des Windes, der so schnell zum Sandsturm werden kann, und Verständnis für die Zeichen der Tiere, die zum rettenden Wasserquell weisen. Oder das Wesen einer Göttin, die Wind, Leben und Tod selbst ist.

Mehr als 1000 Worte – die Bilder der Göttin

Wenn du einmal »Lilith« bei Google eingibst und auf »Bildersuche« gehst, bekommst du eine Zusammenstellung von kraftvollen Bildern zu sehen, teils antik, teils aktuell, die Zeugnis von den Kräften ablegen, für die Lilith steht: Darstellungen von Adam und Eva im Paradies mit der Schlange, Lilith, von einer Schlange umwunden, Lilith als Schlange im Baum der Erkenntnis, Lilith als geflügelte Dämonin, außerdem viele aktuelle Interpretationen der Lilith. Alles zusammen ergibt ein eindrucksvolles Image, eine klare, kraftvolle Symbolsprache, die sich in der Bilderflut des Internets mit einer eigenen Kontur durchsetzt. Lilith hat eine moderne Identität wie ein Superstar!

LILITH, DIE GÖTTIN

Gleich zu Anfang dieser Galerie taucht das faszinierende, antike »Burney-Relief« auf, auch »Queen-of-the-Night«-Relief genannt. Bis heute weiß keiner mit letzter Sicherheit, welche sumerische bzw. babylonische Frauengottheit es darstellt. Ist es Inanna, Ishtar oder tatsächlich Lilith? Sicher sind

Das Burney-Relief

sich Experten, dass es ein göttliches Wesen sein muss. Auch der Ursprung, etwa 1900 v. Chr., und damit das Alter von rund 4000 Jahren dieses Reliefs, wurde wissenschaftlich bestätigt. Das rund 50 mal 47 Zentimeter große Terrakottarelief fand sich im Besitz eines gewissen Sir Burney, doch wie es dorthin kam, ist nicht bekannt. Man vermutet seinen Ursprung im heutigen Irak und damit in der Heimat des Lilith-Mythos. Es ist in seiner Art einzigartig und wunderschön, und ein stimmiges Abbild all dessen, was wir Lilith zuordnen. Für viele Lilith-Fans, Astrologen und auch Forscher mit streng wissenschaftlichem Background gibt es keinen Zweifel: Ja, DAS ist LILITH!

Stolz und vollkommen nackt steht die Göttin da, ihre Figur ist makellos, ihr Geschlecht vollkommen glatt. Mit ihren schwellenden Brüsten und ihrer ganzen, wunderschönen Gestalt gleicht sie einer kraftvollen jungen Frau von frisch erblühter Weiblichkeit. Beinahe bedient sie unser heutiges Schönheitsideal, doch dann der Bruch: Ihre schlanken, kräftigen Beine gehen in mächtige, krallenbewehrte Vogelfüße über, mit denen sie auf zwei Löwen steht – ein Hinweis darauf, dass sie ihre Kraft aus ihrer Instinktnatur zieht und über die Erde und die Tierwelt herrscht. Rechts und links wird sie flankiert von zwei riesigen Eulen, im Verhältnis größer als die Löwen. Eulen stehen seit Urzeiten für den Begriff der Weisheit. Und sie besitzt Flügel, Symbol für ihre Verbindung zur Sphäre des Himmels und des Geistes. Auf ihrem Kopf trägt sie eine helmartige Krone, Zeichen ihrer Herrschaft und Göttlichkeit. Auch die Ringstab-Symbole in ihren Händen weisen auf eine göttliche Herkunft hin. Das Gesicht zeigt Spuren der Verwitterung, trotzdem erkennt man in dem Antlitz eine starke Willenskraft. Die Eulen der Weisheit, die Löwen als Krafttiere, die Flügel des Geistes, dazu die Insignien einer Göttin. Das sind mächtige Symbole, die keinen Zweifel an der Wucht und Kraft dieser Figur lassen. Mit ihrer hoch aufragenden, offenen und furchtlosen Haltung, die zugleich eine betörende, natürliche Sexualität verströmt, wirkt sie absolut bezwingend. Trotz der jugendlichen Spannkraft ihres Körpers strahlt sie Weisheit und Bewusstsein aus. Sie verbindet Himmel und Erde, Spiritualität und Instinkt. Sie scheint die Formel zu kennen, nein, sie *ist* die Formel für die Weisheit des Wilden, für archaische Kräfte, die offenbar in unserer flurbereinigten, harmonisierten, konsumverweichlichten

Kultur stark herbeigesehnt werden. Sie lebt in unseren Zyklen, in unseren Gefühlen, Instinkten, im Monatsblut der Frauen und in der Schwangerschaft, in unserer genetischen Weisheit, sie pulsiert überall dort, wo der Alltagsverstand nicht hinkommt. Genauso ist sie auch im Wind, in den Elementen, in den Lüften und in den geistigen Sphären der Spiritualität.

Lilith und die Schlange der Weisheit

Für mich ist das Burney-Relief eine der kraftvollsten Weiblichkeitsikonen überhaupt – und ich habe mir wirklich viele weibliche Ikonenbilder aus aller Welt angeschaut. Aber es gibt noch eine weitere Gruppe von Bildern, die wir uns im Zusammenhang mit Lilith anschauen sollten, um sie tiefer zu verstehen, nämlich Lilith mit der Schlange und dem Baum der Erkenntnis. »Lilith mit der Schlange« ist ein besonders betörendes, sehr bekanntes Bildnis von John Collier aus dem Jahre 1886. Es zeigt Lilith als nackte, wunderschöne Frau mit einer Flut rötlicher Haare, umwunden von einer mächtigen Pythonschlange. Ihr entrückter Ausdruck und die Zärtlichkeit, mit der die riesige Schlange ihren Körper umfängt und den Kopf auf ihre Schulter legt, zeigen sie als Frau, die zutiefst mit ihrer wilden Natur verbunden ist und sich nicht dafür schämt. Doch dieses Bild geht zurück auf weit ältere Darstellungen des Paradieses, wo Lilith selbst als kluge Schlange auftaucht. Denn es war ja die Schlange, die Adam und Eva zur Sünde verführte, indem sie ihnen einflüsterte, es sei eine gute Idee, entgegen der Weisung Gottes vom Baum der Erkenntnis zu essen. So machten große Künstler aus der dämonischen Figur der Lilith eine Schlangenfrau, um in ihr das Bild der verführerischen Sünde zusammenzufassen. Der große Michelangelo porträtierte sie in den Fresken der Sixtinischen Kapelle als wilde Frau mit dem Unterleib einer Schlange, die Eva den Apfel geradezu aufdrängt. Andere Darstellungen zeigen sie als Schlange, die den Baum der Erkenntnis umwindet und einen Frauenkopf hat. Berühmt ist die Interpretation des holländischen Meisters Hugo van der Goes (um 1470). Auf seinem Bildnis »Der Sündenfall« sieht man Adam und Eva am Baum der Erkenntnis stehen, beklommen in ihrer Nacktheit und mit ahnungsvollen Gesichtern. Daneben erkennen wir Lilith als echsenhaftes Wesen mit Frauenkopf und kritischem, schlauem Blick. Sie hat sich am Baum aufgerichtet und scheint zu überwachen, ob Eva den Apfel auch wirklich pflückt.

WELTENSCHLANGE UND WELTENBAUM

Die Geschichte vom Paradies mit dem Baum der Erkenntnis basiert auf Mythen der Schlange und des Lebensbaums, die viel älter sind als die Genesis der Bibel. Schon immer wurde der Baum als Symbol für das Leben selbst gesehen und als Verbindung zwischen der Erde, in der er sich verwurzelt, und dem Himmel, in den er mit seiner Krone aufragt. Lebens- oder Weltenbäume gibt es in Kulturen rund um die Welt, und sie spielen in vielen Schöpfungsmythen eine tragende Rolle. So auch im Gilgamesch-Epos der Sumerer, wo Lilith den Weltenbaum bewohnt, zusammen mit einer Schlange und einem

Vogel. Auch die Schlange als Symbol ist uralt und hat Menschen von jeher fasziniert. Bevor sie regelrecht verteufelt wurde, galt sie als Symbol der Weisheit und Kraft. Der Ouroboros, die Schlange, die sich selbst in den Schwanz beißt, gilt als Symbol der Vollkommenheit und steht auch für die Welt selbst. Sie taucht in der sumerischen und ägyptischen Mythologie ebenso auf wie in den nordischen Schöpfungsmythen als weltumspannende »Midgardschlange«. Durch die Verbreitung des Yoga ist auch die Kundalinischlange populär geworden, das Symbol für die Lebenskraft im Menschen. Zusammengerollt schläft sie am Beckenboden, im Basischakra, doch wenn sie geweckt wird, zum Beispiel durch eine sexuelle Initiation, richtet sie sich auf, und die Lebenskraft schießt hoch bis zum Scheitel und erleuchtet das dritte Auge.

So kommt alles zusammen: Lilith als Schlange im Lebensbaum, als Verführerin zur Erkenntnis, als Hüterin der sexuellen Initiation! Es ist doch wirklich interessant, dass der Gott der frömmelnden Christen die Schlange im Paradies dazu verfluchte, auf ewig »auf dem Bauche zu kriechen und Erde zu fressen« (1. Mose 3,14), statt dem Menschen weiterhin als Weisheitslehrerin zur Verfügung zu stehen. Sie durfte sich nicht mehr aufrichten wie die Schlange der Kundalinikraft, der heiligen Sexualität, und das dritte Auge erleuchten. Nein, sie sollte demütig im Schlamm kriechen und wurde von ihrer spirituellen Kraft getrennt. Ein Sinnbild dafür, wie die Mysterien der heiligen Sexualität von der prüden Gefolgschaft eines patriarchalen Gottes in den Schmutz getreten wurden. Die Sünde kam durch das Weib in die Welt, sagt der Mythos vom Sündenfall. Und die Bilder von Lilith als Schlange erzählen uns: Es war nicht die folgsame Eva, die es nicht besser wusste, sondern die wilde Lilith, die als Schlangenweib Eva den Apfel gab, damit sie den noch ahnungsloseren Adam damit verführen sollte. So wurde Lilith zur personifizierten Sünde.

Die Weisheit der dunklen Göttin oder warum auch Dämonen heilig sind

Wenn man Lilith in diesem Kontext sieht, ist es kein Wunder, dass sie auch in der Psychologie und Astrologie als eher dunkles, seelisches Urbild wahrgenommen wurde. Sie stand für die gepeinigte Frau, für die gestörte Weiblichkeit, die vergewaltigte Frau. Doch die Peinigung und Störung waren ja nur die Folge des selbstbewussten Auftretens der Lilith, das dazu geführt hatte, dass sie vom alttestamentarischen Jahwe – Sinnbild für die Männergesellschaft – verstoßen wurde. Wo wurden denn ihre Kraft, Wildheit und Weisheit gewürdigt? Ich sträubte mich, zu akzeptieren, dass Lilith nur für Schmerz, Verbannung und Kampf stehen sollte. Schmerz ja, aber doch so etwas wie Geburtsschmerz, also ein Schmerz, der eine Initiation begleitet, durch die man hinterher stärker ist! Oder ein Schmerz, den man hinnimmt, um seinem Herzen zu folgen. Und der Schmerz der Erkenntnis, dass die Kräfte der inneren, ursprünglichen Natur systematisch unterdrückt wurden. Aber warum sollte sie, die wilde, stolze, kraftvolle Göttin, nur für psychische Traumata durch Grausamkeiten stehen? Ich vermute, das hat mit ihren Attributen und deren Verfälschung zu tun. Immerhin sind Liliths Themen solche, die nicht unbedingt durchweg populär und ästhetisch sind – sondern solche, die gerade in der Frühzeit des Christentums mit großen Unsicherheiten und Ängsten besetzt waren. Lilith ist die Verbindung mit den Kräften der urigen, weiblichen Göttinnen: der Kraft zu gebären, dem geheimen Wissen der Frauen um Leben und Tod, dem Weg der Initiation, der Ursprünglichkeit der Natur. Ihre Themen sind Blut, Geburt, Tod, Tabu, Sexualität, dämonische Kräfte, Furchtlosigkeit, Rebellion und der Kampf um Gerechtigkeit. Ihre Handlungen sind radikal und kompromisslos. Das macht sie Furcht einflößend und unbequem. Schauen wir uns doch an, wovon die wenigen, aber umso kraftvolleren Mythen, die wir von ihr kennen, erzählen und wo wir diese Themen in unserer modernen Gesellschaft wiederfinden. Dann wird nachvollziehbar, warum Lilith so oft missverstanden und gefürchtet wurde und warum es sich lohnt, sie im strahlenden Licht einer Göttin zu betrachten, statt im Schatten der Verbannung, aus der sie kommt. Für mich war immer klar: Lilith als Dämonin – das kann nur eine andere Erscheinungsform der Göttin sein. Tatsächlich weiß die Sprachwissenschaft, dass das altpersische Wort »Div« für Dämon und »Deva«, das Sanskritwort für »Gott«, aus der gleichen Quelle stammen. In der jüdischen Kabbala ist Lilith Teil eines Dämonenpaars, das genauso heilig war wie seine himmlischen Gegenspieler. Götter und Dämonen sind also gar nicht so verschieden, sondern eher zwei Seiten ein und derselben Medaille.

Innerhalb weniger Jahrzehnte hat Lilith mit großer Kraft einen Platz in der Reihe der wichtigen seelischen Archetypen errungen, gleich neben Göttern wie Venus, Mars, Mond und vielleicht noch Jupiter. Lilith ist seit einigen Jahren regelrecht populär – nicht nur unter Astrologen, sondern auch bei Psychologen und Schriftstellern! Lilith ist nicht irgendeine Figur, die wir Astrologen uns ausgedacht haben, sondern ein mächtiges Prinzip, das mit Macht in unsere Seelen zurückkehrt und in unserer Gesellschaft immer stärker wahrgenommen wird! Frage dich, welche Göttinnen du neben Venus noch kennst. Siehst du. Es gibt nicht viele, die heute noch eine Rolle spielen. Lilith ist eine davon!

»Lilith ist eine Erscheinungsform der großen Göttin, die viele Namen trägt und viele Aspekte mühelos in sich vereinigt. Ihre Kraft liegt jenseits einer Dualität und ist mehr wie das Leben selbst: schön und hässlich, grausam und zärtlich, dunkel und hell zugleich.« So fasst der Religionswissenschaftler Kocku von Stukrad in seinem großartigen Buch über Lilith[1] das Wesen der mysteriösen Göttin zusammen. Er war der Erste, der die bis dahin vorherrschenden düsteren Deutungen der Lilith infrage stellte und Lilith als Teil eines ganzheitlichen Verständnisses der Urgöttin betrachtete.

Mythen und Motive der Lilith

WILDE NATUR – LILITH IM WELTENBAUM

Die wohl älteste bekannte Geschichte, in der Lilith auftaucht, ist der Mythos von »Inanna und dem Huluppu-Baum«, Teil des sumerischen Schöpfungsmythos. Inanna – selbst eine mächtige, weibliche Urgöttin – pflegt und hegt in ihrem Garten einen Huluppa-Baum, Symbol des Weltenbaums. Sie möchte aus seinem heiligen Holz einen Thron und ein Bett für sich errichten. Als die Zeit gekommen ist, den Baum zu fällen, muss Inanna feststellen, dass der Weltenbaum belebt ist – er wird von der Göttin Lilith, dem Himmelsvogel Anzu und einer Schlange bewohnt und beschützt. Inanna kann die unerwünschten Bewohner nicht ohne Weiteres loswerden. Doch schließlich gelingt es ihr mit einer List und mithilfe ihres Bruders, des Gottes Utu. Die Schlange wird erschlagen, und Anzu flüchtet aus seinem Nest. Lilith zerstört zunächst selbst ihren Sitz im Lebensbaum und flieht dann in die Wüste. Dieser Mythos symbolisiert, dass eine neue kirchliche Ordnung in der sumerischen Religion erschaffen werden soll.[2] Der ursprüngliche Lebensbaum, bewohnt und damit beseelt von Lilith, Schlange und Vogel, soll zum Thron werden, ein Symbol für eine kulturelle Entwicklung, der für ein

Stück ursprüngliche Natur geopfert werden soll. Interessant ist hier, dass eine Göttin (Lilith) für die andere (Inanna) weichen soll. Im christlich-jüdischen Mythos des Paradieses muss die wilde, weise Lilith für die fügsame, ahnungslose Eva weichen. Inanna wie auch Eva machten gemeinsame Sache mit der männlichen Kraft, während Lilith flüchtete und sich einer Teilnahme an der neuen Ordnung verweigerte. Das weist darauf hin, dass Lilith tief sitzende, alte und ursprüngliche Naturkräfte symbolisiert, die nicht gewürdigt, sondern einer neuen Ordnung geopfert werden sollen.

Auf unsere moderne Welt würde ich das mit den Begriff »Flurbereinigung« übertragen. Natur soll bereinigt, begradigt, handhabbar gemacht werden – ganz im Sinne von »Macht euch die Erde untertan«. Doch heute wissen wir, dass diese einseitige Nutzung von natürlichen Ressourcen zwecks Massenproduktion die Natur ihrer Kraft beraubt und den Einsatz von künstlichen, gewaltsamen Mitteln nötig macht, um die gewünschten Erträge zu erzielen. Belassen wir dagegen die Natur (Lilith) mehr ursprünglich und berücksichtigen ihre Rhythmen und ihre Vielfalt (Flügel und Krallen als Symbol für die wilde Tierwelt), ist ihr Ertrag qualitativ höher, gesünder, energetisch wertvoller – aber der ganze Prozess ist schwieriger zu handhaben und arbeitsintensiver. Dasselbe gilt für die Zucht und Haltung von Nutztieren. Auch das ist aus meiner Sicht ein Teil des Lilith-Konflikts, der uns überall dort begegnet, wo wir die raue, ursprüngliche, zyklische Lebenskraft und ihre geheimen Zusammenhänge in ein lineares Schema pressen wollen. Der Umkehrschluss einer patriarchal geprägten Psychologie war, dass, wer sich nicht anpassen will, einfach als psychisch gestört gebrandmarkt wird. Es ist noch nicht so lange her, dass Homosexualität als »Störung« galt, die zu behandeln und zu »heilen« sei. Heute beschäftigen uns »Störungen« wie das ADHS-Syndrom. Wenn die Seele durch eine Reizüberflutung, für die sie nicht geschaffen ist, zersplittert und wir uns deshalb nicht mehr konzentrieren können, sind wir eben krank, weil wir in unserer flurbereinigten Gesellschaft nicht funktionieren, und müssen behandelt werden. Nicht zu reden von den ganzen »Frauenkrankheiten«, die zum Großteil einfach nur Bestandteile der weiblichen Natur sind und keineswegs pathologische Zustände. Man könnte also sagen, dass sich unsere »wilde Natur« gegen uns kehrt und uns in Form von krank machenden Symptomen konfrontiert, wenn wir sie nicht verstehen und unterdrücken.

Alles »Wilde« löst naturgemäß Furcht aus, aber auch Faszination. Deshalb ist eines der großen Missverständnisse um Lilith, dass sie »böse und faszinierend« sei, eine Femme fatale. Doch eigentlich will sie nur ihrer Natur folgen und erweist sich als furchtlos gegenüber allen Repressalien. Sie gehorcht Adam nicht, und selbst Jahwes drastische Strafen können ihren Willen nicht brechen. So auch die Frauen: Sie wurden unterdrückt und waren doch immer einflussreich. Die Repressalien gipfelten in der Hexenverbrennung, die das wilde Weibliche ausrotten sollte, doch heute sind die Frauen stärker als je zuvor. Ähnliches geschieht mit der Natur. Man versucht, diese durch immer ausgeklügeltere Technologien auszubeuten und zu unterwerfen. Dafür kostet heute jede Naturkatastrophe mehr Menschenleben als je zuvor. Die Probleme, die wir uns damit selbst geschaffen haben, holen uns ein. Ganz simpel könnte man also sagen: Liliths Ruf ist nichts anderes als die Stimme der Natur, die uns mahnt, uns wieder mit ihr zu verbinden, um unser ganzheitliches Lebensgefühl wiederzufinden – und letztendlich zu überleben. Insofern weist Lilith auch eine enge Verbindung mit dem Tabuthema Tod auf.

Unzähmbarkeit – Adams erste Frau

Der populärste und einflussreichste Mythos um Lilith ist die Geschichte aus dem Paradies. Lilith war Adams erste Frau! Tatsächlich tauchen die Zeugnisse dieser Schöpfungsgeschichte in der jüdischen Bibel und einflussreichen Schriften wie der Thora auf. Aus unserer Bibel sind die Spuren der Lilith fast komplett getilgt worden. Nur ein kleiner Satz ist enthalten, der jedoch sehr geheimnisvoll klingt: »Es werden Wüstentiere auf Schakale treffen, ein sa'îr (Dämon in Ziegengestalt) wird seinesgleichen begegnen. Dort macht auch Lîlît Rast und findet für sich einen Ruheplatz« (Jesaja 34,14).[3]

In der hebräischen Thora steht die mittlerweile populäre Geschichte, wonach die Schöpfung zunächst mit Adam und Lilith begann: Gott hatte Adam und Lilith aus der gleichen Erde geformt, und sie lebten im Paradies. Lilith weigerte sich jedoch, beim Beischlaf mit Adam unten zu liegen. Adam konnte sie nicht umstimmen. Da rief er Gott um Hilfe an, der ein Machtwort sprechen sollte. Gott schickte drei Engel, die Lilith eine Warnung überbrachten: Wenn sie nicht gehorchte, würde die Strafe fürchterlich sein. Doch Lilith rief die heiligen Namen Gottes als Zeichen ihrer Furchtlosigkeit und lehnte jeglichen Gehorsam ab. Sie verließ das Paradies und ging zu den Dämonen am Roten Meer, mit denen sie alsbald dämonische Kinder zeugte. Gott aber erschuf aus Adams

Rippe eine folgsamere Gefährtin, Eva, die ihm fortan zur Seite stehen und gehorchen sollte.

Die feministische Journalistin und Autorin Barbara Walker schildert diesen Mythos als Symbol für die »Götterdämmerung« des Matriarchats und den Aufstieg des Patriarchats vor rund 3000 Jahren, welches durch Adam und Jahwe repräsentiert wird. Sie weist darauf hin, dass Lilith eine Göttin gewesen sein muss, denn sie kannte die heiligen Namen Gottes bzw. Jahwes.[4] Jahwe war selbst noch ein »Untergott«, der allmählich im Begriff des »Herrn«, des einzigen Gottes aufging. Die Göttinnen und Götter der alten Volksgemeinschaften, die vorher da waren, wurden nach und nach von den Christen »ausgerottet«.

In der Bibelwissenschaft gibt es eine These, wonach der Lilith-Mythos nur deshalb in die Genesis eingefügt wurde, weil es von dieser zwei Versionen gab. In der einen waren Adam und Eva aus der gleichen Erde geformt worden (Genesis 1), in der anderen wurde Eva aus Adams Rippe erschaffen (Genesis 2). Die Episode mit Lilith sei nachträglich in dieses Drehbuch der Schöpfungsgeschichte eingebaut worden, um diese Unstimmigkeit zu erklären und die Lücke zwischen den beiden Genesis-Fassungen zu schließen, heißt es. Das Verrückte ist hierbei, dass sich gerade diese Geschichte heute als unglaublich kraftvoll und nachhaltig erweist. Sie blieb bis ins letzte Jahrhundert unbeachtet, ehe sie im Kontext der Gleichberechtigung plötzlich zum Leben erwachte. Die Frauenbewegung hatte in Lilith eine Seelenikone gefunden, und der kleine Nebenstrang aus der Genesis entfaltet seitdem eine immer größere Wirkung. »Adams erste Frau« wird immer populärer, und die Geschichte, dass sie »nicht unten liegen wollte«, macht sie zur Galionsfigur der Gleichberechtigung. Lilith ist ins Bewusstsein zurückgekehrt, alle Versuche von Jahwe und seinen Anhängern, sie loszuwerden und für immer in der Verbannung zu vergessen, sind misslungen.

Sexualität – die Liebesdämonin

Die Figur der Lilith hat eine klare Verbindung mit dem Thema Sexualität. Künstler haben sie als verführerische Schlange im Paradies porträtiert, die schuld am Sündenfall war. Das Burney-Relief zeigt sie als junge, starke Göttin, die in Verbindung mit ihrer wilden Natur ist. Im jüdischen Mythos ist Lilith eine Dämonin mit vielen dämonischen Töchtern, die feuchte Träume brachte und fromme Männer in Versuchung führte. Wer einmal sexuell von Lilith oder ihren Töchtern verführt wurde, war für den Vollzug der Ehe verdorben, hieß es. Ich sehe Lilith als Göttin der Ekstase und ihre Töchter als Priesterinnen der heiligen Sexualität, die einst dazu diente, die Menschen an den Strom des Lebens anzuschließen. Die prüde jüdische Religion machte daraus lüsterne Sexdämonen, die alle Konzepte von Sünde, Gehorsam und Frömmigkeit mit sich fortrissen wie ein Tsunami, wenn sie von den Menschen Besitz ergriffen. Deshalb gilt Lilith bis heute als männermordende Femme fatale.

Ganz klar, Lilith und ihre Dämonentöchter hatten eine Sündenbockfunktion. Wenn ein Mann von Begierde »überfallen« wurde, waren Liliths dämonische Kräfte am Werk. Lilith als Dämonin spiegelte die unerwünschten Regungen der Natur wider, die man mit aller Gewalt zu unterdrücken versuchte.

Vor allem in der Frau, die als Sündenbringerin galt. Doch auch die Männer litten unter rigiden Vorschriften, die ihnen nicht erlaubten, Gefühle jenseits vorgegebener Leitlinien zu entwickeln. Dazu gehören nicht nur Gefühle für Frauen, sondern auch unerwünschte Regungen wie etwa Homosexualität. Insofern sehe ich in Lilith auch die Schutzpatronin der Schwulen und Lesben. Ihre Rückkehr ins Bewusstsein zeigt sich unter anderem auch in der Legalisierung der »Homo-Ehe«!

Etwa 2010 tauchte in den Erotik- und Partnerforen des Internets ein neuer Begriff auf: »Life Changing Sex (LCS), die Definition einer sexuellen Begegnung, die alles vergessen macht, was im Liebesleben vorher war. Das ist wohl die moderne Version von Lilith als Liebesdämonin! Auch das Motiv der »Flucht aus dem Paradies« taucht hier wieder auf, dann nämlich, wenn ein Mensch eine sicheres, aber langweilig gewordenes »Beziehungsparadies« überstürzt verlässt, um mehr von diesem »Life Changing Sex« zu erleben – mit ungewissem Ausgang. Im Horoskop einer solchen Begegnung spielt Lilith als »Schwarzer Mond« meistens eine Schlüsselrolle – der Lilith-Faktor ist angetriggert. Eine wilde Frau mit starker Lilith erlebt oft das Schicksal, dass ein Mann mit ihr zwar diesen ekstatischen LCS zelebriert, aber letztlich doch zu einer zahmeren Eva zurückkehrt.

So steht Lilith für sexuelles Erwachen, für die Initiation in neue Dimensionen der Lust, für Erlebnisse heiliger Sexualität und Ekstase, einfach für sexuelle Liebe, die unter die Haut geht. Dagegen ist sie ganz sicher nicht die Göttin der »Beziehungsarbeit«. Sie ist nicht zuständig für die Kompromisse und das Nachgeben, ohne die es in einer Partnerschaft nicht geht. Darüber müssen wir uns bewusst sein. Aber sie ist da, wenn wir unsere Liebe durch die Vereinigung in Ekstase wieder mit neuer Lebenskraft aufladen!

Wenn wir im Zusammenhang mit Lilith auf Schwierigkeiten und dramatische Situationen in der Liebe stoßen, dürfen wir Lilith nicht als Unheilsbringerin missverstehen. Sie macht es nicht kompliziert – es wird kompliziert, wenn die Regeln der Gesellschaft nicht zu deinen Instinkten passen. Sie will dich nicht ins Unglück stürzen – du wirst unglücklich, wenn du erkennen musst, dass dein Paradies in Wirklichkeit ein Käfig ist, der dich einsperrt. Lilith zeigt dir einfach nur, wo deine eigenen wilden Kräfte am Werk sind, die sich auflehnen gegen etwas, das für deine Seele falsch ist, oder dich mitreißen, um dich durch die Liebe in das Geheimnis des Lebens und der heiligen Sexualität zu initiieren, ob es nun in dein Konzept passt oder nicht.

So repräsentiert Lilith in der Psychologie und im Horoskop heute auch Schwierigkeiten, in die man kommt, wenn man sich auf eine Liebesaffäre oder Beziehung einlässt, die unpassend ist – unpassend zu den eigenen Lebensumständen oder Moralvorstellungen. Als Göttin der zyklischen Natur signalisiert sie auch den Anfang und das Ende solcher Affären oder den Schritt, eine alte Beziehung zu verlassen. Ich habe ihre schwarze Mondsichel bei Hochzeiten mit dem falschen Mann im Horoskop gesehen – wie ein stummes, magisches Mahnzeichen – und auch bei der daraus folgenden Trennung. Sie ist beteiligt, wenn jemand eine Affäre endlich beichtet, weil er zu seinen Gefühlen stehen will, und wenn eine schwanger wird, obwohl sie schon weiß, dass der Vater des Kindes nicht als Partner taugt.

Lilith wird auch mit dem Themenkreis von Sexualität und

Prostitution in Verbindung gebracht, vor allem wenn Frauen und Mädchen zur Prostitution gezwungen werden. In dem Fall ist sie die dunkle Göttin der missbrauchten Weiblichkeit. Doch in den Horoskopen von Frauen, die ihren Körper mehr oder weniger erfolgreich verkaufen, habe ich bisher nie eine starke Lilith gesehen. Es würde Liliths Wesen widersprechen, ein Geschäft aus ihrer weiblichen Natur zu machen. Lilith ist genau *nicht* die Frau, die ihre Sexualität einsetzt, um an weltliche Güter und Geld zu kommen – das entspricht eher dem Prinzip der Venus. Liliths Verbindung zur heiligen Sexualität der Tempelpriesterin entspricht der Frau, die sich ihren Liebhabern schenkt, um gemeinsam mit ihnen den Strom des Lebens zu spüren.

Blut – die Flucht ans Rote Meer

Nachdem Jahwe Lilith ihren Göttinnenstatus aberkannt hatte, indem er sie zu Adams Weib machen wollte, floh sie aus dem Paradies. Sie floh in die Wüste, ans Ufer des Roten Meeres – manche Mythen sagen auch auf den Grund des Roten Meeres – und wurde dort von Dämonen willkommen geheißen. In dieser kurzen Passage des Mythos steckt ein enormer Symbolgehalt. Das Rote Meer steht hier für das Blut der Frau. Lilith kannte sich am Roten Meer aus, denn das weibliche Monatsblut gehört zu den Reliquien der matriarchalen Göttin. Dieses Blut ist ein Teil des Lebens und der weiblichen Natur, es ist nicht das Blut des Kampfes und des Todes, welches die Männer kennen. Für Männer ist es bis heute ein Phänomen, dass Frauen einmal im Monat in Kontakt mit ihrem Blut kommen – der männliche Körper kennt es ja nicht! Ein Mann erlebt sein eigenes Blut nur durch eine Verletzung. Vielleicht rührt es daher, dass manche Männer »kein Blut sehen« können und beispielsweise bei harmlosen Eingriffen wie einer Blutentnahme schon mal das Bewusstsein verlieren. Das kommt bei Frauen nur sehr selten vor. Sind sie es doch gewohnt, dass gelegentlich Blut strömt – als Teil ihres weiblichen zyklischen Lebens. Das Menstruationsblut galt in matriarchal geprägten Kulturen als heilig. Doch Lilith wird zunächst nur mit den dunklen Seiten des Blutes in Zusammenhang gebracht. Wenn Blut fließt durch Gewalt, Tod, Fehlgeburt. Dabei ist es eigentlich die Furcht vor diesem unheimlichen, unbekannten Blut, das die männliche Gesellschaft annehmen ließ, eine Göttin, die mit Blut zu tun hat, könne nur böse sein und als dunkler Todesengel Menschen umbringen. Bis heute ist das Monatsblut der Frauen ein Tabuthema – selbst wenn viel darüber geredet wird.

Dieses Tabu wurde im Jahre 2008 von einer Charlotte Roche mit ihrem Bestseller *Feuchtgebiete* durchbrochen. Die Radikalität und schonungslose Offenheit, mit der Roche sich in diesem Buch ausdrückt, trägt deutlich die Signatur einer Lilith-Persönlichkeit. Ihre Heldin schildert auf raue, intime und im besten Sinne des Wortes schamlose Art die ganz persönliche Wahrnehmung ihres Körpers mit all seinen Facetten und Geheimnissen, seinem Blut, seinen Gerüchen, seinen Empfindungen. Das hatte es vorher noch nicht gegeben, das war eine wirkliche Provokation. Der Erfolg des Buches vor allem bei jüngeren Frauen zeigte, wie sehr wir auf so etwas gewartet haben.

Besonders spannend in Bezug auf das Blutthema finde ich folgende Szene: Die Heldin befindet sich in der Cafeteria des

Krankenhauses, in dem sie operiert wurde. Einer spontanen Eingebung folgend, zieht sie einen gut vollgesaugten Tampon aus sich heraus und deponiert ihn so, dass zwei Männer im Vorbeigehen direkt damit konfrontiert werden. Genüsslich beschreibt die Autorin das Entsetzen der geschockten Herren beim Anblick des anstößigen Objekts.

Ich fühlte mich davon sehr angesprochen, denn schon Jahre zuvor hatte ich in meinen Lilith-Workshops flammende Reden darüber gehalten, dass der Hygienewahn unserer Gesellschaft im Grunde auch eine Art ist, den Körper der Frau zu tabuisieren. Das Blut der Frauen wird in unserer Gesellschaft als hygienisch-medizinisches Problem behandelt und damit verharmlost und ausgegrenzt. Die mit der Regel einhergehenden Stimmungsschwankungen werden als »PMS« (prämenstruelles Syndrom) zu einer behandlungswürdigen Krankheit abgestempelt. Das impliziert doch, dass wir Frauen grundsätzlich einmal im Monat krank sind. Und häufig werden wir es dann auch, etwa mit Schmerzen und Migräne. Dagegen habe ich noch nie gehört, dass Frauen, die in ursprünglicheren, naturverbundeneren Gemeinschaften leben, unter Monatsmigräne und Periodenschmerzen leiden. Kann es sein, dass wir Frauen die Schmerzen erst bekommen, weil wir dauernd gegen unseren natürlichen Rhythmus anleben müssen, der sich leider nicht mit der westlichen Leistungsgesellschaft verträgt? Indem wir diskret so tun, als hätten wir gar keine Periode, oder die Pille schlucken, um sie zu unterdrücken, was auch wieder Nebenwirkungen auslöst? Bis ich begann, Lilith und die alten Göttinnenkulte zu erforschen, hatte ich keine Ahnung, dass es einmal religiöse Mysterien rund um die Blutung der Frau gegeben hat! Ich habe das Bild einer Stele gesehen: eine Göttin mit weit geöffnetem Schoß, aus dem Blut strömt – als heiliger Akt! Könnt ihr euch vorstellen, liebe Schwestern, dass es Gesellschaften gegeben hat, in denen Monatsblut nicht als unrein und widerlich galt, sondern als heilig und mit Heilkräften versehen?

Ich postuliere nun nicht, dass wir neue Blutmysterien einführen sollten – wir sind moderne Frauen, und ich habe vollstes Verständnis dafür, dass eine ihre Periode als lästig empfindet. Aber es geht darum, diese Dinge zu *wissen*! Lilith ruft uns dazu auf, es nicht als peinlich zu empfinden, dass wir bluten, dass wir manchmal unausstehlich sind, dass wir mal Lust haben und mal nicht, dass wir Wesen sind, die einem eigenen Rhythmus folgen! Sie zeigt uns, dass all das, was man uns Frauen immer vorwirft, in Ordnung ist! Wenn ein genervter Mann, der mit uns nicht mehr weiterweiß, ausruft »Du hast wohl deine Tage!« gibt es eigentlich nur eine Antwort, nämlich lang und intensiv zu schweigen, ihn anzuschauen und dann zu fragen: »UND?«

Die Deutung der Lilith als Faktor für Blut und Grausamkeit muss also ganz klar im Kontext mit den Missverständnissen und Ängsten rund um das Thema Menstruation betrachtet werden. Heute würde ich Lilith als Symbol für alle Schwierigkeiten deuten, die entstehen, weil wir die zyklische Natur unseres Körpers missachten und unterdrücken wollen. Dazu gehört auch der unbedachte Umgang mit der Pille. Sie ist nicht nur ein Segen, sondern auch ein Fluch, denn der leichtsinnige Umgang mit künstlichen Hormongaben kann üble Folgen für die weibliche Natur haben, die dann von Lilith gespiegelt werden – aber Lilith ist nicht die Verursacherin der Probleme! Sie wehrt sich nur mit Krallen und Flügeln, wenn wir die Kräfte unserer Natur unterdrücken, flurbereinigen und die Zyklen stören. Sie ist das Zeichen, dass da etwas schiefläuft. Mir ist bewusst, dass die Pille bei bestimmten Problemen ein Segen sein kann und für Frauen, die sie gut vertragen, auch ein probates Mittel zur Verhütung. Ich plädiere in diesem Zusammenhang nur für einen sehr bewussten Umgang damit. Und ich erinnere daran, dass die guten alten Kondome nicht nur vor ungewollter Schwangerschaft schützen, sondern auch vor allen möglichen unangenehmen Infektionen, ganz zu schweigen von Aids. Ich finde es eine gute Entwicklung, dass man der Pille, und überhaupt der Einnahme von Hormonen, zunehmend skeptisch gegenübersteht. Und ich spreche aus Erfahrung. Ich gehöre noch zur Generation der gedankenlosen Pillenschluckerinnen – und ich hatte eine Menge Probleme damit.

Geburt – die Vertreibung aus dem Mutterleib

Die Geburt ist ein archaischer Akt. Es fließt Blut, gewaltige Kräfte treiben das Kind hinaus in eine völlig neue Welt, und bis vor wenigen Jahrzehnten (und in vielen Teilen der Welt bis heute) war die Geburt eine Sache auf Leben und Tod. Die Mütter starben, die Kinder starben – nicht selten verschuldet durch Quacksalber, die sich Ärzte nannten und die simpelsten Zusammenhänge der Hygiene nicht kannten oder beachteten. War es deshalb so, dass man in der jüdisch-christlichen Mythologie Lilith als Dämonin ansah, die stets im Spiel war, wenn es unter der Geburt zum Todesfall kam? In den Zeiten, da der Lilith-Mythos entstand, begegneten sich Matriarchat und Patriarchat. Wir können spekulieren, dass sich die Frauen schon immer gegenseitig Geburtshilfe geleistet haben, und sie hüteten das Geburtshilfewissen als Hebammen und heilkundige Frauen. Demgegenüber war die männlich geprägte jüdisch-christliche Weltsicht bestimmt von Unwissen, Abscheu, Ekel und Ausgrenzung der ganzen Blut- und Geburtsthematik. Dahinter steckte die Angst vor der urigen Gewalt des Geburtsakts, vor der Fähigkeit der Frauen, zu gebären, vor den geheimnisvollen Kräften, die ein Kind nur in Frauen entstehen lässt, vor dem Blut, dem Geschrei und Gestöhne und dem Tod, der so oft mit der Geburt einherging. Man erkannte der Frau ihre Kompetenz ab und überantwortete sie männlichen Ärzten und Heilern, die im Wesentlichen keine Ahnung hatten – mit verheerenden Folgen, zumindest für die europäischen Frauen des Mittelalters. Es ist nachvollziehbar, dass Lilith im Christentum einen perfekten Sündenbock für verpfuschte Geburten abgab, nachdem man die Frauen systematisch ihrer weiblichen Kenntnisse beraubt hatte.

Noch heute ist die Geburt ein Akt, der von Schulmedizinern als unberechenbar und gefährlich eingestuft wird. Warum sonst würden sie einen so unglaublichen Aufwand an Vorsorge, Tests, Untersuchungen, Ultraschallbildern und so weiter treiben – obwohl die Frauen gar nicht krank sind, sondern nur schwanger! So endet es meist in einem hektischen, schmerzvollen Akt im Krankenhaus, jeglicher familiärer Intimität beraubt, während Krankenschwestern umherhuschen, Spritzen gesetzt werden, Frauen an den Wehentropf kommen, nervöse Väter sich betrinken oder in Ohnmacht fallen. Schließlich wird dann mit viel Mühe das Kind herausgepresst oder mit der Zange oder der Glocke herausgezogen – und die Mutter ist einfach nur froh, dass es vorbei ist. Wenn nicht gleich ein Kaiserschnitt verordnet wird.

Doch Schwangerschaft und Geburt sind Erlebnisse, die uns mit den Strömen der ursprünglichen Lebenskraft verbinden können – wenn wir es zulassen. Alles, was ich über Lilith weiß und erfahren habe, spiegelte sich im Erlebnis meiner eigenen Schwangerschaft und der Geburt meiner Tochter wider. Meine Instinkte wurden geweckt, meine Träume erzählten mir Geschichten, es passierten die richtigen Dinge zur richtigen Zeit, mein Körper wurde kraftvoll gelenkt und geführt, sodass ich schließlich eine Hausgeburt erleben durfte – nie hätte ich mit meinem westlich geschulten Verstand gewagt, das so zu planen! Aber ich hatte den Gesetzen der Natur erlaubt, Stück für Stück Besitz von mir zu ergreifen. Ich wurde von Kräften geführt, die stärker waren als mein Ego. Das war für mich unfassbar großartig und auf natürliche Weise spirituell. Als dann schließlich der Schwarze Mond, das Zeichen der Lilith, auf dem Aszendenten meiner Tochter erschien – dem Moment ihrer Geburtsminute –, war für mich klar, dass es die Kräfte der archaischen Göttin, vertreten durch Lilith, gewesen sein mussten, die mich geführt hatten. In unserer astrologischen Forschung spiegelt sich das wider, indem Liliths Punkt, der Schwarze Mond, sich neun Monate durch jedes Tierkreiszeichen bewegt und damit als einziger astrologischer Faktor die Zeit der Schwangerschaft genau abbildet. Insofern ist Lilith natürlich auch immer dann zur Stelle, wenn etwas schiefgeht, wenn gestorben wird bzw. wurde, und auch, wenn es zu einer Fehlgeburt kommt. Aber daraus abzuleiten, dass Lilith immer gewaltsame Erfahrungen, Fehlgeburt und Tod bedeutet, wird der Göttin nicht gerecht!

Natürlich kann eine moderne Frau auch sagen: Ich brauche diesen ganzen Schmerz nicht, ich brauche keine Initiation, ich will lieber den Kaiserschnitt, dann kann ich auch gleich wieder mit meinem Partner Sex haben, und ich leg es mir so, dass es in meinen Terminkalender passt. Das sind alles gangbare Wege. Nur, der Weg der Lilith ist es nicht! Letztlich kommt es auf das Kind an, das man hervorbringt, egal, wie die Geburt verläuft. Doch glaube ich, dass die betreffenden Mütter sich – und womöglich auch die Kinder – in ihrem Streben nach Sicherheit und Schmerzvermeidung um eine faszinierende Begegnung mit der Kraft des Lebens selbst bringen. Denn unter der Geburt kann die Gebärende zur lebenden Urgewalt werden. Wie zur Krönung der Schwangerschaft. Aber das ist kein Muss. Das ist etwas für diejenigen, die es lieben, sich dem Leben maximal auszusetzen, also für Lilith-Persönlichkeiten. Und auch das muss ja nicht flächendeckend so sein. Ich habe Bereiche in meinem Leben, wo ich extrem konservativ und vorsichtig vorgehe und mich keinesfalls maximal dem Leben aussetze, um dem Ruf der Lilith zu folgen. Aber sie lacht mir am Strand aus den großen Ozeanwellen entgegen und rauscht mir zu: *Wirf dich hinein!*

Ich möchte eine Kollegin zitieren, die es wie ich liebte, ihre Kinder auf natürliche Weise zur Welt zur bringen. »Kaiserschnitt ist doch was für Weicheier«, sagte sie einmal, so wie jemand, der reiten kann, über ängstliche Nichtreiter reden mag. Das ist ein politisch völlig unkorrekter Ausspruch, den auch Lilith getan haben würde. Politisch korrekt möchte ich an dieser Stelle darauf hinweisen, dass ich selbstverständlich den Kaiserschnitt oder sonstige rettende Maßnahmen absolut befürworte, wenn es nötig ist. Doch ich rate jeder, die es sich zutraut und deren Herz bei dem Gedanken höherschlägt, den Weg einer natürlichen Schwangerschaft und Geburt zu gehen. »Geburt als spirituelle Einweihung« nennt es die amerikanische spirituelle Meisterin Chris Griscom, Mutter von sechs Kindern. Die Natur mit ihren Rhythmen ist sehr kraftvoll, und eine Schwangerschaft und Geburt kann ein Erlebnis sein, das man nie mehr missen möchte. Das ist steuerbar – aber nicht so, wie es uns die Schulmedizin weismachen will. Technik, Apparate und feste Termine stehen im Gegensatz zu den Zyklen und Rhythmen des natürlich voranschreitenden Schwangerschaftsprozesses. Hier kann man »steuern« eher damit vergleichen, ein Schiff durch eine wild bewegte See zu manövrieren, wozu man eins mit den Elementen werden und gleichzeitig wissen muss, was zu tun ist! Solltest du das wollen und schwanger sein oder werden, heißt das: Folge bewusst und mutig deinen eigenen Empfindungen, verbinde dich frühzeitig mit einer Hebamme deines Vertrauens, am besten einer, die Haptonomie[5] anbietet, beachte deine Träume, stärke dich durch Meditation und Yoga, bleibe in engem Kontakt mit starken, weisen Frauen, und gestalte damit deine Schwangerschaft aktiv.

Tod – Lilith als Todesengel

Lilith taucht auch in Verbindung mit dem Tod häufig auf, vor allem wenn es um Kindstod geht. Zu der langen Liste von Gräueln, die man ihr in ihrer dämonischen Erscheinung zuschrieb, gehörte, dass sie geschaffen worden sei, um die neugeborenen Kinder zu töten. Dieser Mythos kommt ausschließlich in den jüdisch-religiösen Schriften vor. Hier müssen wir wieder den Bogen zur Urgöttin zurückverfolgen, die als Sinnbild für das Leben selbst galt und deshalb natürlich auch den Tod brachte. In ihrer Dreifaltigkeit (Mädchen – Frau – Alte) schließt sie die Geburt als Beginn und den Tod als Ende des Lebenskreislaufs ein – und auch die Unterwelt, die häufig als Ort der verstorbenen Seelen gilt. Wer sich darauf einlässt und die Arbeiten feministischer Wissenschaftlerinnen studiert, wird feststellen, dass Auferstehungsmythen von jeher fester Bestandteil des Göttinnenkults waren. Das keltische Beltanefest war ein Fruchtbarkeitsfest, bei dem die heilige Hochzeit zwischen der Göttin und dem König gefeiert wurde. Symbolisch musste der König dann im Herbst sterben, um im nächsten Frühling durch die Göttin wiedergeboren zu werden. Lilith als Göttin der Lebenszyklen regiert auch über den Übergang zum Tod als Bestandteil des Lebenszyklus.

So, wie wir bei der Geburt immer mehr den Kontakt zu den Urkräften unserer Natur verlieren, verhält es sich auch beim Sterben. Wir wissen nicht, wie es geht, und es bringt uns auch keiner bei. Sterben ist ein enormes Tabu in unserer Gesellschaft, und wir haben dabei vollkommen die Verbindung zu unserer wilden Natur verloren. Scharen hektischer Mediziner nehmen es uns aus der Hand, hängen uns an Schläuche und verlängern künstlich unser Leben. Wir wissen nichts mehr um die Geheimnisse des letzten Übergangs. Die Kirche hat den Freitod verboten und geächtet, und wir dürfen uns auch nicht helfen lassen, wenn wir einem Leiden selbst ein Ende setzen wollen. Zerquälte Menschen, die an Maschinen im Koma dahindämmern und nicht sterben dürfen, wie es der Natur entspricht, sind wie der Lebensbaum, aus dem Lilith als Geist auffliegt, um in die Wüste zu flüchten. Da kann sie nichts mehr tun. Es ist ein mühsamer Weg, sich die Würde und die Weisheit des Sterbens zurückzuerobern. So können wir Lilith als den Schmerz über das unwürdige Sterben deuten, wir erleben sie, wenn wir darum kämpfen, loslassen zu dürfen oder zu akzeptieren, dass jemand anders uns für immer verlässt.

Aufgrund ihrer Dämonenmythologie wurde Lilith häufig im Zusammenhang mit einem gewaltsamen Tod gesehen. Das kann stimmen, wenn man die Symbolik von Lilith als Bewohnerin eines Lebensbaums betrachtet, der vorzeitig gefällt wird. Doch der Vorwurf, sie wäre grausam und würde nach Belieben töten, ist meiner Meinung eine verleumderische Umdeutung, gleich der, die aus weisen Frauen und Hebammen Hexen und Kindsmörderinnen machte. Sie beruht auf Ängsten und Missverständnissen vor Kräften, die sich nicht an Regeln halten und die sich nicht mit dem Verstand kontrollieren lassen. Im Gegensatz dazu würde ich eine moderne Auffassung von Lilith als Todesengel vorschlagen, nämlich dahingehend, dass sie alle Bestrebungen stärkt, wieder mehr Weisheit im Umgang mit dem Tod zu erlangen, etwa in der Hospizbewegung, bei der Erforschung von Nahtoderlebnissen, im bewussten Rückblick auf das Leben, wenn ein Mensch zu Haus im Kreis der Familie Abschied nehmen darf. Der Tod als Initiationserlebnis für den Sterbenden und die Abschiednehmenden, das wäre im Sinne der Integration der Lilith-Kräfte.

Dämonische Kräfte – die Rachegöttin

Die dunkle Seite des Lilith-Mythos ist ihre Verbindung zu den Dämonen. Sie flüchtete aus dem Paradies und paarte sich mit den Dämonen am Roten Meer, heißt es. Sie gebar dämonische Kinder, die von Gott/Jahwe alle umgebracht wurden. Sie wird auch selbst als Dämonin beschrieben. Man sagt ihr sogar nach, sie sei eigens dazu erschaffen worden, Neugeborene zu töten. Nachdem Jahwe sie so hart bestraft hatte, lag es doch nahe, dass Lilith nun ihrerseits aus Rache die Neugeborenen aus Jahwes Gefolge tötete. Bis heute gibt es in jüdisch-orthodoxen Gemeinden die Tradition, neugeborenen Babys Schutzamulette umzulegen, die Liliths bösen Einfluss abhalten sollen. Doch in den sogenannten Zaubertexten, die dazu dienten, Lilith zu bannen, gibt es auch ganz andere Hinweise: In einer besonders anrührenden Szene heißt es, Lilith habe den neugeborenen Propheten Jahia-Johannes »zum weißen Berg Parwan emporgetragen und ihn nahe dem Baum, der Säuglinge nährt, niedergelegt«.[6] Auch das Überleben eines Kindes steht also unter ihrem Einfluss. Immer wieder konfrontieren uns die Lilith-Mythen damit, dass es einmal eine Zeit gab, in der Leben geben und Leben nehmen zum Wirkungskreis derselben Göttin gehörte.

Es ist leicht, mit dem Finger auf rückständige Gesellschaften zu zeigen, die sich »offizielle« Dämonenfiguren für sündige Gefühle halten und mit Schutzzauber und Amuletten arbeiten. Aber auch in unserer aufgeklärten westlichen Gesellschaft leiden wir bis heute unter der Ablehnung und Ausgrenzung von unerwünschten Regungen und Gefühlen. Und dann machen sich die »Dämonen« in Form von psychischen Zuständen wie Ängsten und Zwängen breit – im Zusammenhang mit Lilith ganz besonders Störungen im Bereich der Sexualität und Mutterschaft. Lilith repräsentiert deshalb in unserer Gesellschaft die »Dämonen« und »Schattenthemen« unserer Psyche. Das sind die abgespaltenen und verdrängten Erlebnisse und Gefühle, die uns einholen und überfallen, wenn wir uns intensiven Erfahrungen öffnen, sei es eine überwältigende Liebesaffäre oder das Abenteuer Mutterschaft.

Ganz allgemein repräsentiert die dämonische Lilith außerdem die Angst vor den Kräften der unberechenbaren Natur und vor dem Tod als Teil des natürlichen Lebenszyklus. Solange wir es uns weiterhin leisten, diese Kräfte zu fürchten, zu verdrängen und zu bekämpfen, statt sie zu begreifen und zu akzeptieren, muss Lilith uns als Dämonin erscheinen. Und dann bringt sie uns den Schmerz der Erkenntnis und konfrontiert uns mit dem Verdrängten, das uns in schlaflosen Nächten verfolgt. Doch wenn wir unsere menschliche, weibliche und auch die äußere Natur würdigen, können wir uns wieder mit ihren Kräften verbinden, und dann kann sich die Verzauberung der Lilith auflösen, und sie wird sich zurückverwandeln in die geflügelte Windgöttin und innere Schamanin, die für uns da ist und uns mit ihrer Weisheit den Weg weist – einer Weisheit jenseits von Intellekt, Verstand und gesellschaftlichen Konzepten.

Im Horoskop weist die Geschichte von Liliths Flucht zu den Dämonen noch auf ein weiteres wichtiges Lebensmotiv. Die Dämonen, zu denen sie flüchtet, gelten als Sinnbild für schräge Typen, für Außenseiter der Gesellschaft, für unangepasste Gruppen, die ihren eigenen Regeln folgen. Beispiele dafür sind die »Hells Angels«, Street Gangs, Sinti und Roma, Hausbesetzer, Obdachlose, Menschen am »Rand der Gesellschaft«. In Sagen und Mythen wären das etwa Piraten, Räuberbanden und Waldgeister. Auch die sieben Zwerge, bei denen Schneewittchen Zuflucht sucht, gehören hierher. So symbolisiert eine starke Lilith im Horoskop auch, dass man sich in der Gesellschaft von »schrägen Vögeln« wohlfühlt und keine Berührungsängste zu den Randgebieten der Gesellschaft hat.

Die Rachegöttin taucht als psychologisches Motiv dann auf, wenn jemand aus Schmerz und Zorn über erlittenes Unrecht Vergeltung sucht oder wenn eine Frau Rache an einer Rivalin übt, die wie einst Eva zahm und anpassungswillig ist und deshalb den Traummann für sich gewinnt.

Tabu – die heiligen Namen aussprechen

Lilith hat in ihrer Mythologie mehrere Tabus überschritten. Sie verweigerte den Gehorsam gegenüber dem Mann und seinem Gott, sie sprach des Gottes heilige Namen aus, als Schlange wusste sie um das Geheimnis der Erkenntnis, als Göttin verließ sie eigenmächtig das Paradies, und sie ließ sich mit Dämonen ein. Das alles waren schwere Tabubrüche aus der Sicht der etablierten Gesellschaft und der Religion, die den Hintergrund für diese Mythen bilden. Für Lilith aber war es selbstverständlich, so zu handeln. Es entsprach ihrem Wesen als Göttin und als Repräsentantin des Göttinnenkults, der vorher schon da war. Lilith gilt als Sinnbild für die

Tabubrecherin. Dabei tut sie im Grunde nur, was ihrer Natur, ihrem Wesen und ihrer Aufgabe entspricht. Sie verstößt furchtlos gegen Regeln, die dazu dienen sollten, ihr Wirken zu unterdrücken und zu verdrängen.

Dass Lilith die heiligen Namen Jahwes kannte und aussprach – manche sagen, sie verfluchte ihn –, ist ein klarer Hinweis auf ihre Herkunft aus dem Göttlichen. Denn »normalen Sterblichen« war es verboten, die heiligen Namen Gottes auszusprechen, wie es später auch verboten sein sollte, sich ein Bildnis Gottes zu machen. Diese Maßnahmen dienten dazu, Macht und Nimbus des Gottes zu erhöhen. Ein modernes Beispiel dafür kennen wir aus der Harry-Potter-Saga: Nur der Held Harry wagt es, den Namen des »Dunklen Lords« auszusprechen. Und am Ende stellt sich heraus, dass er der Einzige ist, der die Magie des bösen Zauberdiktators brechen kann.

In der hebräischen Tradition hat jedes Wort eine Bedeutung und in jedem Wort noch einmal jeder Buchstabe. Dahinter steckt quasi jedes Mal ein eigenes Universum. Worte hatten magische Kräfte, und wer sie kannte, war im Besitz dieser Kräfte. Ganz offensichtlich kannte sich Lilith in diesem Universum aus. Sie wusste um die »Macht der Worte« – und um die Macht des Schweigens.

Lilith steht also auch für den Gebrauch mächtiger Worte. Aber das müssen nicht immer heilige Namen und geheime magische Formeln sein! Lilith hat auch einen »Street«-Faktor, denn sie steht für eine Instinktkraft, die sich nicht um Etikette und Regeln kümmert. Ich denke da an den neuen Gebrauch des Wortes »Bitch«. Es bedeutet ursprünglich »(läufige) Hündin« und wird gebraucht wie im deutschen »Zicke« oder »Schlampe«, war früher ein übles Schimpfwort für eine Frau.

Heute nennen sich selbstbewusste, freche Frauen selbst »Bitch«. Mit dieser Provokation demonstrieren sie, dass sie sich nicht für ihre wilde Seite schämen. Die Lilith-Frauen haben die Bedeutung dieses Wortes umgedreht und es für sich erobert: »Bitch« als Verbindung mit der urigen Instinktseite der Göttin in Tiergestalt.

Als psychologisches Motiv und im Horoskop finden wir Lilith immer dann aktiviert, wenn Frauen – und auch Männer – sich zu etwas bekennen, das von der Gesellschaft als Tabu betrachtet wird. Wenn wir ein Geheimnis aussprechen, weil wir es nicht länger mit uns herumtragen wollen. Wenn wir Dinge »beim Namen nennen«, die so noch nie zuvor zur Sprache gebracht wurden – selbst wenn wir damit riskieren, verspottet und ausgegrenzt zu werden. Aber auch dann, wenn Namen und Wörter eine neue gesellschaftliche Bedeutung bekommen, wenn das, was geächtet war, zur stolzen neuen Selbstdefinition erhoben wird. Klaus Wowereits berühmtes öffentliches Outing: »Ich bin schwul, und das ist auch gut so!« trägt die Signatur der Lilith. Genauso finden wir Lilith auch aktiv im Horoskop von Menschen, die sich nicht länger rechtfertigen wollen und einfach schweigen oder ihr Ding durchziehen, ohne Erklärungen abzugeben. Besonders Frauen neigen ja dazu, sich ständig infrage zu stellen und sich wortreich zu erklären – häufig stressen sie damit auch ihre Kinder. Lilith rät uns in diesem Zusammenhang, einfach mal cool zu bleiben und uns nicht zu rechtfertigen. Sie spricht, wenn sie dadurch provozieren und die Dinge in Bewegung bringen kann, und sie schweigt, wenn es nichts mehr zu erklären gibt.

Schuld – die Provokation, eine Frau zu sein

Als Dämonin wurde Lilith die Schuld gegeben an feuchten Träumen, unpassenden Gefühlen und dem Tod von Neugeborenen. Im Paradies war sie die dämonische Schlange, die Eva Ungehorsam einflüsterte. Und sie war Adams aufsässige erste Frau, die nicht unten liegen wollte. Sie wurde verstoßen und dazu verdammt, sich mit Dämonen zu paaren und Rache zu üben. Deshalb taucht Lilith in der psychologischen Deutung immer dann auf, wenn Schuldthemen rund um das Thema Frausein benannt werden. Sie ist das Sinnbild für die ungehorsame Frau, die Schuld auf sich lädt, weil sie gegen geltende Regeln verstößt. Mehr noch: Sie symbolisiert die Tatsache, dass das Frausein an sich teilweise schon als böse und unrein und deshalb als schuldbeladen gesehen wurde. Frauen, die nach einer Vergewaltigung auch noch geächtet und verstoßen werden, tragen Liliths Signatur.

Mit der Emanzipation verweigerten sich zunehmend Frauen dem Muttersein, weil sich in ihrem Leben kein Platz dafür fand. Das war häufig ein schuldbeladenes Thema. Heute begegnet uns Lilith als »Schutzpatronin« von schwulen Paaren, die Kinder adoptieren und so dem Thema Mutterschaft eine neue Perspektive eröffnen. Mit zunehmender gesellschaftlicher Freiheit fallen viele düstere Zwänge rund ums Frausein oder um Homosexualität weg. Zumindest hierzulande können wir unser Leben verhältnismäßig frei gestalten. Doch gleichzeitig etabliert sich ein neues, gewaltiges Potenzial für Schuldgefühle. Durften Frauen sich früher nicht beruflich entfalten, so wird heute von ihnen erwartet, dass sie als

Mutter, Karrierefrau und attraktive Partnerin erfolgreich sind und all das irgendwie wuppen, denn: »Ursula von der Leyen kann es doch auch!« Das kann sich zu einer bösen Falle für eifrige Frauen entwickeln, denn sie jagen einer Anerkennung nach, die sie nie erlangen können. Lilith erinnert sie daran, authentisch zu bleiben und ihrem wahren Weg zu folgen.

Generell steht Lilith für die Psychologie der Schuld, die wir auf uns laden, wenn wir an Tabus rühren oder gegen geltende Moralvorstellung unserer eigenen Natur folgen wollen oder wenn wir gezwungen sind, Regeln zu übertreten, weil wir keine Unterstützung bekommen. Das gilt für Frauen wie für Männer. Die Schuldthematik Liliths zu integrieren heißt hier, zur eigenen Unvollkommenheit zu stehen und sich dem gesellschaftlichen Druck nicht zu beugen, sondern kreativ seinen eigenen Weg zu gehen. Lilith als Sinnbild der ungerechten Schuldzuweisung steht meistens stark im Horoskop von Menschen, die sich für Minderheiten und Verfolgte einsetzen. Sie zeigt sich, wenn Anwältinnen und Anwälte denen helfen, die keine Mittel haben, sie ist aktiv bei Gerichtsprozessen um Sorgerecht, sexuelle Übergriffe oder politisch Verfolgte. Lilith ist das Sinnbild einer Schuld, die man dir für etwas gibt, das du gar nicht getan hast, und der Empörung darüber.

Opfer – Der Schmerz der Initiation

Lilith gilt als Sinnbild für die Bereitschaft, sich furchtlos von etwas zu trennen, etwas zu opfern, wenn der Moment dafür gekommen ist. Sie hält nicht fest und scheint keine Besitztümer zu haben, an denen sie hängt. Im mesopotamischen Mythos lebt sie im Weltenbaum. Als dieser gefällt werden soll, zerstört sie ihre Wohnstatt, bevor sie in die Wüste flüchtet. In der Genesis verlässt sie das Paradies mit Gott und Adam, Sinnbild für den Schutz durch die Regeln einer etablierten Gesellschaft. Lilith ist zur Stelle, wenn wir etwas opfern müssen, um unseren authentischen Weg gehen zu können, oder wenn wir uns für eine Sache entscheiden müssen. Sie ist Sinnbild für Übergänge und Initiationen, denn wenn wir etwas Neues beginnen, lassen wir etwas Altes hinter uns. Lilith ist aktiv, wenn das Baby den schützenden Mutterleib verlässt und ins raue Leben hinausmuss, wenn Kinder in die Pubertät kommen, wenn das Mädchen seine erste Periode hat und damit die Unbefangenheit der Kindheit endet, wenn eine Mutter ihr Kind in die selbstbestimmte Freiheit entlassen muss, wenn die Menopause eintritt und die Zeit der Fruchtbarkeit beendet und wenn ein Mensch stirbt und diese Welt verlässt. Auch der Beginn oder die Trennung einer Liebesbeziehung kann eine Initiation durch Lilith sein, wenn wir dadurch ein neues Bewusstsein erlangen oder sich uns neue Welten der Sexualität eröffnen. In allen diesen Prozessen erleben wir Freude und Schmerz, oft auch beides gleichzeitig, was ja die typische Intensität von Lilith-Erfahrungen ausmacht.

Matriarchat – die Weisheit der alten Wurzeln

Während der Vorbereitungen zu diesem Buch meldete sich ein offenbar leicht verwirrter Mann bei mir, der mir erklärte, er habe Angst davor, dass unsere Gesellschaft auf ein neues Matriarchat zusteuere, in dem die Männer nichts mehr zu sagen hätten. Wie ich denn das sähe, er habe gelesen, dass ich mich damit beschäftigen würde. Tatsächlich ist das Thema »Matriarchat« ein ausgesprochenes Reizthema. Bei den Diskussionen darum bin ich auf starke Ängste und Vorurteile gestoßen ebenso wie auf eine unreflektierte Begeisterung, die im Matriarchat die Lösung aller Probleme sieht oder sich nach uralten Zeiten zurücksehnt. Besonders interessant fand ich Äußerungen, fast schon Verschwörungstheorien, die eine Zukunft mit einem »hochorganisierten modernen Matriarchat« heraufziehen sehen, in dem Männer nur noch primitive Jobs ausüben, während die Frauen durch bessere Bildung, mehr Kompetenz und soziale Fähigkeiten an den Schaltstellen der Macht sitzen. Feminismus-Pamphlete wie Hanna Rosins *Das Ende der Männer* wirbeln mächtig Staub auf. In Diskussionsforen äußern sich unterdrückte Männer, die angeblich von Frauen ausgebeutet und geschlagen werden. Schon das Wort »Matriarchat« scheint bei so manchem Mann Kastrationsängste auszulösen.

Ich möchte mich von dieser Diskussion distanzieren. Lilith kommt aus einem kulturellen Background, in dem die Göttin noch mächtig war und als Allgestalterin, als Sinnbild für das Leben und die Natur verehrt wurde. Ihre Spuren weisen hier nach Mesopotamien und ins alte Ägypten. Für mich war die

Erforschung Liliths mit der Entdeckung verbunden, dass es so etwas wie lebendige, funktionierende Matriarchatskulturen überhaupt einmal gegeben hatte! Im Geschichtsunterricht hatte ich davon nichts erfahren. Mit ihrem Mythos von Adams erster Frau repräsentiert Lilith die »Götterdämmerung« der starken Göttinnen, der Matriarchate und Fruchtbarkeitskulte, Menstruationsmysterien und Tempelpriesterinnen vor über 3000[7] Jahren. Die Männer des Christentums machten sich seitdem die Erde und die Frauen untertan, daran gibt es nichts zu deuten, und sie waren damit sehr erfolgreich. Matrilineare Strukturen, bei denen das Erbe von der Mutter auf die Tochter überging und die Vaterschaft nicht von Bedeutung war, wurden ersetzt durch die Vererbung vom Vater zum Sohn, die Frauen gingen in den Besitzstand des Mannes über. Entsprechend gab es auch am Götterhimmel nur noch »den Vater, den Sohn und den Heiligen Geist«.

Es ist viel geschehen, seit Lilith als psychologischer Archetyp wieder in unser Bewusstsein zurückgekehrt ist. Sie kam mit der Emanzipation ab den 60er-Jahren, mit dem Kampf um die Gleichberechtigung. Heute dürfen wir uns bei einer Eheschließung aussuchen, ob wir einen gemeinsamen Namen tragen wollen und welcher es sein soll. Und die Gleichberechtigung beschränkt sich nicht nur auf die Frauen. Die jüngsten Errungenschaften für die Gleichstellung homosexueller Paare sprechen eine beredte Sprache darüber, wie lebendig Lilith in unserer Gesellschaft ist.

Lilith symbolisiert für mich die Rückkehr des Wissens um das Matriarchat. Es gab viele frühe Hochkulturen, die matriarchale Züge trugen und starke Göttinnen aufwiesen, in Ägypten, in Sumer, in Kreta, in der heutigen Ukraine, und wir werden vermutlich noch mehr entdecken. Manche gehen so weit zu sagen, dass vor der Bibel und dem Siegeszug des Christentums rund 30 000 Jahre lang die matriarchale Gesellschaftsform vorherrschend war. »*In vielen alten Mythen erschuf die Muttergöttin die ersten Menschen aus Ton und erweckte sie mit ihrem Mondblut zum Leben*«, schreibt Nancy Blair in ihrem Buch *Göttinnen für jede Jahreszeit*.

Die technischen Hochkulturen von heute sind durchweg männlich dominiert, und die Bilanz dieser Entwicklung ist zwiespältig. Da sind einerseits unbestreitbare Errungenschaften an Lebensstandard, Lebenserwartung, Gesundheit, Technik und Mobilität. Doch demgegenüber stehen gigantische Umweltprobleme, Wirtschaftskrisen und der Verlust des Zugangs zu unseren Seelenkräften. Es liegt nahe, »die Männer« als eine Horde böser Jungs zu betrachten, die nicht erwachsen werden wollen und mit ihren Kriegs- und Geldspielen die Welt kaputtspielen, wobei man sich fragt: Merken sie es nicht, oder haben sie sämtlich diesen Schaden am Hirnvorderlappen, der zum Verlust der Empathie führt? Doch wir müssen uns auch fragen, wer denn die Mütter dieser Männer sind, die vollkommen den Bezug zur Realität und jegliches Mitgefühl für Schwächere verloren haben? Warum haben ihnen diese Mütter nicht den Respekt vor den Mitmenschen, Tieren und der Natur beigebracht? Und was ist mit all den Frauen, die versuchen, als bessere, härtere Männer Karriere zu machen? Das ist in meinen Augen kein Fortschritt.

Ich würde Lilith nicht dahingehend verstehen, dass sie ein neues Matriarchat will. Sie verbindet uns mit den archaischen Zyklen des Lebens und verweist damit natürlich auf die alten matriarchalen Gesellschaftsformen, in denen diese

Zyklen eingebunden waren. Und vielleicht wäre die Welt tatsächlich ein besserer Ort, wenn 13 weise Frauen die letzte Entscheidung über alles hätten, was geregelt werden muss. Doch ich sehe die Zukunft eher in einer Welt, in der wir uns zuerst als Menschen, als humane Wesen, definieren und danach als Frauen oder Männer. Zumindest für alle, die an Reinkarnation glauben, liegt das auf der Hand: Wenn die Seele sowohl als Frau wie auch als Mann mehrmals inkarniert, ist es wohl obsolet, sich wegen der Geschlechtszugehörigkeit gegenseitig das Leben schwerzumachen!

Lilith erinnert uns an das Matriarchat, weil das der Ursprung ist, aus dem sie kommt. Und sie ist tatsächlich im Horoskop aktiv, wenn Mütter und Töchter, Tanten, Großmütter und Freundinnen eine enge Bindung eingehen und sich gegenseitig unterstützen. Umgekehrt steckt sie in dem Schmerz darüber, dass wir das nicht mehr hinbekommen oder in den Schwierigkeiten, die Mütter und Töchter miteinander haben. Aber sie zeigt sich auch prominent in den Horoskopen von Schwulen und Lesben und deren Kampf um Anerkennung und ebenso im Horoskop von Männern, die sich für die Mysterien des Lebens interessieren. Sie will, dass wir mit unserer Seele und mit der Seele unseres Planeten in Verbindung bleiben und die Zyklen des Lebens verstehen. Aber die Schlussfolgerung ist nicht, dass wir dafür ein neues Matriarchat brauchen.

Weiß wie Schnee, rot wie Blut, schwarz wie Ebenholz – Lilith und die Heilige Dreifaltigkeit

»Weiß wie Schnee, rot wie Blut, schwarz wie Ebenholz« – wer kennt sie nicht, diese Zeile aus dem Märchen »Schneewittchen«. »Ach, wenn ich doch ein Kind hätte, so weiß wie Schnee, mit Lippen, so rot wie Blut und mit Haaren, so schwarz wie Ebenholz«, sagte die Königin, die sich sehnlichst ein Kind wünschte. Sie hatte sich beim Nähen mit der Nadel gestochen, und ein paar Tropfen Blut waren in den Schnee gefallen. Blut im Schnee – Symbol für das Blut der Menstruation, das anzeigt: Es ist wieder kein Kind unterwegs. Irgendwann wurde das Sehnen der Königin doch erfüllt, und dann nahm das Drama um Schneewittchen seinen Lauf.

Die Märchen der Gebrüder Grimm sind voll von heidnischen, weiblich-magischen Bezügen, die bei der Aufzeichnung durch die Männer umgedeutet wurden oder verloren gingen. »Weiß wie Schnee, rot wie Blut und schwarz wie Ebenholz« ist eine magische Formel, die sich auf die Heilige Dreifaltigkeit des Weiblichen bezieht. Ja, die heilige Dreifaltigkeit gibt es nicht erst seit dem christlichen Konzept von

»Vater, Sohn und Heiliger Geist«. Im Göttinnenkult existierte sie schon lange vorher, und zwar analog zu den drei großen Phasen des Frauenlebens: Jungfrau, fruchtbare Frau und weise Alte. Diesen Phasen waren die drei Farben zugeordnet, die wir aus dem Märchen kennen: weiß wie Schnee für die Jungfrau, rot wie Blut für die fruchtbare Frau und schwarz wie Ebenholz für die weise Alte. Symbol dafür war der »dreifache Mond«: zunehmende Sichel (Jungfrau), Vollmond (fruchtbare Frau) und abnehmende Sichel (weise Alte).

Mondsymbol der dreifaltigen Göttin

In den Mysterien alter Göttinnenkulte wurden die Phasen des Frauenlebens als Sinnbild alles zyklischen Geschehens verehrt, ebenso auch der Menstruationszyklus. Für ein Verständnis der Lilith ist es wichtig, sich mit der Bedeutung dieser Phasen vertraut zu machen und zu erkennen, wie sie umgedeutet oder missverstanden wurden. In ihnen stecken archaische Kräfte, und Lilith weist uns den Weg, auf dem wir diese Kräfte wiederentdecken, um ein sinnliches, selbstbestimmtes Leben zu führen. In jedem Zyklus entsteht etwas, was dann wieder losgelassen werden muss. Daher gilt Lilith auch als Göttin der Kreativität: Wir erschaffen etwas, es wächst, und wenn es fertig ist, müssen wir uns von dem Werk »trennen« und es loslassen. Lilith ist die Göttin der Initiation, der Übergänge innerhalb der Lebenszyklen.

Weiss wie Schnee – Jungfrau und Priesterin

Um das Thema »Jungfrau« ranken sich viele Mythen und romantische Verklärungen, die uns eigentlich eher im Weg stehen, als uns einen Zugang zur Kraft der Jungfrau zu eröffnen. Vor allem die Zuordnung von »Jungfrau« im Sinne von »sexuell unerfahren«. Wir sagen »Jungfräulich«, wenn wir meinen, dass jemand noch keinen Geschlechtsverkehr hatte, dass ein Gegenstand oder eine Landschaft »noch unberührt« ist. Ein Schiff, das zum ersten Mal ausläuft, tritt seine »Jungfernfahrt« an. »Jungfräulich« kann sogar »noch unbenutzt« heißen. Sehr wichtig und einflussreich ist in diesem Zusammenhang natürlich die Figur der »Heiligen Jungfrau« Maria. Mit dem Mythos von der unbefleckten Empfängnis machte die Kirche Maria zu einer Figur, die Jungfrau und zugleich Mutter war, und schuf so ein unerreichbares Ideal.

Doch die »Jungfrau« im Sinne der weißen Phase des Frauenlebens, das war zu Zeiten der Göttinnenkulturen die junge Frau, die für sich selbst stand, ohne verheiratet oder Mutter zu sein. Sie menstruierte bereits und hatte die Kraft der jungen Erwachsenen. Häufig waren diese »Jungfrauen« als Priesterinnen im Einsatz und verstanden sich in der Kunst der »heiligen Sexualität«. Die Geschichtsschreibung des Patriarchats machte daraus die »Tempelhuren«. Die römischen Chronisten hatten eben kein Konzept davon, dass es eine Göttin gab, der durch heilige Sexualität auf dem Tempelgelände gehuldigt wurde! Es wird dringend Zeit, dass wir uns das Wissen um die »Jungfrauen«, die unabhängig und kraftvoll waren oder als Priesterinnen Sex als heiligen Akt vollzogen, als Kulturgut wieder zurückerobern.[8] Diese Geschichten sind ein wichtiger Teil der kultischen, göttlichen Weiblichkeit, mit der wir heute überhaupt nicht mehr vertraut sind, die uns im wahrsten Sinne des Wortes »kein Begriff« mehr ist. Doch das Interesse an Lilith weist uns den Weg zurück zu diesem Erfahrungsschatz, der eine große Bereicherung für unser (Liebes-)Leben sein kann.

Das berühmte Burney-Relief, das wir eingangs besprochen haben, zeigt Lilith in der Erscheinungsform der unabhängigen, starken »Jungfrau«. Sie ist eine, die keinem Mann gehört. Ihr Körper weist eindeutig die Spannung und Frische einer jungen, kraftvollen Frau auf, deren Krallen und Flügel zudem belegen, dass sie in voller Verbindung mit ihrer animalischen Natur ist.

Starke, alleinstehende Frauen kommen in den Aufzeichnungen der Geschichte nur in Ausnahmefällen vor. Frauen wurden im Patriarchat nur über ihre Ehemänner oder Väter definiert, ohne die sie gesellschaftlich im Aus standen. Es gab nur ganz wenige Ausnahmen. So begegnen uns die autarken, starken alleinstehenden Jungfrauen im Mittelalter als »Beginen« wieder. Die Beginen waren ein Orden unverheirateter Frauen, die ihren eigenen Regeln folgten und eine ernst zu nehmende gesellschaftliche Kraft darstellten. Sie lebten sowohl in Konventen als auch in freien Gruppen zusammen, waren unabhängig von Kirche und männlicher Zuwendung und gewährten beispielsweise auch Witwen, Waisenmädchen und anderen in Bedrängnis geratenen Frauen Zuflucht. Beginen tauchten seit dem Mittelalter in der Geschichte auf, die ersten deutschen Beginenorden bildeten sich etwa im 12. Jahrhundert in Köln – und es gibt sie bis heute!

Doch trotz des Wirkens der tapferen Beginen oder Ausnahmefrauen wie Hildegard von Bingen und ihren Ordensschwestern – insgesamt gesehen, hatten die Frauen während der Vorherrschaft der christlich-patriarchalen Kirche kaum Entfaltungsmöglichkeiten. Und der Jungfräulichkeitskult der Kirche war ein Mittel, die Frauen mit Repressalien unter Kontrolle zu halten. Aus der weiblich-kultischen Vorstellung, dass eine Jungfrau nur der Göttin gehörte und ihr sogar durch heilige Sexualität dienen konnte, wurde die christlich-patriarchale Idee, dass eine Frau als »Jungfrau« galt, bis sie zum ersten Mal Geschlechtsverkehr hatte. Dieser wurde dann zum Akt des »In-Besitz-Nehmens« durch den Mann. Die Frau hatte ihre Jungfräulichkeit dem Mann »zu schenken« – und wehe, es kam heraus, dass sie zum Zeitpunkt der Ehe keine Jungfrau mehr war! Alternativ konnte sie höchstens noch als Nonne im Zölibat leben. Frauen, die nicht mehr unberührt waren und keinen Mann hatten, fanden ansonsten in der Gesellschaft nicht mehr statt.

Märchen und Mythen umrankten das Geschehen der »Entjungferung« durch den Mann mit romantischen Vorstellungen. Wie populär war doch die Idee vom Prinzen, der die junge Frau »wach küsste«, also entjungferte. Und dann »lebten sie glücklich bis an ihr Lebensende«. Bis heute schränken sich Frauen in ihren Möglichkeiten ein, indem sie auf einen

»Traumprinzen« warten. Lilith fordert uns auf, alle Vorstellungen davon loszulassen, wie wir zu sein haben, damit uns ein »Traumprinz« erlösen kann.

Die wahre Jungfrau – Maria Magdalena

Maria Magdalena ist eine sehr geheimnisvolle Figur, um die sich viele Spekulationen ranken. Sie wird bald als Jüngerin, bald als Jesu Geliebte dargestellt und sogar als Frau von Jesus, vor allem aber als Sünderin und Hure. Sie ist gewissermaßen die Gegenspielerin der sanften, reinen Maria. Doch als Maria Magdalena zu Jesus kommt und ihm die Füße waschen will, lässt er sich gern darauf ein, während seine Jünger sich entsetzt abwenden. Das Interessante für unsere Diskussion ist, dass diese Maria nie über einen Mann definiert wird (Maria, Frau des ...), sondern immer für sich allein steht (»Maria aus Magdala«). Sie ist in allen vier Evangelien vertreten, taucht bei allen Schilderungen der Kreuzigung auf, und schließlich ist sie es, der Jesus am dritten Tag nach seinem Tod erscheint und die Botschaft an seine Jünger aufträgt (Joh. 20, 11–18). Daraus können wir ableiten, dass Maria eine »Jungfrau« im Sinne der Göttinnenkultur war! Eine, die für sich selbst stand und deshalb als Sünderin und Prostituierte beschrieben wurde. Jesus soll gesagt haben, dass er von ihr mehr Liebe erhalten hätte als von allen seinen Jüngern. War es die »heilige Sexualität« einer Tempelpriesterin? Es darf spekuliert werden. Maria Magdalena ist jedenfalls eine außerordentlich populäre Figur, die viele Schriftsteller und Dichter angeregt hat, sich mit ihrem Leben auseinanderzusetzen. Eine der neuesten und wohl bekanntesten dieser Geschichten ist *Sakrileg – The Da Vinci Code* von Dan Brown. Und nicht nur in unserer Zeit war Maria Magdalena eine große Inspiration. Schon Tizian, Caravaggio, Rembrandt und Rubens haben sie gemalt – als wunderschöne, verführerische Frau. Auf jeden Fall hat sie mehr Ähnlichkeit mit den Liebespriesterinnen und »Jungfrauen« der Göttinnenkulturen als die christliche »Jungfrau Maria« und ist deswegen eine wunderbare Identifikationsfigur für freie, starke, spirituelle Frauen. Sie ist in meinen Augen die »wahre Jungfrau«.

Rot wie Blut – die mächtige Mutter

Dagegen ist die »Jungfrau Maria« wohl eindeutig eine Vertreterin der zweiten heiligen Phase des Frauenlebens: die fruchtbare Frau und starke Mutter! Unbefleckte Empfängnis hin oder her, sie war fruchtbar, schwanger und gebar schließlich Jesus als Sohn, ob der Vater nun der Heilige Geist war, Gott oder doch Joseph, sozusagen als berühmtester Leihvater der Geschichte. Wenn man den Mythos von der unbefleckten Empfängnis einmal im Wissen um die vorausgegangenen Göttinnenkulte betrachtet, fällt auf, dass die ganze Geschichte von Maria und Jesus verblüffend den alten Mythen der Göttin ähnelt, die ihren Helden zur Welt bringt. Die Göttin, vertreten durch die Königin oder Priesterin, gebar einen Sohn, der entsprechend ihrem Rang als göttlich galt. Wer der leibliche Vater war, spielte in dem Mythos keine Rolle. So flossen in die Legende um die heilige Maria mit Sicherheit Motive aus den alten Göttinnengeschichten mit ein.

Nachdem die Christen das Ruder übernommen hatten, waren sie darauf bedacht, ihre eigene Version der Geschichte zu etablieren, in der die Göttin keine Rolle mehr spielen sollte. In dem berühmten Konzil von Ephesus im Jahre 431 n. Chr. ging es darum, ob denn Jesus nun ein Gott sei oder ein sterblicher Mensch und welche Stellung Maria als Jesu Mutter zukünftig einnehmen sollte. Dem Volk fehlte die weibliche, spirituelle Identifikationsfigur, und es betete weiterhin die alten Göttinnen des griechischen und ägyptischen Pantheons an. Maria sollte diese Göttinnen im religiösen Kult ersetzen. Heilig durfte sie sein, so wurde auf dem Konzil beschlossen. Aber Patriarch Nestorius soll zu Cyrill, Bischof von Alexandrien, gesagt haben: » Nicht, dass ihr mir die Jungfrau zur Göttin macht!«[9] Schließlich wurde Maria offiziell zur »Gottesgebärerin« ernannt, was aus Jesus einen »wahren Menschen und wahren Gott« machte. Göttinnen aber durfte es nicht mehr geben. Das funktionierte, denn nach diesem Konzil stürzten sich die Menschen begeistert in eine neue, nie da gewesene Marienverehrung.

Dass die Kirche ihre stärkste Frauen- und Mutterfigur zur »Jungfrau« stilisierte, war ein geschickter Schachzug, um Sexualität und alle »normalen Frauen« als sündig zu verunglimpfen. Man verdrängte die alten Fruchtbarkeitskulte, in denen die Sexualität als lustvoller Weg zur Empfängnis gefeiert wurde, und pries stattdessen Maria als Mutter mit reinem Herzen. Maria wurde zum leuchtenden Vorbild für das, was sich die Kirche von den Frauen wünschte: reine, milde Mütterlichkeit. Ihre Kraft sollte eine Frau nur als schützende Mutter und dienende Ehefrau entwickeln. Dieses Bild beschnitt nicht nur die Frauen drastisch in ihren Ausdrucksmöglichkeiten, sondern letztlich auch die Männer. Die Tatsache, dass ein Paar Sex haben muss, um zur Mutterschaft zu kommen, wurde zwar akzeptiert, aber der Sex sollte möglichst keine schönen Gefühle erzeugen. Was für eine lust- und liebesfeindliche Ideologie!

Kürzlich erlebte ich in einer Beratung mit zwei Frauen, Mutter und Tochter, einen wundervollen Moment, als ich beiden ihre Lilith-Position erläuterte. Die beiden Frauen hatten eine enge, starke Bindung, fast ein »Mini-Matriarchat«. Ehemann und Sohn/Bruder waren beides Männer, die häufig »in die weite Welt« zogen und deutlich eine Unabhängigkeit von den beiden starken Frauen suchten. Wir unterhielten uns über das Jungfrau-Thema und über das Image, das die Kirche der »Jungfrau Maria« verpasst hatte, darüber, dass Mütter auch furchterregend, stark und »furios« sein können. »Aber das war Maria doch auch!«, stellten beide im Brustton der Überzeugung fest. Ich war verblüfft, denn sie sprachen gerade so, als hätten sie Maria persönlich gekannt. Wussten sie etwas aus der Mythologie, was ich nicht wusste? Ich fragte nach. »Na, das kann man sich doch denken, ist doch klar! Das weiß doch jede Mutter, dass Maria auch wütend werden konnte, das ist doch ganz normal!« Natürlich! Die beiden Frauen waren selbst Mutter und Tochter, sie fühlten und wussten, was es bedeutet, Mutter mit allen Facetten zu sein. Da braucht es keine intellektuellen, religiösen und historischen Erklärungen! Doch mit ihren unerfüllbaren Ansprüchen an die Heiligkeit der Ehe und die Mildtätigkeit der Frauen züchtete die Kirche geschickt Schuldgefühle, mit denen sie sich ihre Schäfchen gefügig machen konnte.

Die dunkle Seite der Mutterschaft

Im Zusammenhang mit Lilith ist »Mutterschaft« ein eher belastetes Thema. Immerhin galt Lilith als böse Dämonin, die Neugeborene an sich brachte und tötete. Meine These nach 15 Jahren Lilith-Forschung ist dagegen, dass Lilith in diesem Mythos in ihrem Aspekt als Todesgöttin auftritt. Wenn ein Neugeborenes stirbt, nimmt sie es in Empfang. Die Göttin war im alten Göttinnenkult immer Herrin über Leben und Tod. Sie gab Leben und nahm es wieder.

Die Mythologie der Lilith zeigt sie entweder als wehrhafte Jungfrau, die nur sich selbst gehört, oder in ihrer dämonischen Form als die weise, furchterregende Alte, die über den Tod herrscht. Als Mutter tritt sie nur indirekt in Erscheinung, nämlich im Mythos über ihre dämonischen Töchter, die frommen Männern feuchte Träume bringen. Oder indem sie mit den Dämonen des Roten Meeres Kinder zeugte, die anschließend von Jahwe als Strafe für ihre Flucht aus dem Paradies wieder getötet wurden. Attribute mütterlicher Fürsorge suchen wir im Zusammenhang mit Lilith vergebens. Lilith ist sicherlich die Antithese zu der Vorstellung, die eine christlich-patriarchale Kultur von der milden, dienenden Mutterschaft hat. Es gibt überhaupt keine Muttergöttin, der wir uns mit der gesamten Palette des Mutterseins anvertrauen können, also auch mit den Aspekten einer lustvollen Fruchtbarkeit, der reißenden und kämpfenden Mutter, die ihre Kinder verteidigt und zur Furie wird, mit der Ehefrau, die zugleich Mutter und sexuelle Partnerin ist. Doch Lilith als Faktor für die Weisheit der wilden Frau schließt die Phase der Mutterschaft im Leben keinesfalls aus.

Es hat sich jedoch gezeigt, dass Lilith astrologisch und psychologisch zu Recht als Faktor für »schwierige Mutterschaft« gedeutet wird. Das meint vor allem: Schwierigkeiten mit der konservativen, traditionellen Mutterrolle, wie sie von einer partriachal organisierten Gesellschaft vorgesehen wird. Also so, wie bei uns in Deutschland bis heute. Was kann eine Frau tun, die ihre Kinder liebt, sich aber nicht in der »Mutterrolle« wohlfühlt? Ihre Kinder wie im Matriarchat von Schwestern, Tanten und Freundinnen großziehen lassen? Ist bei uns nicht vorgesehen. Die Kinder dem Ehemann überlassen? Gilt immer noch als Akt der Rabenmutter. Das Kind in Horten, Kindergärten, Schulen zuverlässig betreuen lassen? Kannst du in Deutschland vergessen. Unsere Bundeskanzlerin hat auf die Mutterschaft verzichtet. Gerade hier bei uns ist das vorgezeichnete Bild, wie eine Mutter zu sein hat, immer noch äußerst rigide und lässt den Frauen nicht viel Spielraum. Und genau dieses Problem wird von Lilith angesprochen und als Horoskopfaktor repräsentiert. Lilith ist aktiv in der Frau, die vier Kinder von vier Partnern hat, aber keine Beziehung. Die wütend und verzweifelt ist, weil es sie überfordert, Mutter, Karrierefrau und Sexikone in einem zu sein. Die abtreibt, weil sie erkennen muss, dass sie nicht Mutter sein kann oder will. Die ihr Kind nach einer Trennung schweren Herzens beim Vater lässt. Wir haben gerade in Deutschland noch einen weiten Weg vor uns zu einer Form der Mutterschaft, bei der sich Lilith auf kreative Weise entfalten kann.

Schwarz wie Ebenholz – die weise Alte

Die Phase der »weisen Alten« beginnt im Frauenleben nach der Menopause. Jetzt kann sich die Frau der Gemeinschaft widmen, in die sie ihre Lebensweisheit und Erfahrung einbringt. Als Großmutter kann sie für die Enkel da sein oder als Mentorin für jüngere Frauen. Durch unsere heutige Lebenserwartung haben sich diese Phasen stark verlängert und verschoben. Wir bekommen noch bis Ende 40 Kinder und können mit Beginn der Menopause sogar noch eine ganze Karriere starten. Es dauert heute viel länger, bis sich wirklich ein Gefühl des Altwerdens einstellt. Doch die Weisheit kommt schon mit den Wechseljahren. Dadurch, dass die Hormonwellen abflachen, erleben wir eine größere Gelassenheit und, wenn wir uns darauf einlassen, auch eine neue, zärtliche Liebesfähigkeit, jenseits von Konkurrenzdruck und Schönheitswahn.

Trotzdem geht diese Lebensphase natürlich mit sehr ambivalenten Gefühlen einher. Die meisten Frauen blicken dieser Zeit heute mit großen Ängsten entgegen, beinahe schon mit Panik. Dabei hat sie wirklich viele Vorteile! Schon immer bedeutete die Menopause schlicht die Freiheit von der monatlichen Blutung und von der Gefahr einer ungewollten Schwangerschaft. Und auch heute kann es eine Befreiung sein, wenn die Kinder erwachsen sind, wir uns aber gleichzeitig noch kraftvoll genug fühlen, alle möglichen Vorhaben zu beginnen. Dieser Aspekt der Freiheit und der zurückgewonnenen Unabhängigkeit nach der Zeit der Mutterschaft passt sehr gut zu den Kräften der Lilith. Andererseits warten nun die

Schwierigkeiten des Altwerdens, der körperliche Verfall und die Auseinandersetzung mit dem Verlust von Schönheit und Attraktivität. Lilith aber fürchtet dies alles nicht. Gefallen zu wollen und deshalb einer oberflächlichen Schönheit nachzujagen, das ist ihr fremd. Sie ist die Göttin der Ursprünglichkeit, der Authentizität und der Unabhängigkeit. Obwohl die Ikone der Lilith eine außerordentlich schöne Frau darstellt, zeigen doch ihre Krallen und Flügel, dass sie von vornherein nicht das Schönheitsideal einer idealen Partnerin bedient, sondern in Verbindung mit ihrer wilden Instinktnatur ist. Deshalb verkörpert Lilith eine Schönheit, die durch Charisma und ein mit der eigenen Seele verbundenes Leben entsteht und die folgerichtig auch im Alter nicht vergeht. Authentische, leidenschaftliche Menschen behalten ihre Ausstrahlung bis zum letzten Atemzug und lassen sich auch durch Schmerzen und Alterserscheinungen nicht beirren. In dieser Phase zeigt sich, ob wir uns Bereiche und Aufgaben im Leben erschlossen haben, die nicht von oberflächlicher Schönheit, Luxus und Konsum abhängig sind. Lilith, der all das nicht wichtig ist, kann uns einen Lebensweg zeigen, der auch in der dritten Lebensphase noch Momente voller Begeisterung und Leidenschaft bereithält. Als Schmerz und Verbitterung taucht sie dann auf, wenn wir ein fremdbestimmtes Leben geführt haben, nur definiert von Arbeit, Pflichterfüllung oder der Jagd nach Geld und Konsum. Oder auch, wenn wir nur unserem Ego gefolgt sind, uns verwöhnt haben, wenn es nur um äußerlicher Schönheit und Glamour ging. All das interessiert Lilith nicht. Deshalb ist es so aufschlussreich, sich damit zu beschäftigen, was Menschen auf dem Sterbebett bedauern. Keiner sagt auf dem Sterbebett: »Ach, hätte ich doch mehr gearbeitet, ach, wäre ich doch immer noch so schön wie mit 20.« Wenn Menschen etwas bedauern, dann meistens, sich nicht intensiver ihren Beziehungen, ihrer großen Liebe, ihren Kindern gewidmet zu haben. Und sie bedauern, sich nicht mehr Zeit genommen zu haben, um ihren Herzenswünschen zu folgen, zu reisen, die Welt zu entdecken und ihre eigenen Erfahrungen zu machen.

Mich hat immer sehr berührt, wie Marlene Dietrich (Steinbock, Lilith im Löwen) ihre letzten Jahre verbracht hat. Sie zog sich vollkommen in eine kleine Wohnung in Paris zurück. Sie wollte nicht mehr fotografiert werden, denn ihr war bewusst, dass der Lebensabschnitt des Glamours unwiderruflich zu Ende war. Sie jagte der Zeit nicht hinterher, ließ sich nicht liften und weigerte sich, der Öffentlichkeit noch länger zur Verfügung zu stehen. Stattdessen schrieb sie unermüdlich Briefe an ihre alten Wegbegleiter, die noch lebten, und reflektierte ihr eigenes Leben. Man hat ihr das als depressiv und unglücklich ausgelegt, als Verbitterung. Aber war es das wirklich? Vielleicht war sie einfach nur konsequent, und es war ihre Art, in Würde zu altern, indem sie sich von der Welt zurückzog.

Im Alter müssen wir uns endgültig von jeder Selbstverliebtheit verabschieden. Wenn wir das Antlitz, das uns aus dem Spiegel entgegenschaut, schön finden wollen, dann muss sich darin ein reiches, intensives Leben spiegeln, das, was man für andere getan hat, für seine Kinder, für den Weg seines Herzens. Lilith fordert uns auf, uns dieser Tatsache zu stellen, statt uns in einer obsolet gewordenen, lächerlichen Jagd nach Jugendlichkeit zu verrennen. Schönheitsgöttin Venus ist keine Göttin des Alterns, Lilith dagegen schon.

Wenn wir uns die betörenden Kräfte der Venus erhalten wollen, funktioniert das nur über echte Liebe und gewachsene Beziehungen, nicht über ein verzweifeltes Festhalten an der Schönheit. Lilith aber ist für uns da, wenn wir auch im Alter die Weisheit der wilden Natur in uns pulsieren spüren wollen, bis zum Schluss. Es gibt sie, die Menschen, die genau wissen, wann es zu Ende geht, die sich verabschieden und sich dann zum Sterben hinlegen. In ihnen sind die Kräfte Liliths lebendig. Hier tritt sie als Todesengel auf, als Göttin der Zyklen, des Werdens und Vergehens, als Seelenbegleiterin und Schamanin, die würdevoll sagt: Es ist so weit. Ein Zyklus geht zu Ende, jetzt musst du loslassen. Deine Zeit ist gekommen.

Einweihung – Die Göttin kehrt zurück

Für eine Weile hatte ich die Göttin aus den Augen verloren, als ich heiratete und versuchte, ein geordnetes, bürgerliches Leben zu führen. Dabei ging ich damals schon ungewöhnliche Wege. Mein Mann übernahm die Hausmannrolle und werkelte an unserem Haus, ich ging bei RTL meinem Job als Wetterfee nach, während ich auf meine Karriere als Fernsehastrologin hinarbeitete. Die Zeit verging und mit ihr die Hoffnung, dass ich überhaupt einmal schwanger werden würde. Ich war damals 34 und glaubte schon, meine biologische Uhr ticken zu hören. Unglaublich, was sich seitdem getan hat! Inzwischen ist meine Schwägerin mit Ende 40 noch Mutter geworden! Im Sommer 1997 unternahmen mein Mann und ich eine Reise nach Griechenland. Ich hatte in den Wochen vorher schon ein Ziehen und Zerren in meinem Unterleib bemerkt, auch meine Periode war sehr unregelmäßig gekommen, doch ich war frustriert von ständigen Schwangerschaftstests, die immer negativ ausfielen. Also hatte ich beschlossen, dem keine weitere Beachtung zu schenken. Mit einem gemieteten Motorrad erkundeten wir die wenig bekannten, wild-natürlichen Gegenden des Peloponnes, die ich schon als Kind mit meinen Eltern besucht hatte, während ich die griechischen Göttersagen las. Noch immer gab es in dieser Gegend wenig Infrastruktur, und wir hatten ein kleines Häuschen gemietet, das fernab vom nächsten Dorf an einem Berghang lag und von einem ansässigen Bauern als Hotel betrieben wurde. Niemand, absolut niemand außer uns verirrte sich hierher. Aber die Natur war atemberaubend. Während wir über eine staubige Schotterpiste knatterten, merkte ich plötzlich: Es ist so weit, ich bekomme meine Tage. Aber es war seltsam anders als sonst, so ungewöhnlich heftig. Immer wieder mussten wir anhalten, und ich musste mich versorgen. Schnell hatte ich all meine Tampons aufgebraucht. Es tat weh, und das Blut floss in Strömen. Glücklicherweise befand sich mein Mann in einer Ausbildung zum Heilpraktiker und blieb ganz gelassen. Er hatte keine hohe Meinung von der Schulmedizin und glaubte fest an die Selbstheilungskräfte des Körpers – genau wie ich. In diesem Punkt waren wir uns immer einig gewesen. Er sah also keinen Grund zur Panik und ich seltsamerweise auch nicht. Die Vorstellung, ohne die leisesten Sprachkenntnisse hier in einem griechischen Dorfkrankenhaus zu landen, fanden wir beide bedeutend schlimmer als die Idee, selbst mit dem Problem fertigzuwerden. So holperten wir zum Hotel zurück. Inzwischen hatte ich heftige Schmerzen, die sich rhythmisch wiederholten, und nichts konnte die Blutung stoppen. »Atmen«, ermahnte mich mein Mann, »immer schön atmen. Das hört bestimmt gleich auf.« Die Schmerzen wurden aber immer heftiger, alle paar Minuten überwältigte mich ein scharfer Krampf, zwischendurch konnte ich mich durch das Atmen wieder sammeln. Es ging Stunde um Stunde so, und ich hatte noch immer nicht begriffen, dass ich gerade dabei war, eine Fehlgeburt zu erleiden. Irgendwann kam ich an meine Grenze. »Ich halte es nicht mehr aus«, dachte ich verzweifelt, »wir müssen doch ein Krankenhaus suchen …« In dem Moment hörte ich eine körperlose Stimme in mir sagen: »Mach dir keine Sorgen. Alles wird gut werden. Bleib einfach liegen, es ist gleich vorbei.« Diese Stimme hallte glockenklar in meinem Inneren. Ich hinterfragte sie nicht, sondern ich entspannte mich voller Vertrauen. Tatsächlich löste sich in dem Moment etwas in mir und kam zum Vorschein: ein spindelförmiges Gebilde mit zwei Enden, etwa zehn Zentimeter groß. Ich fand es nicht abstoßend oder erschreckend. Es war einfach nur da. Ich glaubte, es sei eine Zyste gewesen, denn ich hatte seit geraumer Zeit mit einer Eierstockzyste zu tun gehabt und meine Ärztin hatte mich immer gewarnt: »Die muss raus, sonst haben Sie irgendwann mal einen akuten Unterbauch, und dann müssen Sie sofort ins Krankenhaus!« Das wird es wohl gewesen sein, dachte ich damals. Nachdem alles überstanden war, meinte mein Mann, ganz der Pfleger: »Nun ruhst du dich schön aus, und wir essen in den nächsten Tagen viel Fleisch und rote Trauben. Dann bist du in zwei Tagen wieder fit.« Und genau so war es. Nach zwei Tagen nahm ich ein Bad im Meer und fühlte mich wie neugeboren. Noch immer begriff ich nicht, was wirklich geschehen war.

Zurückgekehrt, rief ich gleich meine Gynäkologin an und schilderte ihr die Ereignisse. Ich hörte, wie sie am Ende der Leitung seltsam ruhig wurde, je länger ich sprach. »Meine Liebe«, sagte sie nervös, »das war keine Zyste, das war ganz klar eine Fehlgeburt! Wir müssen sofort nachschauen, ob alles in Ordnung ist.« »Aber ich fühle mich wohl!«, protestierte ich.

»Nein. Sie kommen sofort vorbei, jetzt gleich!«, insistierte sie. Die Untersuchung zeigte: Es war tatsächlich eine Fehlgeburt gewesen, doch alles war bereits sauber verheilt, es waren keine weiteren Maßnahmen notwendig. Das Gebilde, das ich hervorgebracht hatte, war nichts anderes gewesen als die Plazenta, die Nachgeburt. Der Fötus musste schon vorher mit dem vielen Blut mit abgegangen sein.

Du findest die Geschichte unappetitlich? Nun, solche Erlebnisse sind ein ganz natürlicher Teil des Frauseins. Viele Frauen erleben Fehlgeburten, bevor eine Schwangerschaft erfolgreich verläuft. Das ist nichts Ungewöhnliches, aber wir werden darauf getrimmt, daraus ein großes Drama zu machen und unglaubliche Panik zu entwickeln. Gewöhnlich gibt es dann diese OP mit »Ausschabung«, und es wird so getan, als habe der weibliche Körper versagt. Ich aber habe die Erfahrung gemacht, dass dieses Erlebnis Teil eines größeren Zyklus war, der schließlich sein absolut wunderbares Happy End in der Geburt meiner Tochter finden sollte. Nachdem dieser Akt in Griechenland gewissermaßen vollbracht war, fühlte ich mich seltsam wunderbar. Einfach weil mein Körper und ich es geschafft hatten, mit dieser unbekannten Krise fertigzuwerden. Ich war auch meinem Mann sehr dankbar, dass er nicht panisch versucht hatte, mich unbekannten griechischen Landärzten auszuliefern.

Bitte, diese Geschichte ist nicht zum Nachahmen gedacht. Ich erzähle sie dir, weil sie Teil meiner Lilith-Initiation war. Jede, die dafür offen ist, kann Lilith auf ihre Weise in ihr Leben rufen. Für mich kam sie durch die Erlebnisse der Schwangerschaft und Geburt. Wie oft hatte ich in Naturdokus bewundernd die Aufnahmen von Geburten in freier

Wildbahn geschaut, wo sich eine Stute oder Gazelle einfach hinlegt und ihr Junges zur Welt bringt. Sie stöhnt und schnauft, sie ackert und ächzt, sie wird auch unruhig zwischendurch, aber nichts kann das Wunder stoppen, das sich da abspielt. Die Tiere können es, weil sie eins mit ihrer Natur sind. Sie brauchen keine Heerscharen von Helfern, um zu gebären. Sie tun es einfach. Natürlich müssen sie sich auch hingeben, wenn es schiefgeht, wenn das Junge oder sie selbst sterben, es bleibt ihnen ja nichts anderes übrig. Selbstverständlich bin ich dankbar für die Segnungen der modernen Medizin, die uns davon erlöst hat, dass jeder Geburtsakt eine Sache von Leben und Tod ist. Aber ich bin nicht damit einverstanden, wie wir Frauen jegliche Kompetenz darin, ein Kind in uns wachsen zu lassen und zu gebären, nun den Medizinern überlassen. Ich habe sie gehört, die göttliche Stimme, die mich wissen ließ, dass alles in Ordnung sei. Schon bei der Fehlgeburt, die mich vollkommen überraschte, weil ich die Zeichen der Schwangerschaft nicht beachtet hatte. Aber vielleicht war es ja gut so. Dieses Erlebnis, bei dem ich mich der Natur überließ und erfahren durfte, dass ihre Kräfte gut zu mir waren, machte mich stark für die dramatische Schwangerschaft, die zwei Jahre später auf mich warten sollte. Und ich würde sie wieder hören, die göttliche Stimme.

Als der Schwarze Mond in meinem Horoskop ins fünfte Haus der Empfängnis, der Schwangerschaft und der Entstehung eines Kindes als kreativer Akt wanderte, wurde ich wieder schwanger. Damit widerlegte mein Körper eine der traditionell düsteren Lilith-Deutungen, die besagen, dass diese Konstellation mit dem Schwarzen Mond eine Schwangerschaft unmöglich macht oder dazu führt, dass sie vorzeitig abgebrochen werden muss. Im Gegenteil: Lilith brachte die Schwangerschaft, als ich bereits den Glauben daran aufgegeben hatte, dass es noch einmal klappen würde. Und sie brachte diese Schwangerschaft in einer hochdramatischen Phase meines Lebens, denn ich verliebte mich unsterblich in einen anderen Mann – wenige Tage bevor ich erfuhr, dass ich schwanger war. Es war ein existenzielles Gefühl, zusätzlich angeheizt von den Schwangerschaftshormonen. Ich glaubte, ich müsste wahnsinnig werden. Aber ich verließ mein »Eheparadies« nicht, sondern blieb standhaft. Aus heutiger Sicht war das die einzig richtige Entscheidung. Damals jedoch fühlte ich mich zerrissen von unfassbaren Gefühlsstürmen der Euphorie und der Verzweiflung, der Freude und des Schmerzes – ganz zu schweigen von meiner beruflichen Situation. Ich war Wetterfee bei RTL, und mein Chef schockte mich mit der Bemerkung: »Nun, wir sollten mal sehen, ob Sie jetzt währen der Schwangerschaft vielleicht lieber redaktionell arbeiten, statt vor der Kamera … es soll ja nicht so aussehen, als würde RTL die armen Schwangeren ausbeuten …« Wie bitte? Ich war entsetzt. Ich sollte hinter einem Schreibtisch versteckt werden, nur weil ich einen Schwangerschaftsbauch haben würde? Doch die Magie der Göttin war auf meiner Seite. Auf einer USA-Reise hatte ich kurz zuvor eine hochschwangere Wetterfee auf dem Weatherchannel gesehen, und das machte mir Mut. Wie gut, dass man bei RTL stets danach schielte, was der große Bruder USA so tat! Außerdem waren auch gerade zwei von den »Spice Girls« schwanger, und es gingen Bilder durch die Medien, wie sie in engen Abendkleidern stolz ihre kugelrunden Babybäuche zur Schau stellten. Mit diesem »Beweismaterial« im Gepäck suchte ich meinen Chef auf und erklärte ihm, ich sähe gar nicht ein, wieso ich nicht auch mit Schwangerenbauch moderieren solle. Es gelang mir, ihn umzustimmen. Es war eine anstrengende Zeit, aber auch eine unglaublich aufregende, in der sich mein ganzes Leben noch einmal neu aufrollte. Dabei ergaben sich ständig solche »Zufälle«, die mir den Weg zeigten und Informationen gaben, die ich gerade brauchte. Immer wieder sah ich vor meinem inneren Auge Lilith dastehen und ihre Flügel heben, wenn ich Schutz brauchte. »Zieh es auf deine Weise durch – du kannst es!«, schien sie mir zuzuraunen. Weise und starke Freundinnen waren für mich da, Pionierinnen wie Hanna. Hanna hatte gerade mit 39 ihr erstes Kind bekommen und meinte beschwörerisch: »Das ist der Wahnsinn, das wirst du sehen! Die Geburt ist ein Fest, das musst du zelebrieren!«

Ich konnte mir das kaum vorstellen, denn ich hatte von Anfang an wahnsinnige Angst vor den mit der Geburt verbundenen Schmerzen. Ich hatte nicht die leiseste Ahnung, wie sich so ein gesundes 3,5-Kilo-Baby, mit dem dicken Köpfchen voran, durch meine Vagina zwängen sollte. Wie sollte das funktionieren? Es würde mich zerreißen, da war ich sicher. Ich würde vor Schmerzen sterben oder doch zumindest völlig unfähig sein, mich da durchzuackern. Ich, die ich beim Zahnarzt immer die doppelte Dosis an Schmerzspritzen brauchte! Nie im Leben würde ich das schaffen. Ich träumte von einem Kaiserschnitt – Betäubung, und zack: Das Kind ist da. Ganz einfach. Aber ich wollte doch eine natürliche Geburt! Na gut, aber ich lasse mir auf jeden Fall eine PDA geben, dachte ich, also diese Betäubungsspritze ins Rückenmark, die die Schmerzen bei den Wehen wegnimmt ... Damals wusste ich noch nicht, dass mit der

PDA die gesamte Dynamik des Geburtsvorgangs unterbrochen wird. Der sedierte Unterleib ist einfach nicht zur gleichen Leistung fähig wie der voll wache Körper einer Gebärenden, und deshalb enden PDA-Geburten regelmäßig damit, dass das Kind mit Zange oder Saugglocke geholt werden muss, weil die Presswehen keine Kraft mehr haben. Und je mehr ich im Laufe der Schwangerschaft darüber herausfand, desto mehr wurde mir klar: Das kommt für mich nicht infrage! Nur – was dann?

Es stellte sich heraus, dass ich für die üblichen Abläufe der »Geburtsvorsorge« nicht geschaffen war. Ich hasste es, bei der Gynäkologin im Wartezimmer zu schmoren, zusammen mit Frauen, die wegen völlig anderer Probleme dort waren, um dann technische Untersuchungen über mich ergehen zu lassen, die ich als sinnlos empfand. Ich war nicht krank – nur schwanger! Das Kind schickte mir zudem deutliche Signale, dass es sich durch die Ultraschalluntersuchungen gestört fühlte. Und dann das Thema »alte Erstgebärende«. Ich war ja »schon« 36! Fruchtwasseruntersuchung ja oder nein? Sollte ich wirklich zulassen, dass eine dicke Kanüle durch meinen Bauch und die schützende Fruchtblase gestochen wurde, um ein paar Zellen des Kindes einzusammeln? Ich empfand diese Untersuchung als grob und verletzend – und sie barg damals ein nicht unerhebliches Risiko, ihrerseits einen Schwangerschaftsabbruch oder Missbildungen zu provozieren, genau das also, was sie verhindern sollte! Ich entschied mich gegen diesen scheußlichen Eingriff und erschien kurz darauf bei einem Spezialisten für den sogenannten Organultraschall.

Mittlerweile war mir mein Kind mehrmals im Traum erschienen. Jedes Mal war es ein wunderschönes Mädchen mit einer wilden, rötlich braunen Haarmähne, das mich ernst und schweigend anschaute. So kam es, dass ich auf die Frage: »Wollen Sie das Geschlecht des Kindes vorab erfahren?« antwortete: »Ich weiß bereits, dass es ein Mädchen wird, aber Sie können es mir gern verraten.« Der Arzt lächelte – ich denke, er hatte so etwas schon öfter erlebt. Es ist bestimmt nicht ungewöhnlich, dass Frauen instinktiv wissen, ob sie ein Mädchen oder einen Jungen bekommen – vor allem, wenn sie in gutem Kontakt mit ihrer Natur sind. Bemerkenswert an der Untersuchung war, dass meine Tochter stur ihr Köpfchen wegdrehte, als der Arzt es mit der Ultraschallsonde erfassen wollte. »Ich komme nicht an den Kopf des Kindes, es hat sich unter dem Schambein versteckt«, verkündete er. »Sie müssen noch mal wiederkommen.« Ich verließ die Praxis mit dem sicheren Gefühl, genug zu wissen, und kehrte nicht mehr zurück. Den restlichen Tag und die folgende Nacht wirbelte meine Tochter in meinem Leib herum, strampelte und ließ mich nicht zur Ruhe kommen. Sie machte mir unmissverständlich klar, dass sie Störungen dieser Art nicht wünschte. Ich erklärte meiner Gynäkologin daraufhin: keine Ultraschallbilder mehr, wenn es nicht unbedingt erforderlich ist – und begab mich in die Hände einer Hebamme.

Hebammen haben eine starke Verbindung zu den Themen Liliths. Schließlich beschäftigen sie sich mit den geheimnisvollen und zuweilen verstörenden Vorgängen der Geburt. Hebammen und weise Frauen wurden unter der Inquisition gezielt verfolgt, gefoltert und getötet. Man sah sie als mit dem Teufel im Bunde und verbrannte sie als Hexen – nicht zuletzt, weil sie viel mehr über Medizin und Krankheiten wussten als die Quacksalber von Ärzten, die damals unterwegs waren. Nicht nur Schwangere suchten solche Frauen auf. Weil sie sich mit Kräuterkunde und Wundversorgung auskannten, halfen sie auch gewöhnlichen Frauen und Männern bei Krankheiten und Seelenleiden. Oft waren diese Geburtshelferinnen gleichzeitig auch »Engelmacherinnen«, das heißt, sie nahmen auch Abtreibungen vor, meist, indem sie den verzweifelten Frauen die entsprechenden Kräuter verabreichten, die den Körper dazu brachten, die Leibesfrucht abzustoßen. Insofern gehören die Hebammen mit ihrer Tätigkeit auch zum Wirkungskreis der Lilith. All diese Dinge gingen mir durch den Kopf, als ich mich bei Andrea, der Hebamme anmeldete. Sie sollte mich während der Schwangerschaft betreuen und auch bei der Geburt dabei sein, die für den 10. Mai berechnet war. »Das wird schwierig«, meinte sie bei einem Blick auf ihren Terminkalender, »ich bin genau in der Zeit für eine Woche verreist.« Ich ließ mich davon nicht beirren. »Das wird schon passen«, hörte ich mich sagen und dachte: »Wieso bist du dir da eigentlich so sicher?« Und so kamen wir zusammen. Das Besondere an Andrea war, dass sie mit «Haptonomie» arbeitete. Das ist eine Methode, durch die Eltern lernen, mit den Händen durch die Bauchdecke der Mutter Kontakt zum Kind aufzunehmen, es sanft zu Bewegungen zu animieren und so ein Gefühl für das Baby zu bekommen. Ich stand damals sehr unter Druck – aus beruflichen Gründen, wegen meiner widerstreitenden Gefühle und natürlich wegen der Schwangerschaftshormone, kurz: Ich war unausstehlich, und mein Mann und ich zankten uns häufig. Aber wenn wir die Haptonomie-Übungen machten, herrschte Frieden.

Es war Hanna gewesen, die mich darauf gebracht hatte. Sie war während ihrer Schwangerschaft von Dr. Mehdi

Djalali betreut worden, der sich sehr für die Haptonomie einsetzte. Mit Ende 30 hatte Hanna eine Topgeburt hingelegt und war stolze Mutter eines kräftigen Knaben geworden. Sie wurde mein großes Vorbild. Ich verdrängte die Geschichten davon, was bei einer Geburt alles Schlimmes passieren kann. Darauf wollte ich mich nicht konzentrieren. Stattdessen fokussierte ich mich darauf, wie die Frauen es hingekriegt hatten, bei denen es gelungen war. Hilfe kam auch von Kolleginnenseite. Barbara Eligmann, die damals »Explosiv« bei RTL moderierte, war kurz vor mir glückliche Mutter geworden, ebenfalls eine begeisterte Anhängerin der natürlichen Geburt und der Haptonomie. Sie empfahl mir zwei Bücher, die mich stark beeinflussen sollten: *Körpergefühl* von Regina Hilsberg und *Auf der Suche nach dem verlorenen Glück* von Jean Liedloff. Beide Bücher beschäftigen sich damit, wie wichtig der frühkindliche Haut- und Körperkontakt zwischen Eltern und Kind ist. Es geht um die urigste Form, Kindern Selbstbewusstsein und ein Gefühl für das Dasein auf diesem Planeten zu vermitteln: durch Herumtragen – wie es die Frauen schon immer getan haben und in naturverbundenen Gemeinschaften bis heute tun. Beide Autorinnen beschreiben aus unterschiedlicher Sicht, wie dieses Tragen das Urvertrauen und die Instinkte der Kinder stärkt und es ihnen erleichtert, mit den neuen Lebensbedingungen unter der Schwerkraft unseres Planeten fertigzuwerden. Und wie das Baby so einen sanften Übergang schafft vom kompletten Geborgensein im Mutterleib zur allmählichen eigenen Bewegungsfähigkeit durch Krabbeln, Sitzen und schließlich Laufen. Das erschien mir so logisch und natürlich – und dagegen so widersinnig, wie wir es meist machen: Gebären im Kreißsaal (allein dieses Wort!), dann wird das Kind weggenommen, gewaschen, vermessen, gewickelt, weggepackt, bevor man es der Mutter gibt ... und später legt man es gern im Kinderwagen oder in irgendwelchen Wippen ab und überlässt es zeitweise sich selbst ... Ich sollte bald erfahren, wie wichtig die Erkenntnisse aus diesen Büchern für mich sein würden, wollte doch meine Tochter in den ersten Wochen ihres Lebens keine Sekunde ohne diesen Körperkontakt sein!

Damals gab es einen gynäkologischen Chefarzt in Deutschland, Dr. Gerd Eldering, der die natürliche Geburt in seinem Krankenhaus in Bergisch Gladbach förderte. Von ihm wurde ausdrücklich gewünscht, dass die Väter dabei waren, dass Mutter oder Vater das frisch geborene Kind erst einmal halten und mit ihm Kontakt aufnehmen, ehe es nur kurz »versorgt« und der Mutter wieder in die Arme gelegt wird. Dieser Arzt akzeptierte auch die Zusammenarbeit mit freien Hebammen, die zur Geburt mit ihren Klientinnen zu ihm ins Krankenhaus kamen. Andrea war eine dieser Hebammen – und ich lebte glücklicherweise in der Nähe dieses Krankenhauses. Da wollte ich hin. Ich wollte Intimität zwischen Mutter, Vater und Kind erleben, keine hektische Krankenhausatmosphäre!

Doch es sollte ganz anders kommen. Meine Tochter war spät dran. Der 10. Mai verstrich, der 11., der 12., der 13. Irgendwann ging ich dann doch zu meiner Ärztin, die mir eilfertig eine neue grässliche Untersuchung andienen wollte. Man könne mit einer Kanüle in den Kopf des Kindes stechen und ein paar Zellen entnehmen, um zu schauen, ob eventuell ein Problem vorliege ... Ich lehnte entsetzt ab. Mittlerweile war ich zur Vollblutschwangeren geworden und total im Einklang mit dem Kind und meinem Körper. Ich hatte alle

Vorsorgeuntersuchungen bei meiner Hebamme absolviert, die mich mit einem Hörrohr abhörte, anstatt mich mit technischen Apparaten zu traktieren. Ich fand das wunderbar! Sie wusste über alles Bescheid, und ich fühlte mich vollkommen aufgehoben. Sechs Wochen vor der Geburt hatte ich erst sechs Kilo zugenommen, war ziemlich erschöpft von der Arbeit und froh, endlich in Mutterschaftsurlaub zu gehen. Andrea meinte: »Du musst mehr essen, meine Liebe! Die kleine Dame kann jetzt jederzeit kommen, wenn sie früher kommen will. Und dann wäre sie noch ein bisschen zu leicht. Also ruh dich aus und futtere ordentlich!« Das tat ich dann auch.

Bis direkt vor meiner Geburt absolvierte ich außerdem meine regelmäßigen Yogakurse bei Birgit, meiner spirituellen Lehrerin. Einige Wochen vor meiner Niederkunft machte sie mit uns eine Gruppenmeditation. Mit der Gruppe baute sie einen Tempel aus Licht auf und sagte dann: »Wenn eine von euch besondere Energie braucht, kann sie jetzt in die Mitte des Kreises gehen und die gebündelte Energie empfangen.« Ich ließ mich nicht lange bitten und nutzte die Gelegenheit. Ich kniete mich in die Mitte und schloss die Augen. Während Birgit leise die Meditation weiterführte, sah ich vor meinem inneren Auge, wie sich mein Basischakra öffnete, trichterförmig zur Erde hin und tiefrot leuchtend. Ich hatte die Vision, dass meine Tochter durch diesen Trichter wie auf einer Rutsche aus meinem Körper auf die Erde glitt und mich aus großen Augen anschaute. Es war wundervoll. Und es sollte schließlich genauso kommen.

In der letzten Woche vor meiner Niederkunft wurden alle um mich herum zunehmend nervös, weil das Kind nicht zum errechneten Termin kam. Für mich war es in Ordnung. Schließlich war ja meine Hebamme noch in Urlaub! Sie würde erst am 12. Mai wiederkommen Deshalb war ich sehr zufrieden mit der Situation. Ich ließ mich auch von der Ärztin und ihren Vorschlägen für irgendwelche drakonischen Maßnahmen nicht einschüchtern. Die Natur würde ihren Lauf nehmen, und das Kind würde genau dann kommen, wenn es der richtige Moment war, basta. Unglaublich, welchen Weg ich bis hierhin genommen hatte! Von der mit 36 als »alte Erstgebärende« eingestuften, eingeschüchterten, ängstlichen, »Risikoschwangeren« zu einer selbst- und körperbewussten Frau, die keine Ängste mehr hatte und sich auf das Wunder der Geburt freute! Wo waren die Ängste vor den Schmerzen geblieben? Ich dachte einfach nicht mehr daran! Ich dachte an die Frauen in aller Welt, die ihre Kinder herumtrugen und in Felle wickelten, von denen ich bei Jean Liedloff gelesen hatte. Ich kaufte mir ein uriges Tragetuch und übte mit meiner Hebamme das richtige Binden, denn ich wollte mein Kind herumtragen. Ich meditierte. Und ich las ein weiteres Buch, das mich tief bewegen sollte: *Meergeboren. Geburt als spirituelle Einweihung.* Darin schildert Chris Griscom, eine bekannte amerikanische Guru-Figur, bereits Mutter von fünf Kindern und wieder schwanger, wie sie mit ihrer ältesten Tochter auf eine schöne Insel im Südpazifik reist, um ihr Kind im Meer zur Welt zu bringen. Denn sie hatte von einem hochspirituellen Eingeborenenstamm gehört, bei dem es Tradition sei, dass die Frauen einfach ins warme, milde Wasser der Südsee gingen, um dort zu gebären. Mit der Hilfe ihrer ältesten Tochter wollte Chris das auch erleben. Tief bewegt von der Geschichte, wie sie tatsächlich ihr Kind ins Wasser des Ozeans hineingleiten lässt, gleich einem Delfin, und wie die Tochter ihr dabei hilft, wurde ich immer euphorischer. Zum Ende der Geschichte erfährt die Autorin übrigens, dass es die Tradition des »Meergebärens« bei diesem Stamm nie gegeben hat. Es handelte sich um eine Legende. Aber sie hatte es wirklich getan! Sie hatte die Legende wahr gemacht! Diese Geschichte inspirierte mich ungeheuer. Ich bewunderte meinen mittlerweile riesigen Babybauch im Spiegel und fing an, mich regelrecht zu freuen. Alle meine Ängste waren wie weggeblasen. Ich wusste, es würde eine großartige Geburt werden. Woher, kann ich nicht sagen. Ich weiß nur, dass das Geblubber der Ärztin über all das, was man machen könne, solle, müsse, weil das Kind ja nun doch langsam »übertragen« sei, plötzlich wie ausgeblendet schien. Ich sah ihr sorgenvolles Gesicht, aber ich hörte nicht mehr, was sie sagte. Ich wusste: Hier brauchst du nicht mehr hinzugehen. Alles wird gut werden. Sie macht ihren Job, aber ich bin nicht krank, und mit meinem Kind ist alles in Ordnung.

Als mich die erste richtige Wehe von den Füßen riss, war ich doch etwas entsetzt. Es war in der Nacht zum 15. Mai. Ich war aufgestanden, weil ich unruhig war und diese Wehe war von einer solchen Gewalt, dass ich mich fühlte, als habe mich eine Ozeanwelle überrollt. Und es tat weh. Tatsächlich stolperte ich und sackte zu Boden. Für einen kurzen Moment dachte ich: »Himmel, wenn das so läuft, bin ich am Ende!« Ich kroch wieder ins Bett, und mir war mulmig zumute. Am Horizont sah ich wieder meine Ängste aufziehen, aber ich ließ mich nicht darauf ein. Angespannt wartete ich ab, was nun passieren würde. Doch es kam keine weitere Welle, und nach einer Weile schlief ich erschöpft wieder ein. Am nächsten Tag ab nachmittags war es so weit. Die Wehen kamen zurück, doch diesmal war ich vorbereitet. Angenehm war es nicht, aber ich empfand es einfach als Teil eines Prozesses, der nun in Gang war und den nichts würde stoppen können. Wir sagten der Hebamme Bescheid, doch sie blieb ganz gelassen: »Wie lang ist der Abstand zwischen den Wehen? Eine Stunde? Okay, ruft mich wieder an, wenn sie alle 20 Minuten kommen.« »Aber wir müssen doch los«, rief ich aufgeregt, » wenn das alle paar Minuten so geht, sehe ich mich nicht in der Lage, ins Auto zu steigen!« Doch Andrea und mein Mann blieben cool. Er ließ sich auch nicht davon abhalten, noch ein leckeres Sonntagsessen zu kochen und mich liebevoll zum Essen zu nötigen. Ich hatte wahrlich keinen Hunger, aber es erwies sich dann doch als genau das Richtige, denn dieses Essen sollte für die nächsten 24 Stunden meine letzte Mahlzeit sein. Danach entspannten wir uns noch gemeinsam bei der Fernsehübertragung des Formel-1-Rennens von Monaco, während ich immer wieder von einer Wehe erschüttert wurde.

Und auf einmal regte sich in mir ein massiver Widerstand gegen die Idee, gleich aufbrechen zu müssen, um ins Krankenhaus zu kommen. Zu Hause fühlte ich mich wohl und geborgen. Der Gedanke, jetzt vor die Tür zu müssen, war dagegen der pure Stress für mich. Ich wollte nicht unter lauter fremden Leuten sein, ich wollte keinen Desinfektionsmittelgeruch einatmen und keine Krankenbetten sehen. Natürliche Geburt hin oder her, ein Krankenhaus bleibt doch ein Krankenhaus! »Ich will hierbleiben«, keuchte ich nach der nächsten Wehe, »ich will nicht ins Krankenhaus!« Mein Mann schaute besorgt, aber interessiert. Er war skeptisch gegenüber den »Segnungen« der Schulmedizin, seit er sieben Jahre zuvor miterlebt hatte, wie der Sterbeprozess seines Vaters über sechs Wochen mit Apparaten und Schläuchen in die Länge gezogen worden war. Nicht umsonst steckte er mitten in der Ausbildung zum Heilpraktiker. Er war überzeugt, dass man im Krankenhaus nur noch kränker werde. »Also gut«, meinte er zögernd, »wir rufen Andrea an und fragen sie, wie sie das sieht.« Das taten wir. Wir warteten, und im TV donnerten Michael Schumacher und seine Kollegen mit ihren Boliden durch die engen Gassen von Monaco. Auf einmal hatte ich einen Blasensprung. Ich spürte eine ungeheure Erleichterung, und ein Sturzbach aus Fruchtwasser ergoss sich über das Sofa, das wir in weiser Voraussicht mit Decken und Handtüchern bedeckt hatten. Ich hatte überhaupt keine Angst mehr. Es war so angenehm, dass der Druck nachließ, und ich war völlig entspannt, als kurz darauf die Hebamme meines Vertrauens in der Tür stand. Meine Tochter hatte mit ihrer Geburt tatsächlich so lange gewartet, bis Andrea aus dem Urlaub zurück war! Und am gleichen Tag hat auch meine Schwester Geburtstag, der ich sehr liebevoll verbunden bin!

»Tja«, meinte Andrea, »eigentlich können wir das nicht machen, denn wir haben nie über die möglichen Risiken einer Hausgeburt gesprochen. Aber ich schau es mir mal an«, und sie lächelte breit. Schon da wusste ich, wir würden es packen. Ich, die von meiner Familie und meinen engen Freunden stets gutmütig als »Prinzessin auf der Erbse« verspottet wurde, würde eine Hausgeburt hinlegen! Andrea untersuchte mich und schaute uns schließlich eindringlich an: »Ich glaube, wir können es wagen. Es sieht sehr gut aus!« Unter ihren kundigen Anweisungen assistierte mein Mann unserer Hebamme, die sich tatsächlich als die weise Frau erwies, die ich mir für die Geburt immer gewünscht hatte. Dann ging es richtig los. Nun erkannte ich auch das Gefühl der Wehen von meiner Fehlgeburt wieder – und ich dachte wieder an die göttliche Stimme von damals.

Schmerzmittel brauchte ich keine. Mein Mann massierte mir pausenlos das Kreuzbein, was völlig ausreichte, um die reißenden und krampfartigen Gefühle der Wehen erträglich zu machen. Ich lag ächzend auf der Seite in unserem Ehebett und verstand, warum die Wehen auf Englisch *labour*, »Arbeit«, heißen. Es ist wirklich harte Arbeit, die der Körper da leistet! Zwischendurch tastete Andrea meinen Bauch ab, um die Lage des Kindes zu überprüfen. »Und jetzt«, hörte ich sie auf einmal sagen, »möchte ich, dass du dich noch einmal schön drehst«, während sie das Kind mit den Händen von außen sanft anleitete. »Fantastisch«, jubelte sie, »die dreht ja die reinsten Pirouetten!« Es ist ein hochsensibler Moment, wenn das Kind sich drehen muss, damit es perfekt durch den Geburtskanal passt. Und die Haptonomie ist eine Methode, wie man dem Kind während der Geburt dabei helfen kann! Andrea war sehr zufrieden. Schließlich leitete sie uns beide so an, dass ich, mithilfe meines Mannes, die finale Phase der Geburt auf seinem Schoß sitzend und in der Hocke absolvieren konnte. Wir fanden einen Rhythmus, in dem wir uns von den Presswehen mitreißen ließen und zwischendurch entspannten. Das Kind war auf dem Weg. Ich konnte es spüren. Die Presswehen waren wie riesige Ozeanwellen, die mich mitrissen. Ich nahm so gut wie keinen Schmerz wahr, nur eine unglaubliche, heiße, strahlende Energie im Bereich meines Basischakras. Ich war vollkommen euphorisch. Wie oft hatte ich im Meer in der Brandung gebadet und mich beim Bodysurfen im Meeresschaum vergnügt. Das kam mir nun wieder in den Sinn. Das Meer als Symbol des Ursprungs allen Lebens war in mir und toste und brauste durch mich hindurch. Ich spürte jede Wehe wie einen Riesenbrecher heranrollen, und jede dieser Wellen schob mein Kind ein Stückchen weiter der Welt entgegen. Ich aber konnte nicht anders, ich musste jedes Mal ein lautes Brüllen ausstoßen. Ich hatte vollkommen losgelassen und mich restlos dem Rhythmus der Geburt hingegeben. Nur ein einziges Mal kam ein Moment der Panik auf, als ich plötzlich dachte: »Was, wenn das Kind jetzt stecken bleibt, wenn es jetzt irgendwie nicht mehr weitergeht?« In dem Moment zückte Andrea einen Spiegel – von jeher ein magisches Instrument der Hexen und weisen Frauen – und hielt ihn mir so hin, dass ich sehen konnte, was sich zwischen meinen Beinen abspielte. »Schau hin, das Köpfchen ist schon zu sehen! Gleich hast du es geschafft!« Da hörte ich sie wieder, die körperlose göttliche Stimme, wie damals bei der Fehlgeburt, und sie sprach: *Alles wird gut. Dein Kind ist gleich bei dir!* Mein Vertrauen kehrte zurück. Zwei Wellen und zwei Urschreie später war meine Tochter da, von Andrea aufgefangen, und schaute mich mit großen Augen an. Sie war auf die Welt geglitten wie in meiner Vision aus dem Yoga-Lichtkreis. Sie schrie nicht und weinte nicht. Sie wirkte vollkommen ... ja, zufrieden. Ja, meine kleine Göttin war zufrieden, wie alles gelaufen war. Und wir auch. Ich war unglaublich stolz und dankbar. Und als ich meine Mutter und andere Vertraute anrief, um das glückliche Ereignis zu verkünden, fiel mir auf, wie rau und heiser meine Stimme war.

Was taten wir als Erstes, nachdem wir uns wieder gesammelt und gefasst hatten? Wir schauten ins Horoskop! Es war Sonntagabend, die Sonne war eben untergegangen. Mein Mann reichte mir den Horoskopausdruck für unser Kind – und da sah ich sie schweben, Liliths schwarze Mondsichel, direkt auf dem Aszendenten meiner Tochter, im selben Tierkreisgrad. 360 Grad hat der Tierkreis, alle vier Minuten wandert der Aszendent ein Grad weiter. Der Moment der Geburt, wenn das Baby den ersten eigenen Atemzug tut, entscheidet über die Position des Aszendenten und damit über den Beginn der Geschichte, die das Horoskop erzählt. Nun, das Horoskop meiner Tochter erzählt die Geschichte von unserer gemeinsamen Geburtsinitiation durch Lilith. Vor meinem inneren Auge sah ich die Göttin lächeln, ihre weiße Haut schweißnass, die schwarzen Haare zerzaust und das Kleid blutbefleckt, als hätte sie selbst die Geburt gerade vollzogen.

Nach der Fehlgeburt in Griechenland und dem Wunder der Geburt in meinem eigenen Haus hat die Geschichte noch einen Prolog: Irgendwann landete ich tatsächlich mit dem befürchteten »akuten Unterbauch«, ausgelöst durch die Unterleibszyste, in ebendem Krankenhaus, in dem ich ursprünglich meine Tochter zur Welt bringen wollte. Ich musste noch am Freitagabend operiert werden und begegnete nun endlich persönlich Dr. Eldering, dem Wegbereiter des geburtsfreundlichen Krankenhauses. Wieder war Lilith in meinem Horoskop aktiv – wie so oft, wenn es um Leben und Tod geht. Mir wurde bewusst, dass noch bis ins 19. Jahrhundert hinein Frauen unrettbar dem Tod geweiht waren, wenn Unterleibszysten, wie sie ständig vorkommen, sich irgendwie im Leib verdrehten und abstarben, wodurch die Frauen eine tödliche

Blutvergiftung erlitten. Ich war mehr als dankbar, dass ich gerettet wurde, was für uns heute natürlich völlig normal ist. Und mir wurde klar, wie wichtig es ist, zu wissen, wann es Zeit ist, medizinische Hilfe in Anspruch zu nehmen!

Damals bat ich den Professor, mit dem ich mich gut verstand, um seine Geburtsdaten. Er, der sich sein ganzes Berufsleben lang für eine menschenwürdige, frauenfreundliche Gynäkologie eingesetzt und sein Krankenhaus mit der natürlichen Geburt populär gemacht hatte, musste doch eine starke Lilith im Horoskop haben! Aus typischer Medizinerneugier überließ er mir seine Daten und hörte mir tatsächlich geduldig und interessiert zu, als ich ihm schilderte, was Lilith bedeutet, und ihm auch stolz von meiner Geburt erzählte. Seine Reaktion ernüchterte mich. »Das hätten Sie aber nicht machen dürfen! Sie hätten zu mir ins Krankenhaus kommen müssen!«, stellte er klar. »Aber es ist doch wunderbar verlaufen!«, protestierte ich. »Da haben Sie unheimlich Glück gehabt!«, widersprach er. In diesem Punkt wurden wir uns nicht einig. Doch das machte mir nichts aus. Denn als mir am nächsten Tag mein Mann den Horoskopausdruck mitbrachte, hüpfte mein Herz als Astrologin und Lilith-Jüngerin. Im Horoskop des Professors steht Lilith im Frauen- und Mütterzeichen Krebs, direkt neben dem Muttersymbol Mond und dicht am MC – dem Punkt, der von der Berufung im Leben erzählt.

Lilith-Gesc

TEIL 2

Lilith-Geschichten

Lilith spricht durch gelebtes Leben, durch die Geschichten von Frauen, die darum gekämpft haben, sie selbst sein zu dürfen – als Frau, als Künstlerin, als Liebhaberin, als Mutter. Frauen, die sich ihrer eigenen Natur mehr verpflichtet fühlten als den Konventionen, Erwartungen, Schuldgefühlen oder Schönheitsidealen, die ihnen von der Gesellschaft vorgegeben wurden. Frauen, die in Kontakt mit ihrer inneren Stimme sind, ihrer inneren Göttin. Ich erzähle dir diese Geschichten, damit du deine eigene Geschichte erkennst oder die deiner Mutter, Schwester, Freundin oder Tochter. Außer bei Annette und Uschi Obermaier habe ich die Namen der Frauen geändert, die mir so großzügig erlaubt haben, Intimes aus ihren Lebensgeschichten zu erzählen. Die Geschehnisse sind jedoch alle gelebte Realität.

Annette (Waage, Lilith in der Waage)

Wenn du eine authentische Lilith-Frau kennenlernen willst, lies das Buch *Fünf Männer für mich* von Annette Meisl. Es ist die aufrichtige Geschichte einer Frau auf der Suche nach ihrer wahren Beziehungsnatur. Und das meine ich wörtlich. Beziehungs-Natur: »Natur« im Sinne eines blühenden, üppigen und manchmal auch wuchernden Gefühlslebens, nicht des flurbereinigten, unkrautbefreiten, gezähmten Vorgärtchens, das viele von uns in sich kultivieren. Ich würde auch mich selbst eher als Trägerin einer ziemlich wild wuchernden Gefühlsnatur bezeichnen, selbst wenn ich nach außen hin auf manche »bieder« wirken mag. Ich gebe allerdings zu, dass ich es nicht wagen würde, dermaßen offen über mein wildes Leben zu schreiben, wie Annette es getan hat. Und wie ich gibt es mittlerweile viele Frauen, die Annette überschwänglich danken, weil sie den Mut hatte, über etwas zu schreiben, was für viele von uns eine geheime Option ist: ein Leben mit mehreren Männern!

Ein befreundeter Musiker (ein Künstler, wer sonst!) machte mich auf ihre Arbeit aufmerksam: »Du musst mal diese Annette Meisl kennenlernen. Ihr zwei würdet euch verstehen!« Schnell hatte ich mir Annettes Website ergoogelt und schaute mir fasziniert ihren Auftritt in der Fernsehshow von Markus Lanz an. Ein Vollweib mit glühenden Augen, freiem

Lachen und tiefenentspanntem Charme leuchtete mir da entgegen. Von ihrer ungezähmten Lockenpracht umrahmt, schenkte sie dem gebannt lauschenden Publikum ein strahlendes Lächeln, während sie, völlig unbeeindruckt von der Studiosituation mit Saalpublikum und Stargästen, live vor Millionen Zuschauern über ihr Leben mit fünf Liebhabern plauderte. Derweil rutschten die anwesenden Herren unbehaglich auf ihren Stühlen herum, besonders ein bekannter Schauspielmacho, der die Augen verdrehte und mit seiner Körpersprache deutlich machte, wie sehr ihm Annettes Bekenntnisse gegen den Strich gingen. Wie kann eine Frau einfach für sich in Anspruch nehmen, was seit Ewigkeiten ein Vorrecht der Männer ist: mehrere Geliebte zu haben? Oder wollte er allen demonstrieren, wie treu und brav er doch in seiner Partnerschaft war? Amüsiert beobachtete ich, wie Annettes Anwesenheit den ach so männlichen Kollegen nervös machte. Ganz offensichtlich wusste er nicht, wie er damit umgehen sollte, wollte sich aber trotzdem wichtig tun. Ich betrachtete wieder Annette. Was mich am meisten faszinierte war, wie viel Herz, Wärme und Weiblichkeit sie ausstrahlte, während Peinlichkeit und Nervosität ihr völlig fremd zu sein schienen. Eine Femme fatale ist sie nicht, dachte ich, auch nicht abgebrüht, und sie macht sich auch nicht lustig über die Männer. Nein, sie scheint sie zu lieben! Ich war sofort überzeugt, dass diese Annette Meisl eine hoch entwickelte innere Lilith haben musste. Wahrscheinlich in der Waage oder so, dachte ich, Waage ist doch das Beziehungszeichen, und Annette provoziert hier das Beziehungsthema, wie es typisch für eine Lilith-Frau ist. Ich muss sie kennenlernen!

Kurze Zeit später sah ich ihren Wuschelkopf auf einem VIP-Event auftauchen und bahnte mir einen Weg zu ihr. Wir verstanden uns auf Anhieb. Ich erzählte ihr von Lilith, meinem Buchprojekt und wie es alles zusammenpasste, dass wir uns hier begegneten. Sie schenkte mir ihr strahlendes Lächeln: »Natürlich gebe ich dir meine Geburtsdaten! Ich bin übrigens Sternzeichen Waage. Das ist wirklich spannend, darüber musst du mir mehr erzählen!« Ah, dachte ich. Genau. Lilith steht bestimmt direkt neben der Waagesonne, in Konjunktion, ja, so muss es sein. Das würde alles erklären. »Weißt du, ich habe mir gerade ein neues Loverteam zusammengestellt...«, fuhr sie im Plauderton fort und warf mir einen liebevoll provozierenden Blick zu. Ich war verblüfft und entzückt über dieses Wort. Loverteam! Das ist genial, dachte ich. Das ist Lilith, die die Dinge beim Namen nennt! »Wie funktioniert das denn mit so einem Loverteam?«, fragte ich neugierig. »Wie kriegst du es hin, dass die Kerle das mitmachen?« Annette lächelte: »Das funktioniert nur, wenn du total ehrlich bist. Jeder muss von vornherein wissen, woran er ist. Ich habe die Erfahrung gemacht, dass die Männer sich dann immer sehr dafür interessieren, wo in der Rangfolge sie stehen. Für sie ist klar, einer muss die Nummer eins sein!« Und sie stellte klar, dass ihre Ehrlichkeit auch Grenzen hat. »Natürlich lasse ich das offen, sodass jeder das Gefühl haben kann, meine Nummer eins zu sein«, erklärte sie. Ah, da ist sie also ganz die diplomatische Waage, dachte ich. Ganz offensichtlich war auch Liebesgöttin Venus, Regentin der Waage, in Annette höchst lebendig. Im Getümmel der Party musste ich mir jedoch weitere Fragen verkneifen, denn Birgit Schrowange kam auf uns zugeschwebt, umarmte Annette spontan und rief: »Einfach großartig, dein Buch! Das musste mal gesagt werden! Ich freue mich ja so, dich kennenzulernen!« Ich verkrümelte mich lächelnd und überließ den beiden das Feld. Ich hatte ja Annettes Geburtsdaten, und die würden mir nachher noch eine Geschichte erzählen ...

Zu Hause angekommen, fuhr ich mitten in der Nacht den Computer noch einmal hoch und tippte mit Herzklopfen die Daten ein. Im Astrologenleben ist das immer ein spannender Moment: Würde sich meine Einschätzung bestätigen? Dass die Frau mit den fünf Liebhabern im Zeichen Waage geboren war, hatte ich ja schon erfahren. Also in Beziehungsmission unterwegs. Würde auch der Schwarze Mond, das Symbol der Lilith, der alten, wilden Göttin der Selbstbestimmung und der weisen Frauen, in der Waage stehen? Womöglich direkt bei Annettes Sonne? Von den 360 Graden des Tierkreises würden nur fünf, sechs Grad für die Position des Schwarzen Mondes infrage kommen, wenn meine Annahme stimmte. Ich drückte die Entertaste, und das Horoskop formte sich auf dem Bildschirm. Und wirklich, da schwebte die schwarze Mondsichel der Lilith gleich neben der Waagesonne, eine »Konjunktion«. Die stärkste Lilith-Konstellation, die ein Mensch haben kann, denn die Sonne repräsentiert das Herz, das Wesen des Horoskopeigners. Lilith dicht daneben ist wie ein Zauberspruch, eine Magie, die dieses Herz verzaubert hat. Es befindet sich sozusagen »im Bann« der Göttin. Sonne-Konjunktion Lilith heißt, man ist von Lilith verzaubert und *muss* ihre Kräfte im Leben ausdrücken, um zu einem ganzheitlichen Lebensgefühl zu finden. Schafft man das nicht, werden die Kräfte dieses Zaubers als Schatten und innere Dämonen ewig im Herzen rumoren und einen nicht zur Ruhe kommen lassen, bis man sich ihrer angenommen hat. Früher, in den Anfängen der Lilith-Astrologie hieß es oft: Lilith bringt das Schlechteste in dem Sternzeichen hervor, in dem sie steht, zumindest nur das Dunkle und Schattenhafte. Diese Ansicht war mir immer zu einseitig gewesen. Das Wilde, das Ungezähmte, das Tabu, das Geheimnisvolle, ja. Aber das ist doch nichts Schlechtes!

Aus der Sicht einer traditionellen Astrologie symbolisiert die Waage das Ideal der Partnerbeziehung zwischen einer Frau und einem Mann und den Wunsch, sich gesellschaftskonform zu verhalten und beliebt zu sein. Insofern stellt das Konzept, sich ein Loverteam von fünf Liebhabern zu gönnen und darüber für eine große Öffentlichkeit zu schreiben, dieses Ideal natürlich auf den Kopf und ist sehr provokant. Aber ist es deswegen »das Schlechte«? Wohl nur im Licht einer längst überholten traditionellen Sichtweise. Ich glaubte das ohnehin nicht und sollte, während ich Annette näher kennenlernte, darin bestätigt werden. In ihrem Leben gibt es mehr Liebe als bei so manchen, die in einer erloschenen Partnerschaft vor sich hinleben – von der Lebenslust, dem Abenteuer und dem Ausmaß an interessanten Erfahrungen ganz zu schweigen!

Am nächsten Tag kaufte ich mir Annettes Buch und las es durch. Es ist eine authentische Lebensgeschichte, sexy und schonungslos offen erzählt, dabei – typisch Waage – stilvoll und mit Sinn fürs Ästhetische geschrieben. Lilith ist deshalb so lebendig in Annettes Beziehungsexperiment, weil die Heldin dabei ehrlich und wahrhaftig vorgeht und die Beteiligten mit der Wahrheit konfrontiert. Ihre Liebhaber sind über das sogenannte »5-L-Projekt« informiert. Sie können sich aussuchen, ob sie sich darauf einlassen wollen oder nicht. Menschen, die mehrere Liebhaber gleichzeitig haben, gibt es heutzutage viele. Aber die meisten geben es nicht zu. Sie wollen einfach mehrere Eisen im Feuer haben, oder sie genießen ein Single-Dasein ohne Verpflichtungen. Lilith aber erhebt Anspruch auf Authentizität. Nicht auf Moral! Moralische Erwägungen interessieren sie nicht. Noch nicht einmal Beziehungsversprechen oder Treue gegenüber anderen. Aber Ehrlichkeit, Wahrhaftigkeit und Treue zu sich selbst. Deshalb geht sie auch dem Schmerz nicht aus dem Weg. Und sie stellt sich den Konsequenzen ihres Handelns. Genau wie Annette. Freude, Schmerz, Lust und Trauer – die Autorin lässt nichts aus und nimmt uns mit auf den Weg ihrer persönlichen Initiation. Von der hingebungsvollen treuen Ehefrau zur selbstbestimmten, freien »Galana«, der furchtlosen Genießerin und »Männerforscherin« mit Herz und Künstlerseele. Eine riesige Enttäuschung – die Entdeckung, dass ihr Mann sie jahrelang systematisch betrogen hatte – führte dazu, dass sie ihr persönliches Beziehungsparadies verließ und beschloss, von nun an die Fäden ihres Liebeslebens selbst in der Hand zu behalten. Mindestens fünf Männer sollten ihr helfen, die gedemütigte innere Göttin wieder auferstehen zu lassen. In ihrem Buch lässt sie uns daran teilhaben, wie sie am Boden zerstört war und mit welch unbändigem Willen sie sich ihr Leben zurückeroberte. Das schafft man nicht durch Schmerzvermeidung! Das war eine echte Wiedergeburt – intensiv, schmerzlich und mit Momenten der tiefsten seelischen Dunkelheit.

In diesem Teil ihrer Geschichte ist Lilith wahrhaft lebendig. Doch wie lebte Annette ihre Lilith-Konstellation vor dieser unfreiwilligen Befreiung? Als Künstleragentin und Gründerin einer kleinen Zigarrenmanufaktur. Carmen, die Lilith der Oper, lässt grüßen! Das intensive Leben an der Seite ihrer kubanischen Künstler trägt deutlich die Signatur von Lilith als Kreativfaktor des Horoskops. Und Annette erkannte bald, dass sie nicht nur Künstler managen, sondern auch selbst Künstlerin sein will! Eine Atemtherapie sollte ihr helfen, nach dem Ehedesaster die Symptome einer Depression zu lindern. Ihr Therapeut war auch Gesangslehrer, und so entdeckte sie ihr Talent zur Sängerin. »Wenn es eines gibt, was mit Macht aus mir herauswill, dann ist es meine Stimme!«, sagt sie und: »Zu singen bedeutet zu lieben!« In Ihrem Café auf der Venloer Straße, »ein Stück Kuba in Köln«, veranstaltet sie regelmäßig Abende mit kubanischer Musik und lässt ihre neugewonnene Stimme hören. Sie schenkt den Frauen, die sie besuchen und ihr Buch gelesen haben, ihre Zeit und Aufmerksamkeit und motiviert sie, ihre Weiblichkeit und innere Stärke zu leben. Sie ist eine Lilith zum Anfassen. Das Leben in Köln hat für mich ein Stück Lebenslust und Lebensqualität dazugewonnen, seit ich Annette kennengelernt habe.

»Weißt du«, sinnierte Annette kürzlich in einem Gespräch über Männer, »manchen Männern wird man auch einfach gar nicht gerecht, wenn man von ihnen fordert, normal zu arbeiten und Geld zu verdienen. Es gibt Männer, die sind einfach die perfekten Lover. Wäre es nicht ideal, wenn sich mehrere Frauen in einer Art Matriarchats-WG zusammenschließen würden und die Lover könnten dort einfach leben? Sie könnten ein Zimmer bekommen, würden versorgt und dürften ansonsten als Liebhaber ihrer Bestimmung folgen!« Wie erfrischend! Ganz abgesehen von der Frage, ob es Männer gibt, die wirklich so leben möchten – es ist einfach befreiend, mal in so eine Richtung zu denken. Statt den »Lovertypen« ein schlechtes Gewissen einzureden, weil sie ihrer Natur folgen, sollten sich die Frauen solche Prachtexemplare einfach einträchtig teilen. Mir gefällt der Gedanke ausgesprochen gut! Es ist eine echte Lilith-Idee, weil sie so ursprünglich ist und sich so radikal gegen das Establishment stellt. Und dennoch ist es eine liebevolle und sozialbezogene Idee, wie es für die Waage typisch ist. So ist Annette – eine Frau, wie ich noch nie zuvor eine kennengelernt habe.

Nun gibt es ja viele Vorurteile, dass Frauen, die bei Männern Erfolge feiern, von anderen Frauen gemieden oder angefeindet werden. Mag Annette nur Männer? Im Gegenteil, sie hat einen Kreis von bezaubernden Freundinnen um sich, ebenfalls alles außergewöhnliche Frauen mit spannenden Biografien. Damit zeigt sie uns einen wichtigen Aspekt ihres Lebensentwurfs: Um Männer lieben und genießen zu können, müssen die Frauen zusammenhalten und sich als Freundinnen verstehen, nicht als Konkurrentinnen! Mit Frauen, die sich gegenseitig nichts gönnen und um die Gunst eines Mannes konkurrieren, kann man leicht umspringen. Aber wenn sich die Damen entspannt zurücklehnen und zusammenhalten, haben sie mehr Spaß, mehr Einfluss – und mehr Männer, die Spaß mit ihnen haben wollen!

Meine Lieblingsszene aus Annettes Buch ist denn auch die, in der ein Geliebter plötzlich mit einer anderen Gespielin an seiner Seite erscheint. Annette hatte Sehnsucht nach ihm gehabt und wollte ein Treffen anlässlich einer Messe in einer anderen Stadt arrangieren. Er aber zierte sich und wollte sich nicht so recht auf eine Verabredung einlassen. Doch sie wusste: Sie wollte ihn, und sie würde ihn bekommen. Also vereinbarte sie einen Geschäftstermin in der betreffenden Stadt und machte sich auf den Weg, ohne ihn lange zu bitten. Mit Herzklopfen näherte sie sich dem Messestand, wo er arbeitete – und sah ihn mit einer blutjungen Blondine im Arm um die Ecke kommen. Ziemlich betreten stand er vor Annette. Doch die Frauen ließen keine Peinlichkeit aufkommen. Sie blickten sich in die Augen und schlossen wortlos einen Pakt unter Freundinnen. Immerhin teilten sie ja eine bedeutende Vorliebe: denselben Mann! Sie machten gemeinsame Sache, und der verdutzte Lover wurde einträchtig geteilt. Die Geschichte endete in einer denkwürdigen Nacht zu dritt, bei der die Frauen die Führung übernahmen. Sie sind sich seitdem in einer herzlichen Freundschaft verbunden.

Kinder hat Annette keine. Deshalb kann sie die Freiheit ihres Beziehungsmodells auskosten. Sie hat sich für den Weg der Wahlfamilie entschieden: keine leiblichen Kinder, dafür Scharen von Patenkindern, Freundinnen und Freunden, Musikern, Künstlern und natürlich Liebhabern, für die sie sich liebevoll einsetzt und für die sie da ist, wenn sie gebraucht wird. Dass es irgendwann mal wieder eine echte Zweierbeziehung in ihrem Leben geben wird, schließt Annette nicht aus. Aber »ich empfehle jeder Frau, wenigstens mal eine Zeit lang mit mehreren Liebhabern zu leben und das auszuprobieren. Man erfährt so viel über sich und über die Männer! Ich möchte es nie mehr missen!«

Lia (Schütze, Lilith im Skorpion)

Lia ist Schlangenfan, seit ihr die bekannte Schlangenforscherin Nicole Viloteau an einem harmlosen Python, einem Haustier, gezeigt hat, dass Schlangen sogar »lachen« können, wenn man sie nur richtig behandelt. »Schlangen werden bei uns ja völlig missverstanden. Ich bin häufig in Länder gereist, wo Menschen viel mit Schlangen zu tun haben und Schlangen sogar als heilig gelten. Wir wissen hier gar nichts darüber, wie Schlangen wirklich sind.« Lias Geschichte ist wahrhaft mystisch. Sie erzählt von einer echten Lilith-Initiation, einer Begegnung mit der Göttin, einem Traum und einer Geburt. Lias Lilith steht im Zeichen Skorpion. Kein Wunder, dass sie keine Angst vor Schlangen hat! Lilith ist eng mit dem Mythos der Schlange und des Vogels verknüpft. Auch zur Symbolik des Skorpions gehört die Schlange, ebenso wie der Vogel. Beides sind alchemistische Erscheinungsformen des Skorpions, der sich wandelt, um aufzusteigen und sich weiterzuentwickeln, bis er als Phönix aus der Asche in den Himmel auffliegt.

Lia, eine weit gereiste und gelehrte Schützefrau, hatte sich schon seit längerer Zeit in den Kopf gesetzt, einmal am Kali-Puja teilzunehmen, dem Fest, das zu Ehren der Kali in Kalkutta gefeiert wird und seinen Höhepunkt in der Neumondnacht des indischen Monats Kartik hat, wenn die Sonne im

Skorpion steht. Es heißt, dass der Name Kalkutta auf »Kalighat« zurückgeht, den wichtigsten Tempel der Kali. Kali ist eine Göttinnenfigur, die große Ähnlichkeit mit Lilith hat. Auch sie hat eine dämonische Seite, wurde sie doch erschaffen, um den Bann des großen Dämons zu brechen, aus dessen Blutstropfen immer neue Dämonen entstanden, sobald sie auf den Boden fielen. Kali verhinderte dies, indem sie diese Blutstropfen vorher aufleckte. Genau wie bei Lilith begegnen uns bei Kali die Kräfte des weiblichen Blutes und Kampfes. Kali ist ein Symbol für den Teil der weiblichen Kraft, der Männern Angst macht. Genau wie Lilith, wurde auch ihr die Schuld an Säuglingssterblichkeit, Fehlgeburten und Todesfällen unter der Geburt zugeschrieben. Ihr wildes Gesicht mit der langen, herausgestreckten Zunge mag an die Vorstellungen von einer zähnebewehrten Vagina erinnern, die in vielen Mythen die Angst der Männer vor der »verschlingenden Weiblichkeit« beschreibt. Angst hatten auch die Vertreter Englands während der Kolonialzeit, wenn die Kali-Feste anstanden. Sie hatten keinen Zutritt zu den Riten und Feiern zu Ehren der wilden Göttin, befürchteten jedoch, die Menschen könnten außer Kontrolle geraten – ein modernes Sinnbild der patriachalen Ängste vor den geheimen Riten des Matriarchats. Lia war mit der indischen Mythologie bestens vertraut und wusste: Die Kali-Feste sind keine Touristenattraktion, sondern echte Einweihungsfeste. Sie wollte sich ganz bewusst mit der Energie Kalis auseinandersetzen und die Kräfte der wilden Göttin auf sich wirken lassen. Bewaffnet mit ihrer Neugier und ihrem profunden Wissen über die indische Kultur, machte sie sich auf den Weg, um das Kali-Puja mitzufeiern. Das Abenteuer begann schon damit, überhaupt einen

Zugang zu finden. Nur aufgrund ihrer Erfahrung und ihrer Kenntnisse konnte Lia schließlich jemanden ausfindig machen, der wusste, wo und wann sich ein Bus mit Kali-Anhängern auf den Weg durch diese heilige Nacht machen würde. Es war noch genau ein Platz frei – Lias Platz! Um 21.00 Uhr würde es losgehen und bis zum nächsten Morgen um fünf Uhr früh dauern. Der Bus würde verschiedene Stationen anfahren, gekrönt von einem Besuch des Kalighat-Tempels selbst. Im Bus schlug Lia zunächst große Feindseligkeit entgegen. Offenbar waren die Kali-Jünger – eine bunt zusammengewürfelte Truppe gebildeter Hindus, meist mit wohlhabendem Hintergrund – wenig erbaut, eine deutsche Touristin hier anzutreffen. Sie befürchteten, dieser ungebetene Gast würde ihren ganzen Ablauf durcheinanderbringen und ihretwegen würden sie vielleicht nicht »alles mitbekommen«. Doch Lia ließ sich davon nicht einschüchtern und reiste schweigend mit den anderen von Heiligtum zu Heiligtum. Schließlich, als es schon wieder hell wurde, kam die Gruppe an dem wichtigsten aller Orte an, dem Tempel in Kalighat. Hier sollte Lia Zeugin der geheimnisvollen Riten für Kali werden und am Innersten des Göttinnenkults teilhaben. Doch als Lia am Tor ankam, wollte man die Deutsche zurückweisen. »Non-Hindus not allowed«, sie sei hier nicht erwünscht, beschied ihr ein Wärter. Ihr sank das Herz. Sollte ihr Abenteuer wirklich hier zu Ende sein, nachdem sie schon so weit gekommen war? Da bemerkte sie, wie ein mitreisendes Paar aus der Gruppe eine Diskussion mit dem Wächter anfing. Sie horchte genauer hin. Es ging um sie! Das Ehepaar setzte sich für sie ein! Sie argumentierten, wie weit sie gereist sei und wie viel sie auf sich genommen habe, um hier dabei zu sein, und dass es sicherlich nicht im Sinne der großen Kali sei, eine Jüngerin aus Deutschland wegzuschicken, nur weil sie nicht die passende Religion habe. Es sei doch sicher der Größe der Kali unangemessen, solch kleinliche Erwägungen zu hegen. Der Wärter, wie ein Zerberus, der den Durchgang zur Unterwelt bewacht, ließ sich bewegen. Offensichtlich war er ein guter Zerberus, denn dessen Aufgabe besteht ja im Mythos darin, nur die einzulassen, die für den Weg durch die Unterwelt bereit sind. So ließ er Lia ein.

Die Begegnung mit Kalis Urkraft war ein überwältigendes Fest, ein aufwühlendes Erlebnis, eine echte Initiation für Lia. Sie erzählte mir davon, da sie weiß, ich bin mit Lilith vertraut, und ihre Themen können mich nicht schockieren. Doch es ist sinnvoll, Kalis Riten und Geheimnisse dort zu lassen, wo sie hingehören. Wer sie erleben will, muss selbst hinreisen oder mit jemandem sprechen, der dabei war. Doch liebe Leserin, sei nicht enttäuscht. Denn das Wunder dieser Einweihung darf und will ich dir erzählen. Für mich war es überwältigend, die Parallele zu meiner eigenen Initiation zu begreifen, zur Geburtsgeschichte meiner Tochter, die ja auch Lilith im Skorpion hat. Folgendes geschah: Gegen fünf Uhr morgens brach die Gruppe von dem Tempel wieder auf und fuhr mit dem Bus zurück. Die Atmosphäre hatte sich total verändert. Jetzt waren die anderen aufgeschlossen und hatten Lia als eine der ihren akzeptiert. Erschöpft und voller überwältigender Eindrücke legte sie sich schließlich in ihr Hotelbett und schlief ein. Sie träumte von Kali. In ihrem Traum trug sie eine Opfergabe für die Göttin, ein großes Stück Fleisch, das sie in ihrem Tagebuch »wie ein Kuh-Embryo« beschrieb, als »große, blutige Masse mit einer Nabelschnur«. Sie trug es auf einem Tablett, das wie ein Edelstahlteller aussah – ihr fiel noch auf, wie seltsam es war, dass sie diesen nüchtern aussehenden Teller aus Edelstahl durch den Tempel trug, um ihn vor einer Statue der Göttin abzustellen.

Drei Monate nach diesem Ereignis wurde Lia schwanger. Der Geburtstermin des Kindes war für Anfang November ausgerechnet. Lia zeigte sich damit sehr zufrieden: »Ich freute mich, dass mein Kind ein Skorpion werden würde. Skorpion ist nicht so ein langweiliges Zeichen, sondern richtig spannend!« Lia wusste allerdings nicht, dass in ihrem eigenen Horoskop die Lilith im Zeichen Skorpion steht. Als Lias Sohn nach einer natürlichen Geburt das Licht der Welt erblickte, war er, notierte sie in ihr Tagebuch, »so, wie ich ihn mir gewünscht hatte«. Das Kind kam im Zeichen ihrer Lilith, im Skorpion zur Welt. Lia schrieb weiter: »Nachdem er geboren war, zeigte die Hebamme uns die Plazenta. Sie lag in einem großen Edelstahlteller, eine große rote Masse mit einer Nabelschnur dran. Als ich den Teller sah, fiel mir sofort mein Traum wieder ein, der mir damals so rätselhaft erschienen war. Das war kein Rinderembryo gewesen, das war meine eigene Plazenta!« Als sie nach einigen Tagen mit ihrem neugeborenen Sohn nach Hause kam, war wieder die Zeit des Kali-Puja gekommen.

Kali hatte ihr diesen Traum ein Jahr zuvor geschickt. Die Botschaft, sie würde schwanger werden und genau zum nächsten Kali-Fest ein gesundes Kind zur Welt bringen, war ihr damals nicht klar gewesen. Aber in ihrem Unterbewusstsein war dieses Wissen tief verankert. Ja, die Göttin spricht zu uns, im Traum, durch ihre Feste, durch deine eigene, ursprüngliche Natur. Du musst ihr nur zuhören.

Vielleicht gab es ja einmal Kulte, in denen die Frauen der Göttin nach der Geburt eines Kindes die Plazenta darbrachten. Bei uns bekannt ist ein alter Ritus, nachdem man die Plazenta in der Erde vergräbt und einen Baum daraufpflanzt. Wir haben das damals so gemacht und einen kleinen Eichenschössling gepflanzt. Der Baum ist heute zehn Meter hoch und bewacht das Geburtshaus meiner Tochter.

Ingrid (Steinbock, Lilith im Steinbock)

Ich kenne Ingrid schon sehr lange, und wir wussten anfangs beide nichts über Lilith. Erst später sollte ich entdecken, dass Ingrids Lebensweg in vieler Hinsicht von der unverkennbaren Kraft Liliths durchdrungen war. Sie war unerbittlich konsequent darin, ihren eigenen Werten, Maßstäben und Ideen zu folgen. Sie erforschte furchtlos die tiefsten und verrücktesten Geheimnisse des Lebens. Sie bewahrte sich immer eine innere Unabhängigkeit und war bereit, sich für ihre künstlerische Authentizität mit allen und jedem anzulegen. Als ich mich mit Lilith zu beschäftigen begann, vermutete ich bald, dass in Ingrids Horoskop der Schwarze Mond eine bedeutende Rolle spielen musste. Sie schien so vieles zu verkörpern, was ich über Lilith herausgefunden hatte! Tatsächlich steht Lilith in ihrem Horoskop, genau wie bei Annette, direkt neben der Sonne. Nur ist das bei Ingrid im Zeichen Steinbock.

Ingrid ist Filmemacherin. Sie ist mittlerweile etabliert und preisgekrönt, die Redakteure haben ihre Bildsprache begriffen, und sie besitzt heute die Freiheiten und Privilegien, die es ihr ermöglichen, in ihrem eigenen Stil zu arbeiten. Dennoch kämpft sie für jeden Film wieder einen nervenaufreibenden Kampf um jedes einzelne Bild, jeden Schnitt, jedes Symbol, um den Fluss der Geschichte, darum, die wichtigsten Inhalte in tief berührenden Bildern zu erzählen und kein überflüssiges Wort der Erklärung in ihren Texten zu brauchen. Sie litt unter behäbigen Kameramännern, die nicht begreifen wollten, warum nur ein ganz bestimmtes Bild ein ganzes Universum erzählt und nicht ein beliebiges, das für den Kameramann bequemer zu filmen ist. Einmal rang sie genervt die Hände und sagte: »Wenn ich es mir aussuchen könnte, würde ich ja mit den Kameraleuten von RTL arbeiten – die haben Biss, die sind auf Zack, die kriegen selbst mit, was ein gutes Bild ist. Die bestehen auch nicht auf ihren Feierabend, wenn gerade noch eine tolle Einstellung in der Luft liegt! Aber ich könnte eben niemals für einen Sender wie RTL arbeiten, dort gibt es einfach kein Umfeld für meine Filme.« Ein typisches Lilith-Dilemma: Man muss den einen Anspruch opfern, um dem anderen gerecht zu werden. Ingrid entschied sich gegen die knackigen Kameraleute von RTL und für das richtige Umfeld bei den Kultursparten von ARD und ZDF, wo sie ihr Ergebnis angemessen platzieren konnte. In ihren Filmen soll jedes Wort und jedes Bild stehen, wie in Stein gemeißelt – ohne Alternative. Und der Erfolg gibt ihr Recht. Um Geld ist es ihr dabei nie gegangen. Filmemachen mit Anspruch ist harte Arbeit, und das Geld stimmt gerade mal so, wenn überhaupt. Aber das gehört zu den Dingen, die sie bewusst hinnimmt, um ihren kompromisslosen Anspruch an die eigene Kunst durchsetzen zu können.

Ingrid hat keine Kinder und kaum ein Privatleben. Ihre Freunde sind freie Vögel wie sie selbst: Künstler, freie Redakteure, Produzenten, Schriftsteller, Maler oder Astrologinnen, Menschen, die Verständnis dafür aufbringen, dass man Ingrid mit viel Glück vielleicht einmal im Jahr zu Gesicht bekommt. Seit vielen Jahren pflegt sie eine Liebesbeziehung zu einem 15 Jahre jüngeren Kameramann, die sie sehr genießt, von der sie sich jedoch nicht abhängig machen will. Im Gegenteil, regelmäßig fordert sie ihn auf: »Nun such dir doch mal eine jüngere Frau, und gründe eine Familie!«, woraufhin er stets gestehen muss, dass er einfach nicht von ihr loskommt. »Ich brauche keinen Mann an meiner Seite«, erklärt sie mir, »ich muss auch keinen Partner haben, mit dem ich mich intellektuell austauschen kann oder damit ich nicht allein irgendwohin gehen muss. Ich treffe immer Leute da, wo ich hingehe. Und wenn ich mich geistig anregen lassen will, unterhalte ich mich mit dem Kulturchef von der Frankfurter Allgemeinen, das ist ein Kumpel von mir.« Solche Überlegungen halten sie freilich nicht davon ab, von den körperlichen Vorzügen ihres knackigen Lovers zu schwärmen und davon, wie schön es ist, einfach auf seinem muskulösen Körper zu liegen und einzuschlafen. Aber Ingrid kommt nicht auf die Idee, solche Momente in ihrem Alltag besitzen zu wollen. Sie konnte schon immer die Dinge trennen, die ihrer Meinung nach nicht zusammengingen.

»Ich wusste, mit dem Mann würde ich nicht zusammenleben können«, erzählte sie mir einmal vor vielen Jahren über einen Liebhaber. «Er war wirklich toll und süß und sah gut aus. Wir hatten stundenlange Orgasmen, so was habe ich vorher und nachher nie wieder erlebt. Wir haben uns auch super verstanden. Aber eine Beziehung zu ihm ließ sich einfach nicht in mein Leben integrieren, das wusste ich.« Sie verschwendete keine Zeit damit, aus diesen doch recht vielversprechenden Voraussetzungen eine »Beziehungskiste« basteln zu wollen. Mir fiel damals die Kinnlade herunter. Wie konnte sie auf so etwas Wundervolles wie stundenlange Orgasmen mit einem attraktiven Partner verzichten wollen, nur weil er sie offenbar dabei störte, ihr eigenes Ding durchzuziehen? Ich konnte das damals nicht begreifen, bewunderte meine Freundin aber für ihre Entschlossenheit. Heute weiß ich, dass dies ein Teil der Lilith-Story ist: das Opfer und der Verzicht zugunsten einer kompromisslosen Authentizität. Ingrid geht diesen Weg konsequent. Anders als viele andere Frauen und Männer, die sich in der Bequemlichkeit eines Beziehungsparadieses häuslich einrichten und vielleicht einen Kick durch eine Affäre suchen, lebt in Ingrid der Stolz der Lilith, wenn sie sagt: »Ich will diese Kompromisse nicht, und ich stehe dazu. Da mache ich weder mir noch einem Partnerkandidaten etwas vor.« Dieser Teil Liliths findet bei Ingrid, im Zeichen Steinbock, in besonderer Stärke seinen Ausdruck: verzichten und die Konsequenzen tragen, die der eigene Weg mit sich bringt. Nicht dem Mann treu sein, sondern sich selbst.

Sophie (Fische, Lilith im Steinbock)

Sophie ist eine kluge, hochgebildete, abenteuerfeste Journalistin, die die Welt bereist, Bücher schreibt, Newssendungen leitet und als Dokumentarfilmerin erfolgreich ist. Zweimal hat sie versucht, sich einer traditionellen Ehe zu stellen. Hat gekocht (ganz vorzüglich!) und ist zu Hause geblieben (bei Ehemann eins, dem Piloten) oder hat sich abgearbeitet (um den Lebensstil von Ehemann zwei mitzufinanzieren), hat alles getan, um »eine gute Ehefrau« zu sein und den traditionellen Ansprüchen zu genügen. Beide Ehen wurden unter der exakt gleichen Lilith-Konstellation geschlossen, beide gingen in die Brüche. Ihre innere Schwierigkeit, sich als Frau anzunehmen und ihre Rolle im Leben zu finden, spiegelte sich in einer langen und schmerzhaften Geschichte einer Endometriose wider, die sie beinahe das Leben kostete und immer wieder auf den OP-Tisch zwang. Schließlich gab sie dem Drängen ihres Gynäkologen, nun endlich die Gebärmutter entfernen zu lassen, nach und stellte fest, dass es ihr danach wesentlich besser ging. Hier finden wir Liliths Motiv des Opfers wieder. Mit der Gebärmutter opferte sie einen Teil ihrer Weiblichkeit und die Chance, ein leibliches Kind zu haben – und gewann dadurch ein großes Stück Lebenskraft zurück. In jeder dieser Krisen stand der Schwarze Mond in Schlüsselpositionen im Horoskop wie die mythologische

Lilith-Dämonin, die am Bett der Gebärenden wacht, und niemand weiß in dem Moment: Wird sie das Kind beschützen und betten, oder wird sie es wegnehmen, bevor es leben kann? Bei Sophie stand es mehr als einmal auf Messers Schneide. Wie es für Menschen mit Lilith im Steinbock typisch ist, arbeitet auch die viel beschäftigte Journalistin mit eiserner Disziplin bis zum Umfallen. Meist ruht sie sich nur aus, wenn ihr Körper sie durch Krankheit dazu zwingt. Doch mit jeder Krise häutet und wandelt sie sich. Für sie brachte der Umzug aus der Stadt in die Natur, an einen See in Oberbayern, die entscheidende Wende. Seit sie die Elemente – als Fischefrau vor allem das Wasser des Sees – wieder stärker in ihr Leben integriert hat, kommen die Dinge für sie in Fluss. Sie baute sich einen neuen Freundeskreis auf, ließ sich coachen, nahm ihr Leben in die Hand und eroberte sich aus eigener Kraft ihre Lebensfreude zurück.

Sophie hat ein ganz besonderes Tabuthema. Sie besitzt die Gabe, Kontakt mit den Seelen Verstorbener herzustellen. Seit ich sie kenne, balanciert sie zwischen den Welten der rationalen, studierten Journalistin und der weisen Frau und »Hexe«. Niemand aus ihrem Kollegenkreis darf wissen, dass sie ein begabtes Medium ist. Sie fürchtet um ihren guten Ruf als harte Journalistin. Auf der anderen Seite muss sie die Grenzen ihrer körperlichen Realität regelrecht verteidigen, denn die Seelen der Verstorbenen versuchen, sich ihrer zu bedienen, um Botschaften an die Lebenden weiterzugeben. Dabei nehmen diese Entitäten keine Rücksicht darauf, dass Sophie einen vollen Terminkalender und viele Verpflichtungen hat, für die sie sich konzentrieren und hellwach sein muss. Es wäre ein Leichtes für sie, ihre etablierten Berufsstrukturen aufzugeben und ihre hoch entwickelten Fähigkeiten als Wahrsagerin zu Geld zu machen. Sie hat sich dagegen entschieden, als sie erkannte, dass diese Arbeit ihre Persönlichkeit zersplittern würde. Sie verzichtet darauf, ihre Macht als Kanal zwischen Diesseits und Jenseits auszuspielen, denn sie möchte ein authentisches Leben führen und die eigene Kraft zulassen.

Hanna (Skorpion, Lilith im Widder)

Für mich war Hanna immer eine Pionierin. Mit 39 Jahren bekam sie ihr erstes Kind und eröffnete mir mit dem unglaublichen Satz: »Eine Geburt ist ein Fest!« einen völlig neuen Zugang zu dem Geschehen meiner Schwangerschaft. Hannas Sohn kam im Zeichen Widder zur Welt – im Zeichen ihrer Lilith.

Hanna ist eine intensive, leidenschaftliche Frau, die in ihrem Leben keinem Experiment aus dem Weg gegangen ist, auch in der Liebe. Nicht jeder kommt damit klar. »Unbequem« sei sie, heißt es dann. »Ja natürlich bin ich unbequem, und das muss auch so sein«, lacht sie, darauf angesprochen, »und meine Freundinnen sind auch alle unbequem, die wollen was bewegen und haben ihre ganz eigenen Biografien, das ist doch normal!« In Hannas Welt ist es normal, unbequem zu sein – eine wunderbare Haltung, die vielen von uns Frauen entschieden weiterhelfen würde. Da spricht Lilith – denn auch Lilith ist unbequem. Wenn sie wie bei Hanna im Zeichen Widder steht, ruft sie dazu auf, neue Wege zu gehen. Und das ist immer unbequem und anstrengend! Seit ich Hanna kenne, ist sie dabei, Widerstände zu überwinden, die sich ihr auf ihrem Weg entgegenstellen. Furcht kennt sie nicht. »Angst? Was soll das sein, Angst? Das ist doch nur so ein Gefühl, weil da etwas Unbekanntes ist, was man noch nicht kennt. Aber Angst gibt es eigentlich gar nicht!« Und: »Ich war immer neugierig, ich wollte es einfach wissen.«

Jedes Mal wenn ich Hanna treffe, arbeitet sie gerade an einer neuen Erfindung, erforscht Zusammenhänge, auf die niemand anders kommen würde, und bringt die Dinge auf eine neue Art zusammen. Hanna ist Künstlerin, Drehbuchautorin und Lehrerin. Während einer bestimmten Phase ihres künstlerischen Schaffens benutzte sie gern eine tiefblau leuchtende Farbe, die an die Werke von Yves Klein erinnert. »Nur leider«, erfahre ich von ihr, »bröselt die blaue Farbe bei Yves Klein, in ein paar Jahrzehnten wird von den schönen blauen Bildern nicht mehr viel übrig sein.« Kurzerhand erfand Hanna für ihre eigenen Bilder einen Weg, die gleißend blauen Pigmente ohne Klebereiweiße aufzubringen und trotzdem haltbar zu machen – angetrieben von ihrem Forschergeist und ihrer Überzeugung: »Das muss irgendwie gehen!« Bei Galeristen und Künstlerkollegen stößt die Technik auf großes Interesse, doch Hanna ist schon längst mehrere Erfindungen weiter. Das Thema Wasser interessiert sie dabei besonders, wie wir damit umgehen und welche zukünftigen Entwicklungen sich da abzeichnen. »Das Recht auf freien Zugang zu sauberem Trinkwasser ist in Gefahr«, sagt sie mit der Entschlossenheit einer Frau, die dagegen kämpfen wird. Sie tut das nicht als politische Aktivistin, sondern als Künstlerin. Sie hat eine Glasform entwickelt, die, mit Wasser gefüllt, geradezu magische Eigenschaften entwickelt. Mit Installationen und Performances inszeniert sie diese Formen, lässt sie im Licht der untergehenden Sonne am Rheinstrand von den Fluten des großen Stromes umspülen, um uns an die mystische und molekulare Kraft des Wassers zu erinnern. Hanna hat diese Formen untersuchen lassen und festgestellt, dass sie das Wasser darin energetisieren und verändern, sogar der Geschmack verändert sich. Wir wissen ja aus der spirituellen Wasserforschung, dass Wasser Informationen aufnimmt und weitergibt und dass es ein großes Problem ist, wie das Trinkwasser auf der Erde zunehmend verunreinigt wird. Hanna ist überzeugt, dass sie mit einem Kunstwerk einen neuen Zugang zu diesem Wissen gefunden hat und damit auch Menschen erreicht, die der Esoterik eher skeptisch gegenüberstehen, sich aber von der Kunst zum Nachdenken anregen lassen.

Innerhalb ihrer Schule hat Hanna ein neues Curriculum erfunden. Angetrieben von ihrem Willen und ihrem Forschergeist, fand sie heraus, dass jeder ganz normale Lehrer das Recht hat, neue Unterrichtsfächer zu entwickeln. Der Weg ist mühsam, voller Formalitäten und Prüfungen, kaum einer kennt ihn, und kaum einer geht ihn, aber Hanna schaffte es. In der Fachschaft Kunst heißt Hannas Fach nun »Forschen und Darstellen«. Klingt das nicht viel spannender als »Kunstunterricht«? Ist es auch. Sie hat bereits mehrere Kollegen in diesem neu geschaffenen Fach geschult, die erfolgreich damit arbeiten. »Unmöglich gibt's nicht«, könnte ein Mantra von Hannas Lilith im Widder sein. So drückt Hanna dem Beruf ihren eigenen Stempel auf. Es ist eine glückliche Möglichkeit, Lilith auszuleben, wenn man innerhalb tragfähiger Strukturen neue Wege gehen kann, ohne dafür etwas zerstören zu müssen. Außer natürlich die Betonmauern in den Köpfen der Leute. Hanna sah sich lebhaftem Mobbing ausgesetzt, weil andere ihr den Erfolg neideten. Dabei hätten diese anderen selbst diesen Weg gehen können, wenn sie bereit gewesen wären, hartnäckig, mutig, neugierig, kreativ und unbequem zu sein. Wenn Hanna über ihre Forschung und ihre Erkenntnisse spricht, senkt sie die Stimme zu einem Raunen, und ich habe stets das Gefühl, in ein Geheimnis eingeweiht zu werden und Zeugin einer Entdeckung zu sein. Was sie überlegt, macht Sinn, ist bis in die Tiefe durchdacht und eingebettet in ein spirituelles Verständnis der Welt, wie richtige Künstler es haben. Sie sind dann wie Wissenschaftler, allerdings ohne die Denkschranken der Wissenschaft, die an den Universitäten mit gelehrt werden. Wenn Hanna einen neuen Weg entdeckt hat, geht sie furchtlos voran, folgt ihrer Vision und manifestiert, was zuvor nur ein Gedanke war.

Für mich ist es eine Freude, Hanna kämpfen zu sehen. Dann hat sie ein unverkennbares Blitzen in den Augen wie eine Piratin, die in See sticht. Sie schafft es, dass ich sie um ihren Lehrerberuf beneide, wenn ein Thema ihren Forschergeist geweckt hat und sie mit leuchtenden Augen und Verschwörermiene raunt: »Das muss ich mit meinen Schülern ausprobieren. Die werden ausflippen!«

Uschi Obermaier

(Waage, Lilith im Schützen)

Als prominentes Beispiel für ein Leben mit einer höchst lebendigen inneren Lilith möchte ich hier die Geschichte von Uschi Obermaier kurz nachzeichnen. Es ist eine wunderbare, ebenso schöne wie tragische Lilith-Geschichte. Als bayrisches Landmädel stolperte Uschi ahnungslos, aber beseelt von starken Lilith-Kräften, in ein Leben, das sie zur »Ikone der sexuellen Revolution« machte. Ihr Weg führte sie als Teenager direkt aus einem spießigen, konventionellen Elternhaus in die berühmte »Kommune eins«, wo sie ihre Sexualität entdeckte und erforschte. Ihre Affären mit Rainer Langhans und Mitgliedern der Rolling Stones machten sie im wilden 1968er-Jahr schnell berühmt. Sie entlarvte die scheinheilige Idee von der »freien Liebe« in der Kommune eins, denn sie war nicht bereit, ihre Gefühle und ihre Eifersucht hinter intellektuellen Konzepten zu verstecken. Dadurch brachte sie auch die Kommunarden an ihre Grenzen. Sie entdeckte sich selbst und ihren Körper und ließ die begeisterten Journalisten und Künstler als Model und Muse daran teilhaben. Dabei suchte sie nie ihren Vorteil, Geld oder Reichtum, war damit Lilith näher als der verführerischen, aber berechnenden Venus. Uschi Obermaier tat einfach in jedem Moment das, was ihrer Natur entsprach, und erntete damit – eher ungewollt – den Ruhm als »Ikone der sexuellen Revolution«. Natürlich waren ihre Sex, Drugs & Rock-'n'-Roll-Eskapaden die reinste Provokation für eine Gesellschaft, die kaum dem Mief der 1950er-Jahre entwachsen war.

Ihr Kampf um persönliche und sexuelle Freiheit gipfelte in einer Weltreise mit ihrer großen Liebe, dem Hamburger Nachtclubbesitzer und Weltenbummler Dieter Bockhorn. Er war der einzige Mann, der es mit ihrer Lilith aufnehmen konnte. Er war unsterblich in sie verliebt, aber sie wollte nicht so spuren, wie es der bekennende Macho gewöhnt war. Er versuchte es mit Kiez-Methoden, erst Gewalt, dann Liebesentzug, aber es gelang ihm nicht, sie zu unterwerfen. Erst als er aufgab – »ich kann sie nicht zähmen«, wird er zitiert –, kehrte sie freiwillig zu ihm zurück und bestieg mit ihm ein Wohnmobil, das er eigens für sie zu einem prächtigen Vehikel für das Roadmovie ihres Lebens umgebaut hatte. Ständig von Journalisten umlagert, reisten die beiden durch die Welt und demonstrierten ihr wildes Liebesleben, während sie die Kulturen fremder Länder erforschten. Sie lebten die erste echte »Reality-Soap«, lange bevor das Fernsehen diese Medien-Kulturform entdeckte. Beide waren in vieler Hinsicht echte Visionäre. Die Geschichte erreichte einen tragischen Höhepunkt, als der Geliebte in Mexiko bei einem schrecklichen Motorradunfall ums Leben kam. Niemand weiß ganz genau, wieso er sich volltrunken auf sein Motorrad gesetzt hatte. Sogar von Selbstmord war die Rede. Die Verfilmung ihres Lebens stellt es – dramatisch und durchaus im Sinne ihres bisherigen Lebens – als Verkettung unglücklicher Ereignisse dar, die letztlich auf ein Eifersuchtsdrama zurückgingen. Uschi Obermaier hielt Wache bei dem Leichnam ihres Geliebten und verstreute später seine Asche auf dem Meer. Es war das Ende einer großen Liebe und einer wahren Lilith-Geschichte. Nie wieder fand sie einen Mann wie ihn und lebt heute zurückgezogen als Künstlerin und Schmuckdesignerin in Kalifornien. »Viele Millionäre wollten mich heiraten«, wird sie im Interview zitiert. »Aber das hat einfach alles nicht gezählt! Meine Freiheit und mein Leben sind nicht mit Geld zu bezahlen.«[10] Diesen Satz hätte auch Lilith gesagt!

Lilith in der

TEIL 3

Lilith in der Praxis

Lilith in den Sternzeichen

EINFÜHRUNG
Wie der Schwarze Mond ins Horoskop kam

Liliths Zeichen im Horoskop ist der »Schwarze Mond«, dargestellt als schwarz eingefärbte Mondsichel. Dies ist kein Planet, sondern ein Brennpunkt, ein Fokus feinstofflicher Energien. In der Astrologie gibt es neben den Planeten auch eine Anzahl wichtiger »Punkte«, die sich aus dem Spiel der Umlaufbahnen zwischen Sonne, Erde, Mond und Tierkreis ableiten. Dazu gehört der äußerst wichtige Aszendent ebenso wie die Mondknoten, mit deren Hilfe schon die antiken Sterndeuter in der Lage waren, Mond- und Sonnenfinsternisse zu berechnen. So ist auch der Schwarze Mond ein mathematisch entscheidender Punkt. Der Mond kreist um die Erde, doch seine Bahn ist nicht perfekt kreisförmig, sondern leicht elliptisch. Deshalb hat sie zwei Brennpunkte. In einem davon befindet sich unsere Erde, der andere Brennpunkt aber ist leer. Und

Symbol des Schwarzen Mondes im Horoskop

genau dort, in diesem leeren Fokus, lokalisierten die Astrologen Lilith, den Schwarzen Mond. Beim Berechnen des Horoskops wird dieser Punkt dann auf den Tierkreis projiziert und als schwarze Mondsichel eingezeichnet.[11]

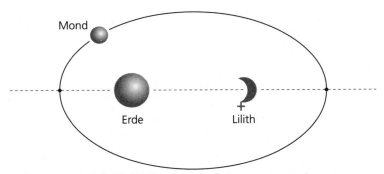

Lilith, der Schwarze Mond astronomisch

Dieser Punkt ist deshalb so bedeutsam, weil er den kosmischen Kräften zwischen Erde und Mond entspringt. Erde und Mond haben eine äußerst geheimnisvolle Verbindung: Der Mond ist ein mächtiger Trabant, wesentlich größer, als es einem Planeten wie der Erde eigentlich zustehen würde. Seine Gravitation ermöglicht den ruhigen Lauf der Erde, die deshalb unser Leben hervorbringen konnte.[12] In der Mythologie sind Mond und Erde seit jeher weibliche Gottheiten: die Erde als Spenderin und Urgrund des Lebens und der Mond als Symbol für den weiblichen Zyklus.

»Sepharial«, ein einflussreicher englischer Astrologe und Mystiker des 19. Jahrhunderts,[13] beschrieb 1887 als Erster diesen leeren Brennpunkt und schlug den Namen Lilith dafür vor.[14] Die Faszination, die der Schwarze Mond und die mythologische Figur der Lilith ausübte, fand in den 1930er-Jahren von England ihren Weg nach Frankreich. 1961 und 1981 deuteten erstmals zwei amerikanische Astrologinnen den Faktor Lilith im Horoskop. Seit dieser Zeit stößt »Lilith« als Begriff und als seelischer Archetyp auch in der psychologischen Analyse auf reges Interesse. Grob kann man sagen, dass ihre breitenwirksame Rückkehr ins Bewusstsein parallel zur Emanzipationsbewegung der 1960er- und 1970er-Jahren begann. Seit den 1980er-Jahren ist Lilith auch im deutschsprachigen Raum populär.

Es gibt astrologische Richtungen, die Lilith dem hypothetischen »Dunklen Mond«, dem 1927 entdeckten Asteroiden namens Lilith oder dem Fixstern Algol, zuordnen. Doch Lilith als »Schwarzer Mond« hat sich weitgehend durchgesetzt – und das aus gutem Grund. Der zweite Brennpunkt der Mondumlaufbahn spiegelt die faszinierende Figur der Lilith im Horoskop kongenial wider, denn er bildet die heiligen Zahlen der Göttin ab.

Liliths heilige Zahlen

In der Astrologie arbeiten wir mit den Analogien zwischen den Planetenzyklen und den Zyklen des menschlichen Lebens. Sehr bekannt ist der Saturnzyklus mit rund 28 Jahren, der alle sieben Jahre kritische Phasen durchläuft und damit wichtige Zeitabschnitte im menschlichen Leben abbildet. Auch die übrigen Planeten weisen klare Korrelationen zu unseren Lebensrhythmen auf. Seit Ewigkeiten folgt der Menstruationszyklus der Frauen der Umlaufbahn des Mondes von durchschnittlich 27,3 Tagen. Deshalb galt der Mond in vielen alten Kulturen als Sinnbild der Weiblichkeit, wozu auch seine ständig wechselnde Erscheinung beitrug. Auch in der Astrologie ist der Mond weiblich, während die Sonne als männlich gilt. Beide werden als sich ergänzendes Paar gesehen und gedeutet. 13 Mondmonate hat das Jahr, 13 Neumonde und 13 Menstruationszyklen – ganz klar, die 13 ist eine weibliche Zahl.

Die Zahl Neun gilt als Zahl der Göttin schlechthin. In Matriarchatskulten teilte man die Zeit in Abschnitte von drei Wochen zu je neun Tagen ein. Das ergab 27 Tage – einen Mondmonat. Das mythische Jahr hatte neun Monate. Die verbleibende Zeit galt als Erneuerungsphase für Mensch und Vegetation. Rund um diese Monddaten fanden Mondtänze statt, und Steinkreise markierten diese Mondphasen. Der in Stein gebaute Mondkalender diente zur Festlegung der magischen Ritualtänze – Stonehenge ist vermutlich ein solcher Steinkreis.

Eine normal verlaufende menschliche Schwangerschaft dauert zwischen 263 und 273 Tagen.[15] Die Zeit, die der

Schwarze Mond braucht, um durch ein Sternzeichen zu wandern, beträgt 268 bis 269 Tage. Damit ist der Schwarze Mond der einzige astrologische Faktor, der mit verblüffender Genauigkeit die Dauer der Schwangerschaft abbildet, und es ergibt sich eine durchschnittliche Verweildauer von neun Kalendermonaten in jedem Sternzeichen. Knapp neun Jahre (acht Jahre und zehn Monate) dauert Liliths Reise durch den gesamten Tierkreis. Das heißt, etwa alle neun Jahre kehrt sie in die Position zurück, wo sie im Geburtshoroskop steht. Damit spiegelt der Schwarze Mond die Zahl Neun der Göttin und die wahre Dauer einer Schwangerschaft. Sepharial hatte recht, diesen Punkt der Lilith zuzuordnen und damit zusammenzubringen, was zusammengehört.

Lilith im persönlichen Horoskop

In den nun folgenden Kapiteln wird es darum gehen, wie sich Lilith als »Schwarzer Mond« in den astrologischen Zeichen und Häusern zeigt. Am Ende des Buches findest du eine tabellarische Übersicht, zu welchen Zeiten Lilith in den Sternzeichen stand. Dort kannst du deinen eigenen Geburtstag nachschlagen, um dein Lilith-Zeichen zu ermitteln. Lies dir das Kapitel über dein eigenes Lilith-Zeichen durch. Schau dir dann die Geburtsdaten deiner Freundinnen, Familienmitglieder, Liebhaber und wer immer dich sonst interessiert, an und studiere das jeweilige Zeichen ihrer Lilith. So erfährst du mehr über die vielfältigen Wege, Liliths Energie zu leben und zu integrieren, und auch, welches die Herausforderungen und Schattenseiten des jeweiligen Weges sein können. Im Horoskop einer Frau zeigt sich Lilith teilweise anders, nämlich unmittelbarer, als bei einem Mann. Die Erfahrung von Geburt und Menstruation als urweibliche Lebenssituation kann ein Mann nicht am eigenen Leib erleben, wohl aber als Partner miterleben und unterstützen. Bei der Deutung geht man deshalb davon aus, dass ein Mann die Kräfte Liliths eher über Erlebnisse mit Frauen entdecken und entwickeln kann. Doch Kreativität, Kontakt zu den eigenen Instinkten und die Verbindung mit der Natur stehen ihm ganz direkt offen, und Lilith kann ihm hier den Weg weisen. Ergänzend habe ich deshalb jeweils im Abschnitt »Lilith im Horoskop des Mannes« meine Erfahrungen und Beobachtungen zusammengefasst, wie sich Lilith im jeweiligen Sternzeichen bei Männern äußern kann.

Tipp: Beachte, was sich alle neun Jahre in deinem Leben ereignet, wenn Lilith wieder an die Geburtsposition zurückkehrt. Häufig sind das Phasen einschneidender Veränderungen und Neuorientierungen in deinem Leben, und Lilith ruft dich auf, eine Initiation zu vollziehen.

Besondere Konstellationen mit Lilith

Sonne, Mond und Aszendent sind die wichtigsten Punkte jedes Horoskops. Wenn sie vom Schwarzen Mond direkt berührt werden, sprechen wir von einer Konjunktion. Dann konzentriert der Schwarze Mond, der ja ein Fokus, ein Brennpunkt ist, seine Energie auf diesen Teil des Horoskops.

Beim Aszendenten ist es der Körper und damit unsere Art, auf die Welt zuzugehen. Bei der Sonne sind es unser Wesen, Herz und Lebensweg. Und beim Mond sind es die Gefühle sowie Mutterschaft und Kindheit. Wenn eine solche Konstellation gegeben ist, will sich Lilith mit aller Kraft entfalten. Sie lässt dir dann gewissermaßen keine Ruhe und macht sich bemerkbar – sei es durch Träume, wiederkehrende Erfahrungen, ständige Affären, künstlerischen Schaffensdrang oder Herausforderungen rund um das Thema Mutterschaft.

Lilith weiter erforschen

Wenn du weiterforschen möchtest, kannst du noch mehr Informationen aus diesen Kapiteln für dich herausholen. Zu Beginn jedes Kapitels findest du eine Übersicht über die Planeten, Elemente, Häuser und Aspekte, die jeweils zu dem Sternzeichen gehören. Sie beeinflussen die Energie des Schwarzen Mondes, wenn er in dem betreffenden Zeichen steht. Einige Zeichen haben neben dem Hauptplaneten auch noch einen traditionellen Herrscher, der auf ein zweites Sternzeichen verweist. Das ist ergänzend ebenfalls interessant für dich. Der »Archetyp« ist ein Seelenbild, eine Einstimmung darauf, welche Erscheinungsform Lilith in dem jeweiligen Sternzeichen annimmt. Wenn du deine Geburtslilith gut kennst und weißt, in welchem astrologischen Haus sie steht, kannst du das zuordnen und unter dem entsprechenden Zeichen nachlesen. Steht deine Lilith beispielsweise im Zeichen Jungfrau im siebten Haus, lies zuerst das

Kapitel »Lilith in der Jungfrau«, anschließend das Kapitel »Lilith in der Waage«, da die Waage dem siebten astrologischen Haus entspricht. Schließlich findest du noch die Information, welches der ergänzende Gegenpol des Zeichens ist. Wenn du darunter nachschlägst, entdeckst du häufig die Eigenschaften und Charakterzüge, die für dich eine Ergänzung darstellen. Besonders spannend wird es, wenn dein eigenes Sternzeichen in eine dieser Kategorien fällt. So kannst du erahnen, wie vielschichtig und spannend die Deutungsarbeit ist. Am Schluss jedes Kapitels habe ich Symbole und Insignien für dich zusammengetragen, die du verwenden kannst, um dich in Meditationen und Ritualen mit den Kräften der Konstellation zu verbinden. Informationen und Übungen zu deiner »persönlichen Lilith-Zeit« findest du im Übungsteil dieses Buches auf Seite 310 unter »Rituale für deine Lilith-Zeit«. Zur Anregung und zum Weiterforschen dient die Zusammenstellung mit interessanten Persönlichkeiten, deren Geburtstage sich auf alle zwölf Sternzeichen verteilen, die aber alle Lilith im gleichen Zeichen haben.

Intuitive Annäherung an Lilith

Wie stark sich die Lilith-Energie in deinem Leben ausdrückt, hängt nicht nur von der Stellung des Schwarzen Mondes in deinem Horoskop ab. Wenn dich die Lilith-Mythologie im ersten Teil des Buches berührt hat, hast du wahrscheinlich schon ein ganz intuitives Verständnis dafür, auf welche Art Lilith in deinem Leben lebendig ist. Sie kann auch für lange Zeit relativ unbemerkt in dir schlummern und beispielsweise durch eine dramatische Liebesgeschichte, die Geburt deines Kindes oder sonst ein einschneidendes Erlebnis geweckt werden. Obwohl das Horoskop verblüffend akkurate Hinweise liefern kann, gibt es doch für Lilith kein »Rezept«, das bei allen genau gleich funktioniert. Die Geschichten und Deutungen, die ich hier aufgezeichnet habe, beruhen auf persönlichen Erfahrungen, der Arbeit mit Klienten, den Horoskopen wichtiger Menschen aus meinem Leben, den Biografien berühmter Persönlichkeiten und meiner mythologisch geschulten Intuition. Auch die Forschungen und Veröffentlichungen meiner Kollegen zum Thema waren eine Quelle der Inspiration für mich. Trotz alledem bleibt Lilith immer auch unberechenbar und geheimnisvoll. Mal zeigt sie sich, mal entzieht sie sich. Der Versuch, ihre Spuren im Horoskop zu deuten, gleicht zuweilen der Arbeit eines Tierfilmers, der tagelang auf der Lauer liegen muss, um sich seinen scheuen »Stars« einfühlsam anzunähern und kurze Sequenzen einzufangen, die er dann mühevoll zu einem packenden Film zusammenträgt.

So sind diese Kapitel voller Anregungen und Beobachtungen, aber keine fixe Diagnose. Sie sollen dir helfen, deine eigenen Erkenntnisse zu gewinnen. Lilith wird sich auch dir zeigen, wenn du sie durch dein Interesse in dein Leben einlädst und dich ihr sensibel näherst.

Stell dir noch einmal den Schwarzen Mond vor, Liliths astrologisches Abbild, den zweiten »Brennpunkt« der Mondumlaufbahn. Du kannst die Kraft des Schwarzen Mondes als eine Art Magnetismus verstehen, eine Konzentration von Energie, die dich dort hinzieht, wo deine instinktiven, kreativen Kräfte sind, deine Verbindung mit den Zyklen der Natur und ihrer inneren Weisheit und dein Zugang zur Mythologie der Göttin. Falls du diese Themen entwickelt hast und dir ihrer bewusst bist, ist der Umgang damit voller Wunder. Dann bist du eine, die sich gern auf Erlebnisse der Initiation einlässt, die Geburtsschmerzen nicht fürchtet und die loslassen kann, wenn die Zeit dafür gekommen ist. Falls deine wilde, innere Natur unerkannt, unterdrückt und eingesperrt schlummert, kann es unerwartet, verblüffend, schmerzhaft und sogar ein Prozess voller Gefahren für dich sein, sich ihrer wieder bewusst zu werden und sie zu integrieren. Doch es lohnt sich, denn mit lebendigen Lilith-Kräften bereicherst du dein Leben um eine Intensität und Magie, die es für kein Geld der Welt zu kaufen gibt.

Lilith-Schlüsselworte

Zyklen, Geburt und Tod, archaische Instinkte, Weisheit der Natur, Unabhängigkeit, neue Gesellschaftsformen, ungewöhnliche Liebesbeziehungen, heilige Sexualität, Ekstase, magisches Heilwissen, Hebammen, weise Frauen, Hexen, Priesterinnen, Matriarchate, Einweihung, Übergänge, Innigkeit und Schwierigkeiten in der Mutter-Tochter-Bindung, schwierige Mutterschaft, kreative Mutterschaft, Homosexualität, Gleichberechtigung, Kampf für Gerechtigkeit, Minderheiten, Schuldzuweisung, Sündenbock, Tabuthemen, Spannungsfeld »Heilige-und-Hure«, Kreativität, Unabhängigkeit, Freiheit, eigene Meinung, Radikalität, Regelverstoß, Mut, Opfer, Loslassen, Schmerz, Trennung, Verweigerung, Aufsässigkeit, Entfremdung, Heimatlosigkeit, Randgruppen,

Rache, ungerechte Strafe, Flucht, Rückzug, Furchtlosigkeit, Selbstbehauptung, Willenskraft, innere Stärke, Verbindung von Materie und Geist.

Insignien der Lilith

Vögel, besonders Eule, Schlange, Baum, Löwen, Ringstab, Beryll, Wind, Nacht, Wüste.

Lilith im Widder / 1. Haus

PLANET: *Mars*
ELEMENT FEUER: *Mut, Risiko, Begeisterung*
ARCHETYP: *Die Amazone, die Kriegerin*
THEMEN: *Kämpfen bis zur Selbstaufgabe – Siegeswille – Pionier sein – Mut und Angst – Widerstand und Hingabe – Erfindung – Anführerin und Aufrührerin – provozieren – unbequem sein – eigene Wege gehen*
ENTSPRICHT DEM 1. HAUS: *Aszendent, Durchbruch, Geburt, Körper, Initiative, Umwelt*
ERGÄNZENDER GEGENPOL ZUM ZEICHEN WAAGE/7. HAUS

Lilith im Widder als Weg

Wenn Lilith im Zeichen Widder steht, wird es spannend. In der Astrologie ist der Widder das Zeichen des Durchbruchs, und hier herrscht Mars – das ultimative Symbol für die männliche Kraft, für Kampf, Trieb, Durchsetzung und sexuelle Leidenschaft. Wie geht das zusammen mit der Göttin des Matriarchats? Viel besser, als du vielleicht denkst! Vor langer Zeit (also vor mehr als 3000 Jahren) war »die Göttin« die unangefochtene Nummer eins in großen Kulturen, etwa bei den Sumerern oder Ägyptern. In ihr vereinigten sich viele unterschiedliche Aspekte. Sie war Lebensspenderin und Mutter, wurde aber auch als Kriegsgöttin verehrt, denn sie tötete, um das Leben derjenigen zu verteidigen, für die sie verantwortlich war. Sie wurde mit Fruchtbarkeitsfesten geehrt und bei Schlachten um Kampfesglück angefleht.[16] Es war also eine kulturelle Entwicklung, dass zunächst die große Allgöttin da war, die eine gewisse Rohheit hatte. Sie stand für die Kräfte der Natur, die sowohl Leben spendet als auch nimmt. Oft wurde sie mit wilden Tieren dargestellt, die ihre Kraft symbolisieren sollten. Von der sumerischen Gottkönigin Inanna gibt es ein herrliches Bild, in dem ein Fuß der nackten Göttin auf dem Rücken eines Löwen ruht, den sie an der Leine führt. Lilith besitzt selbst Flügel und Krallen als Zeichen ihrer Verbindung zur wilden Natur. Und auch sie steht mit ihren Krallen auf zwei Löwen, was anzeigt, dass sie diese wilden Kräfte beherrscht. Das gewaltige Weltwunder der ägyptischen Sphinx ist eine Göttin mit Löwenkörper und Frauengesicht. Und tatsächlich kann man sich die urtümliche Göttin gut in ihrer tierhaften Natur vorstellen, als Raubkatze, die bei der Liebe beißt, schreit und kratzt, die dem Nachwuchs das Leben schenkt, die zärtlich ihre Jungen versorgt, energisch und skrupellos die ihren verteidigt und die tötet, um für Nahrung zu sorgen und zu überleben. Nach und nach wurden die einzelne Kräfte und Aspekte der Göttin erweitert und verfeinert und später auf unterschiedliche Götter und Göttinnen verteilt. Aus vielen überlieferten Darstellungen und Texten wissen wir, dass der kriegerische, wehrhafte Anteil der urtümlichen Göttin neben dem Aspekt der Mutterschaft besonders verehrt wurde.

Im Horoskop ist Lilith bzw. der Schwarze Mond der Göttinnenfaktor, der uns mit den existenziellen, ursprünglichen Kräften der matriarchalen Göttin verbindet und damit auch mit ihrer kämpferischen Seite. So wird nachvollziehbar, dass sich die Kraft der Lilith im Zeichen des mutigen Widders besonders gut entfalten kann. Natürlich kommt es hier sehr auf die sonstige Persönlichkeit an. Wer ein eher sanftes

Wesen hat, z. B. im Zeichen Waage oder Fische geboren ist, wird vielleicht nicht so ohne Weiteres damit fertig, eine wilde Widder-Lilith im eigenen Inneren zu besitzen. Doch meistens zeigt sich, dass diese Lilith-Position auch Menschen, die sonst sanft und zugänglich sind, einen gewissen Biss verleiht, eine innere Kraft, die man spürt, und sei die Fassade noch so süß. Schau dir darauf hin einmal die Liste der bekannten Persönlichkeiten am Ende dieses Kapitels an. Und mache deine eigenen Beobachtungen!

Abenteuer und Kreativität

Eigentlich ist es gar nicht schwer, mit Widder-Lilith auf deine Kosten zu kommen, was Abenteuer und Leidenschaft im Leben angeht. Du musst einfach nur deiner Neugier folgen und furchtlos Neues ausprobieren! Dafür gibt es viele Gelegenheiten, du kannst eigentlich alles, was du noch nie zuvor getan hast, als Einweihung zelebrieren. Ein weiteres Motiv mit dieser Konstellation ist das »Sich-neu-Erfinden«. Madonna hat diese Konstellation – ihre Nachfolgerin, Lady Gaga, hat sie interessanterweise nicht. Gaga geht auf den Wegen weiter, die Madonna bereitet hat – das macht sie fantastisch, aber vergleichsweise intellektuell. Kein Wunder – ihre Lilith steht ja auch im Intellektuellenzeichen Zwillinge! Doch es war Madonna, die bestimmte Provokationen zum allerersten Mal geleistet hat – ich denke da vor allem an ihre Kombination zwischen den Symbolen der christlichen Kirche und Sex –, das hatte es zuvor noch niemals gegeben. Madonna war berühmt dafür, sich mit jedem Album aufs Neue zu erfinden.

Wenn deine Lilith im Widder steht, steckt in dir eine Pionierin! Ein wichtiges Motiv ist Mut versus Angst. Ich würde so weit gehen, zu sagen: Wenn du vor etwas Angst hast, ist das genau das, was du ausprobieren solltest. Dafür musst du dich auf deine Instinkte und deine Intuition verlassen können. Die wiederum trainierst du, indem du dich gezielt auf neue Situationen einlässt, die deine volle Aufmerksamkeit fordern und von dir verlangen, dich auf ungewohnte Orte, Leute und Reaktionen einzustellen. Das Lebensgefühl mit Lilith im Widder ist: mit gespannten Muskeln, wie zum Sprung geduckt. Wenn du etwas wirklich willst, wirst du springen, und wenn es gut läuft, sogar fliegen!

Liebe und Beziehungen

Das ist ein durchaus heikles Thema mit Lilith im Widder. Denn mit dieser Position ist man stark, so stark, dass viele es nicht aushalten. Mit Lilith im Widder bist du nicht die Prinzessin, die Frösche küssen muss, um einen Prinzen zu finden. Eher bist du eine Prinzessin, die Drachen töten würde, um an den Geliebten zu kommen – doch das ist in unserer Kultur ja leider nicht vorgesehen. Es wird dir nichts anderes übrigbleiben, als so lange zu suchen, bis du jemanden gefunden hast, der stark genug ist für dich. Und Stärke heißt hier auch: Wille zur Entwicklung. Da du dich immer wieder neu erfindest, muss der Partner das spannend finden und sich im besten Fall auch neu erfinden und mit dir zusammen weiterentwickeln. Vertrautes Zusammensein und Sicherheit werden dich nicht allein glücklich machen, eher die Suche nach gemeinsamen Herausforderungen und Abenteuern. Dazu kann auch gehören, innerhalb der Partnerschaft ungewöhnliche Wege zu gehen. Eine umwerfend hübsche Freundin mit Lilith im Widder – ich nenne sie hier Mia – ist seit mehr als 20 Jahren glücklich verheiratet mit einem attraktiven Mann, mit dem sie drei Bilderbuchkinder hat. Bis heute sind die beiden ein sexy Paar, hingebungsvolle Eltern und vergöttern einander. Sie war von Anfang an umschwärmt von Verehrern, und er wusste es zu schätzen, dass sie ihn erwählte. Sie ließ sich auf das Abenteuer ein, mit ihm auszuwandern. Im Laufe der Ehe haben die beiden einiges zusammen ausprobiert, auch außereheliche Abenteuer. Es kam auch vor, dass sie einen guten Freund oder eine gute Freundin in ihr Ehebett einluden. Bis heute ist diese Ehe lebendig, aufregend und Kontinente überspannend. Lilith im Widder wird hier gelebt als Energie, die eine Beziehung am Knistern hält, weil beide bereit sind, Experimenten und Erneuerungen Raum zu geben und gemeinsam immer wieder neue Wege zu gehen.

Beruf und Berufung

Mit Lilith im Widder wirst du allem, was du tust, deinen Stempel aufdrücken. Es wäre ideal, wenn du einen Beruf hättest, in dem du Entscheidungsfreiheiten hast und die Dinge auf deine Weise tun kannst. Noch besser, wenn du deine eigene Herrin bist, als Selbstständige, oder mit den Kollegen auf Augenhöhe. In dieser Position scheint Lilith zu befähigen, mit einer guten Idee scheinbar aus dem Nichts etwas aufzubauen. Die Energie ist hoch, und der Wille, etwas zu erreichen, ist enorm stark ausgeprägt. Wenn du in deinem Job nicht glücklich bist, kann es passieren, dass du deine Tätigkeit unbewusst selbst sabotierst, damit der Weg frei wird, etwas anderes, Neues, zu tun. Du wirst wahrscheinlich energisch und leidenschaftlich vertreten, was du für richtig hältst, weshalb du dich nicht immer nur beliebt machst. Wenn du aber zu denen gehörst, denen Harmonie und ein guter Ruf wichtig sind, wirst du versuchen, das auszugleichen, indem du besser bist und noch härter arbeitest. Die Frage ist, ob sich das lohnt. Sei lieber ganz du selbst, denn authentisch zu sein ist eines der Anliegen Liliths, und du wirst dich wohler fühlen, wenn du dich nicht verstellst, um etwas zu erreichen. Frauen wie du werden aktuell gebraucht, um das Thema »Frauen in die Vorstände« zu beleben und neu zu definieren. Du hast höchstwahrscheinlich Führungspotenzial, aber du willst es nicht so machen wie »die Männer« oder »wie man es schon immer gemacht hat«. Fang an damit, die Zeit ist reif!

Lilith im Widder im Horoskop des Mannes

Ich habe diese Konstellation im Horoskop von Männern beobachtet, die geradezu sexbesessen waren: Je schwieriger die Herausforderung, desto mehr standen sie in Flammen. Sie sind stürmisch, ständig scharf und je nach Sternzeichen völlig unbekümmert darin, ihrer Eroberungslust zu folgen. Der Hintergrund ist, dass ein solcher Mann sich im Grunde mit einer wahrhaft starken Frau messen will – da wirkt sozusagen der seelische Archetyp des Kampfes zwischen Matriarchat und Patriarchat. Oft wurde er entsprechend geprägt durch die Mutter oder Schwestern, mit der er groß geworden ist. Nun gibt es für ihn zwei Wege: Entweder er sucht die starke, häufig auch ältere Partnerin, der er sich anvertraut und von der er in die Geheimnisse der Liebe eingeweiht werden will. Oder er geht selbst in die Dominanz und liebt ein Kräftemessen in der Beziehung und Sexualität. In beiden Fällen wird er dich herausfordern, deine eigene, innere Stärke zu entwickeln, damit du ihm etwas entgegenzusetzen hast. Eifersucht kann hier ein Thema werden. Er ist loyal als Freund und Ehemann, doch sein Trieb kann ihn auf Abwege bringen – während er selbst keinerlei Untreue duldet. Da es hier um das Spiel der Willenskraft geht, versuchen manche dieser Männer auch, ihren Willen durchzusetzen, indem sie sich entziehen, wenn sie mit ihrer Eroberung endlich Erfolg haben. Du darfst dir von ihm nicht auf der Nase herumtanzen lassen, denn dazu neigt er. Er braucht klare Grenzen und deutliche Worte. Er liebt es, wenn er gemeinsam mit dir Abenteuer und Herausforderungen bestehen kann. Je nach Sternzeichen kann er aufbrausend und unfair sein, gleichzeitig aber unglaublich kreativ und witzig. Bequem hat man es nicht unbedingt mit ihm, aber es bleibt immer spannend!

Herausforderung

Dein Eigensinn und dein Kampfeswille können sich gegen dich selbst richten, wenn du in eine Krisensituation kommst, in der du Hilfe annehmen solltest. Du verharrst gewissermaßen im Kampf, auch wenn dieser längst zu Ende ist. Lilith ist ja ohnehin ein Symbol für Widerstand, im Widder wird dies verstärkt. Das kann dazu führen, dass du Schwierigkeiten mit dem Thema Hingabe hast und dich deshalb vielleicht selbst ablehnst. Es kann zu deiner größten Herausforderung werden, im Spannungsfeld zwischen Hingabe und Widerstand deinen Platz zu finden. Dein Antrieb, Pionierin zu sein und neue Wege zu gehen, kann dich einsam machen, denn träge oder ängstliche Menschen können dir nicht folgen und versuchen vielleicht sogar, dich zu behindern. Es gibt auch Momente, in denen du dich plötzlich hilf- und willenlos fühlst. Wenn das der Fall ist, ist deine Energie blockiert. Übungen, die dich in Fluss bringen und deiner Energie eine Richtung geben, wie Tai-Chi oder Bogenschießen, oder geistige Konzentrationsübungen, tun dir gut. Pflege und schätze deine Freunde, die dir ein echtes Feedback geben, wenn du dich in eine Idee verrannt hast. Ein spiritueller Lehrer machte mich einmal darauf aufmerksam, dass hinter jedem »Ich kann das nicht« ein »Ich will das nicht« steckt. Meditiere darüber!

DEINE INSIGNIEN: *Messer, Dolch, breite Armreifen, Lederkleidung, Tierzahn-Amulette, Gegenstände aus Eisen, Hämatit, Tattoos*
GÖTTINNEN: *die Feuergöttin Pele, Ischtar als Kriegsgöttin*
ORTE: *Wüstenlandschaften nach einem Regen, Canyons, Lanzarote*
DEINE LILITH-ZEIT: *21. März bis 20. April*

Persönlichkeiten mit Lilith im Widder

Keira Knightley (Widder) 26.03.1985
Michelle Pfeiffer (Stier) 29.04.1958
Ken Follett (Zwillinge) 05.06.1949
Prince (Zwillinge) 07.06.1958
Meredith Brooks, komponierte die Lilith-Hymne »Bitch« (Zwillinge) 12.06.1958
Meryl Streep (Krebs) 22.06.1949
Madonna (Löwe) 16.08.1958
Pina Bausch (Löwe) 27.07.1940
Michael Jackson (Jungfrau) 29.08.1958
Elizabeth I. von England (Jungfrau) 07.09.1533
Mahatma Gandhi (Waage) 02.10.1869
John Lennon (Waage) 09.10.1940
Ursula von der Leyen (Waage) 08.10.1958
Elizabeth Arden (Waage) 18.10.1878
Anna Wintour (Skorpion) 03.11.1949
Bhagwan Shree Rajneesh, Osho (Schütze) 11.12.1931
Cornelia Funke (Schütze) 10.12.1958
Scarlett Johansson (Schütze) 22.11.1984
Dian Fossey (Steinbock) 16.01.1932
Umberto Eco (Steinbock) 05.01.1932
François Truffaut (Wassermann) 06.02.1932
Elizabeth Taylor (Fische) 27.02.1932
Rudolf Steiner (Fische) 27.02.1861
Albert Einstein (Fische) 14.03.1875

Lilith im Stier / 2. Haus

PLANET: *Venus*
ELEMENT ERDE: *Sicherheit, Ergebnisse, Manifestation*
ARCHETYP: *die Fruchtbarkeitsgöttin*
THEMEN: *besitzen und loslassen – Verführerin und Furie – verwöhnen und opfern – Reichtum und Besitzlosigkeit – Eigensinn und Gemeinschaft – Vertrauen lernen – Hingabe an die Lebenszyklen*
ENTSPRICHT DEM 2. HAUS: *Selbstwert, Werte, Besitz, Geld, Körper, Proportion, Sinnlichkeit, Schönheit, Nahrung, Schutz*
ERGÄNZENDER GEGENPOL ZUM ZEICHEN SKORPION / 8. HAUS

Lilith im Stier als Weg

Die archaische Lilith trifft im Zeichen Stier auf die verführerische Venus. Während Venus ein großes Interesse daran hat, in Beziehung zu sein, ist Lilith die einsame Göttin, die lieber aus dem Paradies flieht, als Kompromisse einzugehen. Venus im Stier regiert materielle Werte, das Geld und alles Konkrete und Physische, was wir zum Leben brauchen: Essen, Kleidung, ein Heim – und darüber hinaus auch die Dinge, die das Leben schön und angenehm machen. Meist bringt die Stierenergie einen ausgeprägten Sammeltrieb mit sich, und das bezieht auch Menschen oder Erfahrungen mit ein. Stiere geben ungern etwas wieder her, womit sie einmal Freude hatten. Manche melden sogar gegenüber ihren Exlovern noch Besitzansprüche an. Im Tierkreis kommt dem Zeichen Stier die spirituelle Verantwortung zu, für den Erhalt und die Sicherheit unserer physischen Existenz zu sorgen. Hier wird der Körper als heiliger Tempel der Seele gewürdigt. In der ägyptischen Mythologie ist die Kuh ein Symbol für Fruchtbarkeit und nährende Mutterschaft. Liliths Themen sind dagegen ganz anderer Natur. Sie scheint wenig Wert auf Besitz, Schönheit und Annehmlichkeiten zu legen. Sie verkörpert die natürliche Schönheit der Natur und die instinktive Weisheit, im entscheidenden Moment zu wissen, wie man an das herankommt, was man gerade braucht. Vorräte anzulegen und es sich vorausschauend bequem zu machen ist nicht ihr Metier. Wenn Lilith nun im Geldzeichen Stier steht, dem Sinnbild für alles Materielle, findet man häufig Schwierigkeiten rund ums Thema Geld und Werte. Auf Reichtum folgt Verlust, Verträge werden gebrochen, verliehenes Geld wird nicht zurückgezahlt, oder Auftraggeber gehen pleite. Doch zwischen Venus im Stier und Lilith als Prinzipien gibt es auch Schnittmengen. Solche Gemeinsamkeiten zu kennen kann dir helfen, beide Göttinnen in dir miteinander auszusöhnen. Im Stier sind das vor allem die Liebe zur Natur, die Sinnlichkeit des eigenen Körpers und der Sinn für Kunst. Die Venus regiert auch die Fähigkeit, Beziehungen zu knüpfen und zu erhalten. Auf dem Gebiet der Partnerschaft ist es eine Herausforderung, die Kräfte der beiden Göttinnen zu integrieren. Bitte lies hierzu auch das Kapitel »Lilith in der Waage« (Seite 221).

Abenteuer und Kreativität

Die Natur und dein eigener Körper können für dich zum Schlüssel für glückliche Momente werden, in denen du die Kräfte von Lilith und Venus wunderbar integrieren kannst. Arbeite im Garten. Halte dir Haustiere. Würdige deinen Körper durch Pflegerituale, Sport, Berührung, Tanz, bewusstes Essen. Koche und iss mit Genuss. Genieße das Erlebnis der Mutterschaft. Sorge dafür, dass du genug Berührung und Sexualität bekommst. Wenn du dich einer echten Herausforderung stellen willst, übe das Loslassen. Lilith ist ein Sinnbild dafür, loszulassen und etwas zu opfern, um der eigenen Wahrheit treu zu bleiben. Der Stier steht für Sammeln, Anhäufen und Sicherheitsdenken. Zwei konträre Motive kommen hier zusammen. Denke an das Zen-Prinzip, wonach man eine Schale erst dann füllen kann, wenn sie leer ist. Rituale des Entrümpelns, die Konzentration aufs Wesentliche, Ferien ohne Luxus, zum Beispiel in einem Ashram, und Meditationen können dir tiefe Einblicke und neue Impulse geben. Stier ist auch ein sehr magisches Zeichen im Sinne einer urtümlichen, naturbezogenen Magie. Die Beschäftigung mit Runen, Tarot, Heilsteinen oder auch magisch Kochen werden dich stärken. Die Zyklen des Lebens können Vertraute und Ratgeber für dich werden, denn sie zeigen dir, dass auf Vergehen und Loslassen wieder Neuanfänge folgen.

Liebe und Beziehungen

In der Liebe lebst du im Spannungsfeld zwischen Festhalten und Loslassen. Du kennst wahrscheinlich das Problem, dass sich ein Partner von dir so eingeengt und in Besitz genommen fühlt, dass er flüchtet, und dann verstehst du die Welt nicht mehr. Umgekehrt hast du vielleicht auch schon Beziehungen leichthin aufgegeben und das nachher bedauert. Die Kunst besteht darin, den Partner an der langen Leine laufen zu lassen. Auf diese Weise lässt du ihn los – und hältst ihn doch fest, ohne ihn einzuengen. Vertrauen ist ein ganz wichtiges Schlüsselwort für dich. Vertrauen in dich selbst, deine weiblichen Kräfte und deine Magie. Du kannst eine wahrhaft fesselnde Frau sein, von der sich ein Mann gern festbinden lässt, wenn du weißt, wann es Zeit ist, ihn wieder freizulassen und darauf zu vertrauen, dass er zu dir zurückkommt. Geduld ist ein Zauberwort für dich. Vielleicht bist du zu schnell darin, Sicherheit und Heiratsabsichten einzufordern. Wir Frauen unterschätzen oft, wie lange es dauert, bis ein Mann wirklich Vertrauen aufgebaut hat und bereit ist, sich tiefer einzulassen. Falls Kinderwunsch ein Thema für dich ist, mach dich dabei von nichts und niemandem abhängig. Ich kenne Frauen, die es sehr bedauert haben, dass sie einem Partner, der keine Kinder wollte, nachgegeben haben und nicht Mutter geworden sind. Gut möglich, dass du ungewollt schwanger wirst, wenn deine Natur sich einfach gegen Ängstlichkeit und Vorbehalte durchsetzt. Wenn du es wirklich willst, bist du eine kraftvolle, gute Mutter, auch wenn der Partner das nicht mitträgt oder dir abhandenkommt. Mit deinen Kindern etwas aufzubauen kann eine Quelle des Glücks für dich sein.

Und wenn du glücklich bist, entfaltet sich deine Magie, die neue Partner in dein Leben zieht.

Beruf und Berufung

Wenn Venus und Lilith im Stier günstig zusammenwirken, ergeben sich künstlerische Begabungen und Berufungen. Da Venus auch Beziehungen regiert, findet manche ihre Bestimmung durch ihren Partner. Eine Freundin verliebte sich in einen Künstler und wurde seine Managerin. Obwohl Neuling auf dem Gebiet, handelte sie, geleitet von ihrem Gerechtigkeitssinn und ihrer Unerschrockenheit, bessere Verträge aus als mancher »alte Hase«. Die Fotografin Sylvie Blum, mit der zu arbeiten ich schon das Vergnügen hatte, begann zunächst als Muse und Model für ihren Mann, einen bekannten Aktfotografen. Doch er wurde sehr krank, konnte nicht mehr weiterarbeiten und verstarb schließlich. Sie lernte das Handwerk bei ihm und begann, sein Werk fortzuführen. Heute ist sie eine international bekannte und erfolgreiche Fotografin. Ihre Bilder drücken aus, was sie mir einmal sagte: »Für mich sind alle Frauen Göttinnen!«[17] Sylvie ging keine Kompromisse ein, lehnte lukrative Werbeaufträge und Anträge reicher Männer ab, blieb authentisch. Sie blieb sich selbst und ihrem Gefühl dafür, was stimmig ist, treu – und schließlich kam der Erfolg. Candace Bushnell, die Erfinderin von »Sex and the City«, hat ihre Lilith im Stier. Sie baute ihren Erfolg als Kolumnistin stetig auf. Jedes Mal, wenn sie ein Buch schrieb und einen Erfolgsschritt machte, hatte sie einen wichtigen Transit mit Lilith im Horoskop. Kunst, Sinnlichkeit, Sexualität, Frauen, Partnerschaft, Mutterschaft, Magie, Kochen und Architektur sind Themen, die du mit Lilith im Stier gut entfalten kannst. Schwieriger sind die Stierthemen Geld, Materie und Sicherheit. Lilith ist keine gute Geldberaterin. Du musst an dich glauben und in Geldangelegenheiten wahrscheinlich einige harte Lektionen lernen, ehe du dich damit sicher fühlst. Du brauchst Geduld und musst dir Zeit geben, etwas aufzubauen, an das du glaubst. Dann können dich auch die für Lilith im Stier typischen Existenzängste nicht davon abhalten, deinen Weg zu gehen.

Lilith im Stier im Horoskop des Mannes

Dieser Mann ist sehr sinnlich und sehr an dem interessiert, was er durch Frauen lernen kann. Er hat großen Familiensinn und ist auch der Mann, der seine Kinder nach einer Trennung im Haus behält und großzieht. Dabei ist sein Verhältnis zur Weiblichkeit ambivalent. Er verehrt sie, hat aber auch Ängste vor ihrer Kraft. Dann lebt er im Spannungsfeld zwischen einem starken Hingezogensein und Ablehnung – zwischen dem Wunsch nach Hingabe und Rückzug, sobald er Angst hat, von der Leidenschaft für eine Frau »verschlungen« zu werden. In einer Beziehung kann er sehr besitzergreifend sein. Seine Liebhaberqualitäten sind oft eindrucksvoll. Häufig strebt er danach, auch seine weibliche Seite zu entwickeln, und interessiert sich sehr für die magische Seite der Weiblichkeit. Er ist einer von den Männern, die genau wissen, wo in ihrem Zyklus sich seine Partnerin gerade befindet. Er möchte gern Vater werden, und wenn Kinder da sind, hält er auch an einer unbefriedigenden Beziehung lange fest. Das Geldthema ist bei ihm ein ständiger Kampf. Existenzkämpfe lösen sich ab mit Phasen des Reichtums und der Verschwendung, und es fällt ihm schwer, seine finanzielle Situation unter Kontrolle zu behalten. Eine starke Partnerin kann ein Segen für ihn sein. Sie sollte jedoch ihre eigenen Finanzen immer gut von den seinen trennen.

Herausforderung

Mit Lilith im Stier neigst du dazu, dich in eine Idee zu verrennen und rigiden Konzepten zu folgen, selbst wenn sie dir gar nicht guttun. So verzichtest du vielleicht auf Sexualität, solange ein Liebespartner nicht alle deine Bedingungen erfüllt, und bringst dich damit um ein wichtiges Lebenselixier. Als Mutter kannst du überbeschützend sein und gleichzeitig geplagt von schlechtem Gewissen. Es fällt dir schwer, loszulassen. Du wehrst dich so lange dagegen, bis das Leben dir etwas wegnimmt und dir eine Lektion erteilt, und dann haderst du lange damit. Auch an deiner Vergangenheit und all ihren Prägungen hältst du fest, was dich daran hindert, dich unbeschwert auf Neues einzulassen. Alles, was dir hilft, mehr Gelassenheit und Vertrauen in die Zyklen des Lebens zu entwickeln, ist hilfreich für dich. Vertraue wie Lilith darauf, dass du bekommst, was du brauchst, während du den Weg deines Herzens gehst. Studiere das Gesetz der Resonanz. Die Dankbarkeitsübung (jeden Abend auflisten, wofür du an diesem Tag dankbar bist) wird dir guttun.

DEINE INSIGNIEN: *Seidenblumen, natürliche Duftessenzen, Halsbänder und Colliers, Perlen, Aquamarin, Silber, Trüffel, heilige Kuh, Amaltheia, die göttliche Ziege*
GÖTTINNEN: *Venus, Hathor/Isis mit der Kuhkrone, die indische Fruchtbarkeitsgöttin Lajja Gauri*
ORTE: *Gärten, Weiden, Waldlichtungen, der heidnische heilige Hain, Irland, Neuseeland*
DEINE LILITH-ZEIT: *21. April bis 20. Mai*

Persönlichkeiten mit Lilith im Stier

Celine Dion (Widder) 30.03. 1968
Vivienne Westwood (Widder) 08.04.1941
Stevie Wonder (Stier) 13.05.1950
Senta Berger (Stier) 13.05.1941
Josephine Baker (Zwillinge) 03.06.1906
Richard Branson (Krebs) 18.07.1950
Iris Berben (Löwe) 12.08.1950
Matthieu Carriere (Löwe) 2.8.1950
Maria Montessori (Jungfrau) 31.08.1870
Glenn Gould (Waage) 25.9.1932
Paul Simon (Waage) 13.10.1941
Julia Roberts (Skorpion) 28.10.1967
Marie Antoinette (Skorpion) 02.11.1755
Candace Bushnell, Autorin von »Sex and The City« (Schütze) 01.12.1958
Maria Callas (Schütze) 03.12.1923
Sade Adu (Steinbock) 16.01.1959
Carla Bruni (Steinbock) 23.01.1967
W. A. Mozart (Wassermann) 27.01.1756
Michelle Hunziker (Wassermann) 24.01.1977
Daniel Craig (Fische) 02.03.1968

Lilith in den Zwillingen / 3. Haus

PLANET: *Merkur*
ELEMENT LUFT: *Austausch, Ideen, Geist*
ARCHETYP: *die Magierin, die weise Närrin*
THEMEN: *Gesetz der Resonanz – Worte der Macht – Tabus aussprechen – Schweigen – Körpersprache – Zeichen setzen – Magie der Hände – Angst vor Gefühlen – Kontaktscheu – Tiefgründigkeit – Ablehnung alles Oberflächlichen – Geheimnisse hüten*
ENTSPRICHT DEM 3. HAUS: *Kommunikation, Kontakt, Austausch, Handel, Schreiben, Geschwister, Schule, Sprachen, Lernen, kurze Reisen*
ERGÄNZENDER GEGENPOL ZUM ZEICHEN SCHÜTZE / 9. HAUS

Lilith in den Zwillingen als Weg

Lilith sprach die heiligen Namen Gottes aus und beging damit einen Tabubruch. Bei meinen Forschungen habe ich festgestellt, dass viele Horoskope von Menschen, die mit Worten provozieren, aufrütteln, Tabus brechen und Maßstäbe setzen, entweder Lilith in den Zwillingen haben oder Lilith in einem besonderen Aspekt zu Merkur, dem Herrscher der Zwillinge. Astrologisch steht Merkur für Kommunikation und Vermittlung von Informationen und Gütern. Merkur ist der lateinische Name für Hermes, den griechischen Götterboten mit den geflügelten Schuhen. Er gilt als Schutzpatron der Handlungsreisenden, Schriftsteller, Verkäufer und Journalisten, aber auch der Betrüger und Trickdiebe. Klugheit, Geschick und schlaues Verhandeln sind Eigenschaften, die nicht an

Moralvorstellungen gebunden sind! Argumente und Rhetorik sind sein Metier. Damit herrscht er auch über das, was neudeutsch »Content« – »Inhalt« – heißt und zu einer Ware allererster Güte geworden ist. Insofern ist er neben Venus einer der heutzutage einflussreichsten Götter, denn wir leben in einem »Informationszeitalter«.[18] Ebenfalls wichtig für unsere Überlegungen ist, dass Hermes/Merkur einen androgynen Anteil hat – er vermittelt sozusagen nicht nur zwischen verschiedenen Göttern, sondern auch zwischen den Geschlechtern! Der Begriff »Hermaphrodit« bezeichnet ein Wesen, das sowohl Anteile von Hermes (Merkur) als auch Aphrodite (Venus) in sich trägt. Deshalb hat er für alle, alles und jeden Verständnis und kann sich mit allen verständigen – aber Partei ergreift er nicht! Merkur ist also eine neutrale, bewegliche Kraft, die sich die verschiedensten Parteien zunutze machen können.

Lilith ist dagegen die Kompromisslose, die ihr Handeln nicht erklärt oder rechtfertigt. Sie scheint nur zu sprechen, wenn es »um Leben und Tod« geht. Sie sagt, was sie will und was sie nicht will – und sie gebraucht die Worte der Macht. Auf ihrem Bildnis trägt sie ihre magischen Insignien, die Ringstäbe in den Händen, die sie zu einer großen Geste erhoben hat – die Hände gehören astrologisch zu den Zwillingen. Ein Hinweis auf Liliths Fähigkeit, sich ohne Worte, nur mit Gesten und magischen Insignien auszudrücken.

Auch Hermes-Merkur ist ein Meister darin, die Dinge beim Namen zu nennen. Sein eigener Name taucht auch als »Hermes Trismegistos« in magischen Schriften auf und bezeichnet eine altägyptische Figur, die Elemente sowohl des Hermes als auch des ägyptischen Gottes Thoth vereint und so etwas wie ein Urmagier ist. Nach ihm sind die »hermetischen Wissenschaften« benannt, zu denen auch die Künste der Alchemie gehören. Die Figur taucht im Aleister-Crowley-Tarot in der Karte eins, »Der Magier«, wieder auf. Auch Lilith beherrscht die Magie der Worte und ist mit den Symbolen einer Göttin ausgestattet. Sie spricht nur, wenn es ums Wesentliche geht, ums Ganze, um Leben und Tod. In den meisten Geschichten *handelt* sie nur und spricht überhaupt nicht, sie fliegt davon wie ein Vogel, wenn man sich ihrer bemächtigen will, oder erscheint als Dämonin. Sie ist eine Windgöttin mit Flügeln und Krallen, was nahelegt, dass sie Sprachen beherrscht, die jenseits von Wörtern und Formeln liegen: die Sprache des Windes selbst und die Sprache der Tiere, womöglich den Gesang der Vögel oder auch die Sprache der Schlangen. Sie erscheint als Dämonin im Schlaf, das heißt, sie macht sich in Träumen bemerkbar und durch Gefühle. Das sind alles sehr urtümliche und intuitive Kommunikationsebenen. So kann man verstehen, dass Menschen mit Lilith in den Zwillingen oder in Verbindung mit Merkur ihr ganz eigenes Verständnis von Sprache und Kommunikation entwickeln – und oft genug in der Lage sind, auf wunderschöne Weise mit schier magischen Worten der Welt ihren Stempel aufzudrücken. Umgekehrt können Worte auch verletzend sein und uns zutiefst treffen. Das ist das Thema mit Lilith in den Zwillingen: die Macht der Worte – und die Macht des Schweigens.

Abenteuer und Kreativität

Wenn deine Lilith in den Zwillingen steht, hast du ein spezielles Verhältnis zu Sprache und Kommunikation. Womöglich bist du sehr direkt und offen, oder es passiert dir, dass andere sich durch dein Sprechen provoziert oder gar verletzt fühlen, ohne dass du es willst. Oder du bist sehr schweigsam und sprichst nur, wenn es dir nötig erscheint. Vielleicht fühlst du dich deinen tierischen Mitwesen näher und enger verbunden als den Menschen, deren Falschheit du verachtest. Ein Grund dafür kann sein, dass du dich häufig unverstanden fühlst – denn deine Gedankenwelt ist nun mal »gegen den Strom« gerichtet. Es kann ein besonderes Abenteuer für dich sein, die richtigen Worte zu finden oder mit anderen Formen der Kommunikation zu arbeiten oder deine Gedanken auf künstlerische Weise mit anderen zu teilen. Viele Sänger und Schriftsteller haben diese Konstellation, und sie haben sie genutzt, um Menschen mit ihrer Art der Ansprache tief zu berühren. Dabei sind die Worte nicht unbedingt schön, sondern vor allem eins: treffend! Die neuen »Bitches« sind freche, selbstbewusste Frauen, die den ursprünglich als Schimpfwort gebrauchten Begriff »Bitch« (Zicke, Schlampe) mit einer neuen, stolzen Bedeutung aufgeladen haben. »Seht her«, scheinen sie zu sagen, »ich bin eine Bitch – und das ist auch gut so!« Im Horoskop von Lady Gaga steht Lilith im Zeichen Zwillinge. Die Pop-Queen machte während ihrer grandiosen »Monster Ball Tour« live im Madison Square Garden von New York ihrem Herzen Luft: »*Als Kind bin ich immer hierhergekommen und habe mir Bitches wie Liza Minelli oder Barbra Streisand live an-*

geguckt. Ich hatte nur einen Wunsch: Ich will auch einmal eine von diesen Bitches sein und hier live auf der Bühne stehen! Und ich habe es geschafft! Dafür bin ich euch unendlich dankbar!«[17]

Liebe und Beziehungen

Kontakte und Beziehungen leicht und locker knüpfen, das ist ein besonderes Merkmal der Zwillinge. Mit Lilith in diesem Zeichen kann es jedoch sein, dass du dich mit Smalltalk und Oberflächlichkeiten eher schwertust. Du suchst Tiefe und das Besondere und bist dabei sehr anspruchsvoll. Du möchtest in der Liebe auf allen Ebenen kommunizieren, geistig und körperlich, intellektuell und seelisch. Gemeinsame Interessen oder ein ähnlicher Beruf mit dem Partner können der Schlüssel zu deinem Glück sein. Wenn es jedoch zu Konflikten kommt, gerätst du womöglich in Schwierigkeiten. Über deine Gefühle zu reden mag dir leichtfallen, doch sie wirklich zu fühlen kann dir Angst machen. Wenn dich jemand richtig beeindruckt, verstummst du womöglich und hast keine Worte mehr. Entscheidend ist, dass du wahrhaftig und authentisch bleibst. Wenn du nichts mehr sagen kannst oder willst, schreibe! Eine Klientin von mir mit Lilith in den Zwillingen schilderte mir, dass sie allein durch erotische Erzählungen einen Höhepunkt erreichen konnte. Doch manchmal kann wortloses Zusammensein, gemeinsam Musik hören oder einen Film schauen, Seite an Seite im Garten arbeiten, alles, was ein intuitives Verstehen erzeugt, für dich die beste Option sein. Denn wenn du unsicher bist, kannst du dich buchstäblich um Kopf und Kragen reden. Dabei hast du das gar nicht nötig. Du wirkst auf deine eigene Art geheimnisvoll und attraktiv. Du wirst Menschen in dein Leben ziehen, die dich erforschen wollen und dir gebannt lauschen, wenn du sprichst – ob nun mit Worten, deinen Augen, deinem Körper oder deiner Seele.

Beruf und Berufung

Denk dir deinen Weg! Mit deinen Gedanken erschaffst du Räume, in denen du dich bewegen kannst. Da Lilith hier auf den Wirkungskreis Merkurs trifft, der auch die Magier regiert, könnte die Beschäftigung mit Magie, Heilzahlen, magischen Formeln, fremden Sprachen ein großes Abenteuer für dich sein, ebenso das Interesse für fremde oder antike Kulturen, ihrer Zeichen und Symbole. Du wärst auch eine gute Therapeutin, mit Worten, Symbolen oder mit den Händen, etwa durch Massagen oder Handauflegen. Für dich ist es besonders wichtig, dass du dir viel Raum nimmst, dir deiner Gedanken bewusst zu werden. »Das, was jemand von sich aus denkt, bestimmt sein Schicksal« sagte schon Schriftsteller Mark Twain, und seine Lilith steht in den Zwillingen. Rhonda Byrne, Autorin des Weltbestsellers *The Secret*, hat Lilith in den Zwillingen. In ihrem Buch geht es um nichts anderes als um die Macht der Gedanken und wie sie sich im Leben manifestieren. Arbeite auch mit der Macht des Schweigens. Wir Frauen neigen dazu, uns zu entschuldigen und zu rechtfertigen und zuzulassen, dass man uns hinterfragt. Lilith in den Zwillingen zeigt uns, wie mächtig Schweigen sein kann.

Diskussionen und Gerede um einen möglichen Fehler ersterben, wenn man sich nicht darauf einlässt, sich zu erklären und zu rechtfertigen. Dieses Wissen nutzen sogar moderne Management-Trainer. An den Schaltstellen der Macht sieht man deutlich, wer die Macht des Schweigens beherrscht und wer nicht. Lilith in den Zwillingen verleiht die Kraft, mit Worten – oder durch Schweigen – Macht auszuüben.

Lilith in den Zwillingen im Horoskop des Mannes

Hier finden wir den Mann, der gut ist mit starken und witzigen Worten, sich aber nicht gern mit den Tränen der Partnerin oder der Kinder auseinandersetzt. Er ist meist sehr freundlich und verständnisvoll, zeigt aber eine gewisse innere Distanz zu den »Niederungen« der Emotionen. Er kann sehr angenehm im Umgang sein, beliebt und erfolgreich, ein guter Freund, Ehemann und gerechter Vater. Wenn er einmal zornig wird, kann er drastische Machtworte sprechen. Seine Lieben wird er energisch verteidigen. Doch im ungünstigen Fall leiden sie unter seiner Gefühlskälte und wissen oft nicht wirklich, was in ihm vor sich geht. Gefühle interessieren diesen Mann eher als Phänomen oder als Gegenstand der Inspiration, etwa wenn er als Künstler kreativ ist. Er redet vielleicht sogar gern und viel darüber. Aber es bleibt eine Angst, sich wirklich von Gefühlen berühren zu lassen. Beispielhaft ist die Geschichte eines Mannes, der notorisch fremdging, um sich den Kick der Leidenschaft zu holen. Doch er fühlte sich dabei innerlich leer. Er konnte glühende Liebesbriefe schreiben und mit seinen Worten verführen, wurde aber mit den Gefühlen, die er dadurch bei den Frauen auslöste, nicht fertig. Der abrupte Wechsel von Leidenschaft und Kälte ließ seine Beziehungen erodieren. Doch für seine Arbeit als Schriftsteller diente dieses zerrissene Leben als immerwährende Inspiration.

Herausforderung

Dein innerer Kritiker kann sehr ausgeprägt sein, sodass du dich selbst mit Worten und Gedanken »fertigmachst«. Auch andere kannst du mit deiner spitzen Zunge irritieren oder verletzen. Oder du fürchtest, dich im Kontakt mit anderen zu blamieren – besonders wenn dir jemand wichtig ist.[20] Du neigst dazu, Gefühle zu zerreden und zu erklären, aus Angst, sie könnten dich überwältigen. Doch irgendwann brechen die Dämme. Dann schlagen die Gefühlswellen über dir zusammen, und du hast keine Kontrolle mehr über die Situation. Typisch für deine Beziehungen sind Streitigkeiten, bei denen der eine betont rational argumentiert und den anderen hilflos-emotional auflaufen lässt. Es gibt auch die Extreme des verstockten Schweigens – und demgegenüber »Wortdurchfall«, bei dem das Gegenüber mit intimen Details »zugetextet« wird. Dann hast du Angst davor, Momente des Schweigens auszuhalten. Übungen, die deine intuitive Wahrnehmung stärken, tun dir gut. Besinne dich auf die Fähigkeit, hinter das gesprochene Wort zu blicken oder zu spüren, und zu ahnen, was dein Gegenüber denkt und fühlt. Das Wissen über Spiegelneurone[21] ist hilfreich für dich. Beschäftige dich mit Mudras, den Yogaübungen für die Hände. Horche auf deine innere Stimme. Kreative Wege, deine Gefühle auszudrücken, bringen dich wieder in Fluss, wenn du dich im Kontakt blockiert fühlst.

> DEINE INSIGNIEN: *alchemistische Symbole, Hieroglyphen, Zauberstab, Bücher, Schreibfeder, Schmetterling*
> GÖTTINNEN: *Isis, die Göttin der 1000 Namen*
> ORTE: *die Pyramiden, Museen, Bibliotheken*
> DEINE LILITH-ZEIT: *21. Mai bis 21. Juni*

Persönlichkeiten mit Lilith in den Zwillingen

Lady Gaga (Widder) 28.03.1986
Nena (Widder) 24.03.1960
Barbra Streisand (Stier) 24.04.1942
Paul McCartney (Zwillinge) 18.06.1942
Chris Griscom (Zwillinge) 03.06.1942
Alice Bailey (Zwillinge) 16.06.1880
Victoria von Schweden (Krebs) 14.07.1977
Emily Brontë, Autorin von »Sturmhöhe« (Löwe) 30.07.1818
Isabel Allende (Löwe) 02.08.1942
Hannelore Elsner (Löwe) 26.07.1942
Karl Lagerfeld (Jungfrau) 10.09.1933
Ingrid Bergman (Jungfrau) 29.08.1915
Sting (Waage) 02.10.1951
Annette Humpe (Skorpion) 28.10.1950
Edith Piaf (Schütze) 19.12.1915
Frank Sinatra (Schütze) 12.12.1915
Mark Twain (Schütze) 30.11.1835
Jim Rakete (Steinbock) 01.01.1950
Rainer M. Schröder (Steinbock) 03.01.1950

Yoko Ono (Wassermann) 18.02.1933
Gerald Hüther (Wassermann) 15.01.1951
Rhonda Byrne (Fische) 12.03.1951
Rosa Luxemburg (Fische) 05.03.1871

Lilith im Krebs / 4. Haus

PLANET: *Mond*
ELEMENT WASSER: *Intuition, Gefühle, Seele*
ARCHETYP: *die unabhängige Mutter / das wilde Kind*
THEMEN: *Mutterschaft – Kindheit – verlorene Mutterliebe – Entfremdung von der Familie – Angst vor Mutterschaft – Initiation durch Mutterschaft – ambivalente Mütter-Töchter-Beziehungen – alleinerziehende Mutter – Kräfte des Matriarchats – immerwährende seelische Entwicklung*
ENTSPRICHT DEM 4. HAUS: *Wurzeln, Geborgenheit, Heimat, Ahnen, Clan, Familie, Babys, Kleinkinder, Wiege, Nest*
ERGÄNZENDER GEGENPOL ZUM STEINBOCK / 10. HAUS

Lilith im Krebs als Weg

Lilith im Krebs ist eine sehr einflussreiche Konstellation. Sie steht in Verbindung zur zweiten großen Phase der heiligen weiblichen Dreifaltigkeit, der Phase als fruchtbare Frau und Mutter. Anders als im Deutschen ist in vielen Sprachen der Mond weiblich und die Sonne männlich – so auch in der Astrologie. Hier wird »Mond« als weiblich definiert, der männliche Gegenpol dazu ist die Sonne. »Frau Mond und Herr Sonne« sind sozusagen das »Elternpaar« des astrologischen Planetenhimmels. Frau Mond ist im Horoskop das Urbild der Mütterlichkeit und darüber hinaus noch viel mehr. Sie symbolisiert auch das Baby, das noch nicht sprechen kann und sich vor allem durch Gefühle mitteilt, und die Bindung zwischen Mutter und Kind. Außerdem beschreibt sie die Gefühle und die Seele des Menschen sowie seine instinktiven Reaktionen, die durch die Kindheit geprägt wurden. Das Zeichen Krebs und das vierte Haus sind Symbole für den nährenden, schützenden »Schoß der Familie«. Mit keinem Zeichen ist Lilith direkter verknüpft als mit dem Krebs, wo »die Mondin« regiert. Denn Liliths astrologisches Abbild, der Schwarzmond, ist der zweite Fokus der Mondumlaufbahn um die Erde. In diesem Punkt konzentrieren sich die kosmischen Kräfte von Mond und Erde. 13 Mondmonate hat das Jahr, 13 Neumonde und 13 Vollmonde. Und seit Urzeiten menstruieren die Frauen in diesem Rhythmus. Wenn die Blutung ausbleibt, bedeutet das Schwangerschaft – oder Menopause, das Ende der Fruchtbarkeit. Alle Phasen – Kindheit, fruchtbare Frau und die Frau nach der Menopause, erscheinen in der Darstellung der archaischen Mondgöttin als dreiphasiges Mondbild. Die zunehmende Sichel ist das Kind, der Vollmond steht für die fruchtbare Frau und die abnehmende Sichel für die Zeit nach der Menopause. In der Astrologie regiert der Mond unsere Prägungen durch die Kindheit, die mütterliche nährende Zuwendung der Mutter und das kleine Kind.

Wenn Lilith in einem Horoskop im Zeichen Krebs steht, kommt es sehr darauf an, wie ein Mensch seine Kindheit erlebt hat. Wer als Kind mit Lilith im Krebs die im Krebszeichen beschriebene Innigkeit und Sicherheit einer starken Mutterbindung entbehren musste, wird dieser sein Leben lang hinterherjagen. Und dabei ist ein Scheitern programmiert. Die bedingungslose Liebe, die eine Mutter ihrem Kind entgegenbringt, ist in einer erwachsenen Beziehung kaum zu haben.

Denn die Zeiten, in denen wir uns unmöglich benehmen durften und trotzdem von einer Mutter geliebt wurden, sind einfach vorbei, wenn wir erwachsen sind, und lassen sich in einer Partnerschaft auf Augenhöhe nicht wieder heraufbeschwören. Da Lilith gleichzeitig auch ein starkes Streben nach Autonomie und Unabhängigkeit symbolisiert, läuft man mit dieser Lilith-Position Gefahr, den erlittenen Mangel an Mutterliebe durch eine besonders intensiv gelebte Unabhängigkeit zu verdrängen, oder man sucht extrem abhängige und intensive Verbindungen, häufig als Mutter zum Kind, wobei der Partner nur eine untergeordnete Rolle spielt. Da tritt dann das Matriarchatsprinzip zutage, nach dem ein Partner nur als Erzeuger interessant ist, aber gegenüber der Symbiose zwischen Mutter und Kind völlig in den Hintergrund tritt.

Glücklich sind dagegen diejenigen mit Lilith im Krebs, die als Kinder geliebt und seelisch genährt wurden. Sie wurden in ihrer inneren Stärke bestärkt. Das sind dann die Frauen, die nachts im Dunkeln furchtlos durch die Straßen laufen, und niemand würde es wagen sie anzurühren, weil sie eine geradezu magische innerliche Kraft ausstrahlen. Oder es werden Männer, die starke Frauen lieben und die den Begriff »Göttin« mit größter Selbstverständlichkeit ihren Frauen und Müttern widmen. Lilith im Krebs scheint im guten wie auch im schwierigen Fall mit einer großen inneren Kraft einherzugehen, zum Beispiel der Kraft, ohne männliche Hilfe ein Kind großzuziehen und sich selbst zu behaupten, wie auch mit der Kraft, den Partner oder andere Menschen komplett an sich zu binden.

Da ist die Geschichte der jungen Frau, die von ihrem Freund schwanger wird und ihn verlässt, als die Tochter da ist. Sie erreicht, dass ein neuer Partner die Tochter adoptiert, doch auch ihn verlässt sie. Danach hat sie wechselnde Männergeschichten, aber wichtig ist ihr nur die Beziehung zur Tochter. Oder die Geschichte einer Klientin, die nach schwieriger Kindheit eine fast symbiotische Verbindung mit der Mutter beibehielt und erst nach deren Tod wagte, selbst ein Kind zu bekommen. Beides sind Lilith-im-Krebs-Geschichten.

Ich selbst habe Lilith zwar nicht im Krebs, aber im vierten Haus des Horoskops, was eine ähnliche Geschichte erzählt. Über das Wunder der Geburt meiner Tochter habe ich ja schon berichtet. Als meine Ehe in die Brüche ging und wir uns trennten, entschloss ich mich schweren Herzens, meine Tochter bei meinem Mann zu lassen. Zwar wohne ich ganz in der Nähe, aber rechtlich gesehen und auch in der Realität ist ihr Lebensmittelpunkt bei ihm in unserem ehemaligen gemeinsamen Haus. Bis heute gibt es nur sehr wenige Frauen, die diesen Schritt gegangen sind, und ich sehe oft entsetzte Gesichter, wenn ich Frauen davon erzähle, dass meine Tochter bei meinem Exmann lebt, auch wenn sie häufig bei mir ist. Das war und ist ein großer Verlust für mich. Doch es bedeutet auch ein enormes Maß an persönlicher Freiheit – ich reise beruflich und privat sehr viel, habe eine astrologische Praxis und bin sehr flexibel darin, meine Zeit mit Menschen oder meiner Forschung zu verbringen. Diese Freiheit besitzen viele alleinerziehende Mütter so nicht. Und wenn ich meine Tochter sehe, verbringen wir stets wunderbare Zeiten miteinander. Zank um Alltäglichkeiten kennen wir praktisch nicht. Das ist eine typische Lilith-Situation: die Ambivalenz zwischen intimer Bindung und dem Streben nach Unabhängigkeit. Es ist ein Leben jenseits des Familienparadieses. Ich liebe mein Leben – aber ein Schmerz darüber, dass ich meiner Tochter nicht selbst ein Heim geben, sie »behüten und bemuttern« kann, ist immer da. Und auch ein Schuldgefühl. Darf ich das, meine Tochter ihrem Vater, einem Mann, überlassen? Sollte sie nicht bei ihrer Mutter sein? Und das Gefühl, eine einsame Entscheidung getroffen zu haben. Ich kenne persönlich nicht eine einzige Frau, die diesen Weg gegangen ist. Tief getroffen war ich, als ich einmal ein Interview mit einer bekannten Schauspielerin las, selbst alleinerziehende Mutter, die sinngemäß sagte: »Also die Tochter beim Vater lassen, das ist doch der ultimative Akt einer Rabenmutter. Das ginge für mich gar nicht!« Das ist mir lange nachgegangen und schmerzt bis heute.

Lilith im Krebs ruft uns auf, die Mutterthematik nicht mit Schuld zu beladen und von überhöhten Ansprüchen zu befreien. Ganz sicher spornt sie uns auch an, weiter für eine bessere Unterstützung der Mütter zu kämpfen. Gerade hier in Deutschland ist das Thema Kinderbetreuung ja noch sehr unterentwickelt. So steht Lilith im Krebs auch für den Kampf der Mütter, die keine vernünftige Betreuungsstruktur vorfinden. Man macht es ihnen schwer, unabhängig zu sein, und redet ihnen ein, sie seien schlechte Mütter, wenn sie ihre Kinder in eine Betreuung geben, statt sie »von Hand« großzuziehen. Dass das Unsinn ist, zeigt ein Blick nach Frankreich oder in andere Länder Europas, wo eine umfassende Kinderbetreuung selbstverständlich ist. Dort wird das Leben keineswegs schlechter, wenn Frauen mehr ihren Interessen folgen können und Kinder betreut werden. Was zählt, ist, dass wir unseren Kindern ein Gefühl der Liebe, Stärke, des Vertrauens und der Kompetenz mit auf den Weg geben können, wie immer dieser Weg auch aussehen mag.« Weißt du, ich find das richtig gut, wie wir das alles zusammen hingekriegt haben«, sagte meine Tochter kürzlich zu mir, als wir noch einmal über die Trennung sprachen. Damals war sie neun Jahre alt und erlebte ihren ersten Lilith-Return. »Jetzt habe ich zwei Welten. Deine Welt ist mehr so die moderne Welt. Und Papis Welt ist mehr so die Waldwelt.« Als ich sie fragte, ob ich das zitieren dürfe, kam spontan: »WAS? O nee! O Gott ... Okay!«

Es ist wirklich interessant, dass Alice Schwarzer, die »Mutter« der Frauenbewegung, ihre Lilith im Krebs hat. Ihr Kampf für die Rechte der Frauen hatte tatsächlich etwas von einer Übermutter, die aggressiv für ihre Töchter kämpft, diese aber auch einschränkt. Die Frauen sollten gleichberechtigt sein, aber darüber hinaus waren die Männer aus Alices Sicht tendenziell böse (sexuelle) Aggressoren. In ihrem Buch *Der kleine Unterschied* beschrieb sie die »Penetration«, also die sexuelle Vereinigung, als unnötig und verzichtbar und riet den Frauen allen Ernstes, sich möglichst auf Petting und ähnliche Techniken zu beschränken – wie eine Mutter, die es nicht erträgt, dass ihre Töchter erwachsen werden. Im Zusammenspiel mit ihrer visionären Schütze-Sonne (Schütze ist die Gerechtigkeit) vermischte sie ihren Kampf um die Gleichberechtigung mit einer emotionalen, bemutternden Einstellung zu den Frauen. Sie hat eine Menge bewegt – aber es ging ihr nicht wirklich um die Entwicklung echter Mann-Frau-Beziehungen auf Augenhöhe. Eigene Kinder hat Alice Schwarzer keine: »Ich hätte ganz sicher die *Emma* nicht machen können, wenn ich Mutter gewesen wäre«, schreibt sie in ihren Memoiren.

Ein weiteres spannendes Beispiel für einen Lebensweg mit Lilith im Krebs ist die wunderbare Astrid Lindgren. Lilith ist in ihrem Horoskop in eine markante, harmonische Konstellation eingebunden und hat in ihrem Werk ganz offenbar einen positiven, glücklichen Ausdruck gefunden, nämlich als Symbol der »wilden Kinder« und des kindlichen Gemüts. Mit ihrer Erfindung des wilden Mädchens »Pippi Langstrumpf« und ihren vielen anderen wunderbaren Kinderbüchern hat die schwedische Autorin die Welt um einige der herrlichsten kindlichen Seelengeschichten bereichert, darunter auch die magische, actiongeladene Geschichte der »Brüder Löwenherz«. Wie keine vor ihr verstand Astrid Lindgren, dem kindlichen Gemüt eine Stimme zu geben. Ihre Bücher und deren kongeniale Verfilmungen haben bis heute nichts von ihrer Kraft und ihrem Zauber eingebüßt. Die Figur ihrer Pippi Langstrumpf trägt deutliche Züge einer furchtlosen, provokanten Jung-Lilith. Teilweise wurden die Geschichten um die wilde, freie »Jungfrau« Pippi sogar als anstößig und gefährlich eingestuft, und man hielt sie von den Kindern fern, weil man ihre provokante Kraft fürchtete.

Von tragischer Schönheit sind Leben und Werk Frida Kahlos. Bei ihr war Lilith direkt mit ihrem Sternzeichen Krebs verbunden und entfaltete sich deshalb mit voller Kraft. Die lebenslange Liebes- und Leidensgeschichte Frida Kahlos hat Frauen auf der ganzen Welt inspiriert und in tiefster Seele berührt. Wenn du über Seelenbilder der Konstellation Lilith im Krebs meditieren möchtest, schau dir Frida Kahlos Bild »A Love Embrace« einmal an. Ohne Worte! Du findest es auf der Website mexicoart.org. Tief in den Lilith-Kosmos kannst du auch eintauchen mit Kahlos Bild »Moses«. In der

Beschreibung des Bildes steht: »Frida Kahlo wurde für dieses Bild inspiriert von einem Essay Sigmund Freuds, der eine Verbindung herstellte zwischen ägyptischer Mythologie, Moses und den Anfängen der monotheistischen Religion.« Damit beschrieb Freud exakt den historisch-seelischen Hintergrund, vor dem sich der Mythos von Lilith als Adams erster Frau abspielte!

Abenteuer und Kreativität

Wie du an der Liste der Persönlichkeiten unten siehst, sind deiner Kreativität und deinen Möglichkeiten keine Grenzen gesetzt. Im Krebs existiert sowohl die Mutter als auch das kreative Kind, das sich sein Staunen immer bewahrt. Lilith will, dass du authentisch bist und deiner Natur folgst. Beides sind Voraussetzungen, um in der Welt eine Spur der Ideen und der Inspiration zu hinterlassen. Dein Weg kann aussehen wie das natürliche Wachsen eines Baumes. Du fängst als zartes Pflänzchen an, aber wenn du deine Ideen hegst und pflegst, werden sie wachsen und Früchte tragen. Das Leben selbst mit seinem Wachsen und Gedeihen, mit seinen Freuden und Schmerzen, inspiriert dich ungeheuer. Sogar leblosen Gegenständen kannst du Leben einhauchen, wie es Kinder tun, denn deine kindliche Fantasie geht dir auch im Erwachsenenalter nicht verloren. Du wirst angetrieben von einer höchst lebendigen Energie, gleich einem Kind, das die Welt entdeckt. Mit Lilith im Krebs ist das Thema Mutterschaft das größte Abenteuer. Dann fühlt man sich hin- und hergerissen im Spannungsfeld zwischen dem Wunsch nach individueller

Freiheit und Selbstausdruck (Lilith) und dem Ruf der Mutterschaft (Krebs). Als ich schwanger war, glaubte ich, als Persönlichkeit »sterben« zu müssen, und hatte schreckliche Angst davor. Doch die Wandlung zur Mutter hat mich stärker und vollständiger gemacht.

Liebe und Beziehungen

Dein Beziehungsabenteuer ist ebenso reichhaltig wie herausfordernd. Es ist von essenzieller Bedeutung für dich, dass du dein Verhältnis zu deiner Mutter bzw. deinen Eltern klärst. Falls du eine unerfüllte Sehnsucht nach Mutterliebe in dir spürst, sei dir bewusst, dass ein Partner dir das, was du dir von deinem Elternhaus gewünscht hättest, nicht ersetzen kann. Auch ein eigenes Kind kann dir das nicht geben. Du musst lernen, die Dinge so zu akzeptieren, wie sie sind, und nicht mit deiner Vergangenheit zu hadern, damit du frei wirst für neue und konstruktive Beziehungen. Lilith im Krebs kann dich kindlich-trotzig machen, sodass du versuchst, diesen Zug in der Beziehung mit einem deutlich älteren Partner auszuleben. Oder du suchst dir umgekehrt einen viel jüngeren Partner, den du dann bemutterst. Das ist alles kein Problem, solange ihr damit glücklich werdet. Doch wenn es nur Ersatz ist, wird das irgendwann herauskommen, und dann beginnt ein schwieriger Prozess der Selbstfindung. Reflektiere viel über deine Beziehungen. Du bist sehr stark und auf eine emotionale Weise dominant. Selbst wenn du dich süß und nachgiebig zeigst, beeinflusst du alle deine Beziehungen in hohem Maße selbst. Es liegt in deiner Hand, sie zu gestalten. Falls du die Männer innerlich verachtest, musst du dich nicht wundern, wenn du keine guten Erlebnisse mit ihnen hast. Es kann mit dieser Konstellation zum Drama um einen Kinderwunsch kommen, deshalb musst du für dich selbst klären, wie wichtig das Thema Mutterschaft für dich ist. Es wäre fatal für dich, wenn du einem Partner oder auch einer Idee zuliebe auf deinen Kinderwunsch verzichten würdest, denn das holt dich irgendwann wieder ein. Besinne dich auf deine Stärke und deine Verantwortung, aber würdige auch die Rolle des Partners und Vaters in deinem Leben, und gib ihm eine Chance, Vertrauen zu fassen und in seine Aufgaben hineinzufinden.

Beruf und Berufung

Du bist nicht unbedingt eine, die zielstrebig und systematisch vorgeht, eher organisch, chaotisch und kreativ. Du gehst möglicherweise lange schwanger mit deinen Ideen, oder es fällt dir schwer, dich auf eine Ausbildung oder einen Beruf einzulassen. Deshalb ist es wichtig, dass du schnell einen Anfang findest und zunächst Erfahrungen sammelst. Du wächst mit deinen Aufgaben, darauf kannst du vertrauen. Wenn du unsicher bist oder dich neu orientieren willst, sind Praktika oder Ehrenämter ideal, um auszuprobieren, ob dir die neue Richtung gefällt. Die Theorie hilft dir nicht weiter, du musst erfühlen und erleben, wie es geht. Du brauchst Kontakt mit Menschen, vor allem Kindern, ob du nun im sozialen Bereich arbeitest, dich gesellschaftlich engagierst, als Psychologin oder Künstlerin oder Mystikerin deinen Weg gehst. Wenn du deine Berufung gefunden hast, wirst du dich persönlich stark einbringen. Du schöpfst aus deiner inneren Quelle und erkennst Zusammenhänge mit deiner Intuition. Dagegen kann es dir schwerfallen, dich zu konzentrieren und den nüchternen Teil deiner Arbeit, etwa den Umgang mit Zahlen, Fakten, wiederkehrende Routinen und dergleichen, zu erledigen. Dein innerer Anspruch, mit Freude und Staunen die Welt neu zu entdecken, ist schnell enttäuscht. Manche mit dieser Konstellation setzen viele Projekte in die Welt, wie Kinder, um die sie sich dann nicht mehr kümmern. Darüber entwickeln sie Schuldgefühle, die sie blockieren. Disziplin aufzubringen und Verantwortung zu übernehmen kann dir schwerfallen. Dann weigerst du dich sozusagen, beruflich »erwachsen zu werden« – dahinter steckt die Angst, die Quelle der kindlichen Kreativität könnte versiegen. Das tut sie aber nicht – im Gegenteil, wenn du sie beschützt, indem du Verantwortung übernimmst, wird sie umso mehr sprudeln!

Lilith im Krebs im Horoskop des Mannes

Ein Mann mit dieser Konstellation ist häufig stark fasziniert vom Mysterium des Weiblichen. Er will es erforschen und mehr darüber herausfinden. Es kann sein, dass er Erfahrungen mit vielen verschiedenen Frauen sucht, was ihn wie einen Don Juan wirken lässt. Letztendlich scheint er aber auf der Suche nach seiner persönlichen Göttin zu sein, die er verehren und auf einen Sockel stellen kann. Ich habe beide Extreme beobachtet: der Mann, der »das Weibliche« in vielen Frauen sucht, oft gleichzeitig, und der Mann, der sich früh bindet und sehr treu ist. Oft steht er im Schatten einer übermächtigen oder ablehnenden Mutter, die sein Beziehungsleben stark beeinflusst hat und immer noch beeinflusst. Im ungünstigsten Fall wird aus der Verehrung der Frau eine vehemente Ablehnung. Vaterschaft interessiert diesen Mann sehr, mehrere Kinder mit mehreren Frauen habe ich mit dieser Konstellation öfter gesehen, ebenso das Gegenteil: Männer, die sich besonders fürchten, Vater zu werden – und dann doch sehr glücklich sind, wenn eine Frau ihnen die Entscheidung abnimmt und einfach schwanger wird. Diese Männer wachsen eben in ihre Aufgabe hinein, in ihren Beziehungen ebenso wie beruflich.

Herausforderung

Es kann dir passieren, dass andere deine natürliche Kraft ausnutzen wollen, indem sie dich vor ihren Karren spannen. Und du bist manchmal zu naiv, um das zu bemerken. Mit Liebe und Versprechungen kann man dich umgarnen und auf einen falschen Weg bringen. Du kannst auch in starke Beziehungsabhängigkeiten geraten, aus denen du nur schwer wieder herausfindest. Im Zeichen Krebs besteht ein Hang, durch Manipulation und emotionales Drama zu erreichen, was man will. Lilith ist dagegen authentisch und direkt. In diesem Spannungsfeld können sich Konflikte entwickeln, die zu großer Frustration führen. Es hilft dir sehr, wenn du immer ehrlich zu dir selbst bist und deine eigenen Spiele durchschaust. Es ist in Ordnung, wenn du nach außen hin nicht jedem zeigst, was in dir vorgeht, denn du bist empfindsam gegenüber den Reaktionen der Menschen. Doch sei dir über deine eigene Kraft und deine Motive bewusst. Übernimm Verantwortung, und wenn dir das schwerfällt, übe dich darin. Das Wissen um die Grundzüge der Psychologie und der Neurobiologie kann dir sehr nützlich sein. Mit dem Gesetz der Resonanz solltest du dich auskennen. Die Macht der Gefühle kann für dich arbeiten oder gegen dich. Es liegt in deiner Hand!

DEINE INSIGNIEN: *Vollmond, Mondrituale, Mondamulette, Mondsteine, Katze, Wölfin, Schildkröte*
GÖTTINNEN: *Mondgöttin Selene, Katzengöttin Bastet*
ORTE: *Küsten und Meere, Italien, Inseln, Bergseen, Waldhaine bei Vollmond*
DEINE LILITH-ZEIT: *22. Juni bis 22. Juli*

Persönlichkeiten mit Lilith im Krebs

Vangelis (Widder) 29.03.1943
Katharine Hepburn (Stier) 12.05.1907
Steffi Graf (Zwillinge) 14.05.1969
Frida Kahlo (Krebs) 06.07.1907
Elizabeth Gilbert, Autorin von Eat Pray Love (Krebs) 18.07.1969
Jennifer Lopez (Löwe) 24.07.1969
Peggy Guggenheim (Jungfrau) 26.08.1898
Michelle Bachelet, ehemalige Präsidentin Chiles, Direktorin UN Women (Waage) 29.09.1951
Astrid Lindgren (Skorpion) 14.11.1907
Martin Scorsese (Skorpion) 17.11.1942
Alice Schwarzer (Schütze) 03.12.1942

Janis Joplin (Steinbock) 19.01.1943
Jeanne d'Arc (Steinbock) 06.01.1412
Charlene von Monaco (Wassermann) 25.02.1978
Charlotte Roche (Fische) 18.03.1978
Nina Simone (Fische) 21.02.1933

Lilith im Löwen / 5. Haus

PLANET: *Sonne*
ELEMENT FEUER: *Mut, Risiko, Begeisterung*
ARCHETYP: *die Pharaonin, die Künstlerin*
THEMEN: *Weg des Herzens – Ringen um Stolz und Würde – innere Einsamkeit – überhöhte Ansprüche – dominante Mutter – Vatertochter – übermächtiger Vater – Suche nach dem verlorenen Vater – Machtkampf – künstlerischer Selbstausdruck – Charisma – Wirkung auf andere – Showtalent – Gefangensein im eigenen Image*
ENTSPRICHT DEM 5. HAUS: *Kreativität, Selbstausdruck, Kunst, Bühne, Spiel, Sexualität, Hier und Jetzt*
ERGÄNZENDER GEGENPOL ZUM ZEICHEN WASSERMANN / 11. HAUS

Lilith im Löwen als Weg

In der Astrologie wird das Zeichen Löwe der Sonne, unserem Zentralgestirn, zugeordnet. Sonne und Mond sind im Horoskop – analog zum Sternenhimmel – die wichtigsten Gestirne. Sie gelten als »Elternpaar« des Horoskops, wobei die Sonne das männliche, der Mond das weibliche Prinzip darstellt, wie ich im Kapitel »Lilith im Krebs« erläutert habe. Dabei symbolisiert die Sonne das Herz und das Selbst des Menschen, seine Würde, sein Selbstbewusstsein und seinen Stolz, im weiteren Sinne auch die Vaterfigur, Autoritätsfiguren, den beruflichen und gesellschaftlichen Lebensweg und den Ehemann. Lilith stößt also im Löwen unmittelbar auf das Prinzip des Patriarchats, der Männlichkeit. Deshalb finden wir mit dieser Konstellation häufig Konflikte mit Vaterfiguren, Autoritäten oder auch »Vatertöchter«, die sich in Konkurrenz zur Mutter sehen, die Verehrung des Vaters als Helden oder im Gegenteil besondere Schwierigkeiten mit dem Vater. Ähnlich verhält es sich auch oft bei einer Sonne-Lilith-Konjunktion, unabhängig vom Sternzeichen.

Doch es gibt auch zutiefst weibliche Verbindungen zur Sonne und zum Symboltier des Löwen, die uns zu einer vollständigeren und ganzheitlichen Interpretation der Löwe-Lilith verhilft. Man findet sie, wenn man sich mit der ägyptischen Mythologie befasst. Die alten Ägypter hatten einen ausgeprägten Sternen- und Sonnenkult. Sie sahen in der Milchstraße ein himmlisches Abbild ihres Leben spendenden Flusses, des Nil. Die Sonne war eine wichtige Gottheit und wurde als Re oder Ra, der Sonnengott, verehrt. Er war Teil eines Pantheons, in dem die weiblichen Gottheiten die tragende Rolle spielten. Das spiegelt sich in dem wundervollen Gleichnis wider, mit dem die Ägypter den himmlischen Rhythmus von Tag und Nacht beschrieben. Demnach wurde die Sonne am Abend von der Göttin Nut verschluckt, deren Körper voller Sterne war und sich als Himmel über die Erde wölbte. Die Sonne wanderte nachts unsichtbar durch den Körper der Göttin und wurde am Morgen aus ihrem Schoß wiedergeboren. Und dieses Ereignis wiederholte sich Tag für Tag.

Die ursprüngliche Allgestalterin der Ägypter war Hathor, die im Laufe der Zeit von Isis abgelöst wurde. Beide sind jedoch Erscheinungsformen der gleichen Göttin, zeitweise auch parallel. Diese Göttin wurde ihrerseits als sanfte, mütterliche Kuh dargestellt oder als wunderschöne Frau mit einer Krone aus Kuhhörnern. Hatschepsut, die einzige ägyptische Pharaonin, die je offiziell geherrscht hat, ließ sich auf einem Bildnis mit der göttlichen Kuh darstellen, die ihr zärtlich die Hand ableckt. Doch die Ägypter verehrten auch die wilde Seite ihrer Göttinnen. Entsprechend wurde Isis auch als Göttin mit einem Löwenkopf dargestellt oder als Sphinx mit dem Körper einer Löwin und dem Gesicht der Göttin. Hatschepsut ließ sich auch als göttliche Sphinx verewigen, um ihre Macht als Pharaonin zu demonstrieren. Wenn du also an Lilith im Löwen denkst, stell dir die ägyptische Göttin als Löwin vor: stolz, frei, wild, gefährlich, begehrend und herrschend. Es gab eine Zeit, da wurde kein Widerspruch darin gesehen, dass eine Göttin ebenso die sanfte, milchgebende Kuh wie die wilde, reißende Löwin war. Die weibliche Kraft durfte beides sein, wild und sanft. Genau wie du!

In der Astrologie geht es im Zeichen Löwe um den schöpferischen Ausdruck unserer Persönlichkeit und um Stolz auf das, was wir hervorbringen: unsere Kinder, unsere kreativen Werke; das, was wir mit unserem Körper zum Ausdruck bringen, etwa Tanz und Sport, unsere Leistungen und unseren gesellschaftlichen Beitrag. Wir drücken unsere Freude am Leben aus, indem wir selbst kreativ sind, und zeigen, was in uns steckt. Dadurch reißen wir andere mit, ihre eigene Kreativität auszuleben. Die Begriffe Stolz und Ehre haben hier ihr Zuhause. Im Löwen wollen wir etwas leisten, erzeugen und ausdrücken, worauf wir stolz sein können. Hier kann man uns »bei der Ehre« packen. In diesem Zusammenhang ist interessant, dass die christliche Kirche den »Stolz« als ein schweres Laster (im Sinne von Hochmut und Eitelkeit) definiert. Dennoch ist Stolz als Eigenschaft und Begriff auch sehr beliebt. Es kommt ganz auf den Zusammenhang an. So sind wir bereit, einem schönen, kraftvollen und wilden Tier »Stolz« zu unterstellen, einfach weil es schön und furchtlos ist.

Das Gefühl, stolz zu sein gehört, anders als Zorn, Freude, Trauer, Angst und Scham, nicht zu den Uremotionen, die wir schon als Baby mitbringen.[24] Stolz scheint eine Errungenschaft zu sein, die mit Kultur zu tun hat. Also ist ein schönes, wildes Tier gar nicht stolz, es ist einfach nur so, wie es ist, und dafür bewundern wir es. Wir interpretieren die Körpersprache als stolz, so wie bei einem geschmeidigen Löwen, der sich nicht zu fürchten braucht, weil alle ihn fürchten. Er bewegt sich weder hektisch noch ängstlich, muss sich nicht ducken oder verstecken. Deshalb wirkt er stolz. In der Astrologie steht der Löwe für Selbstbewusstsein, für ein Gefühl, »nichts zu fürchten« zu haben, und für eine natürliche Würde. Besonders bewundern wir Helden, die auch in schwierigen, unterdrückenden Situationen ihr Selbstbewusstsein und ihre Würde nicht verlieren. So wie Lilith, die sich Gott nicht unterwerfen wollte und seine Strafen furchtlos auf sich nahm. Ihr Verhalten wird gemäß dem Mythos häufig als stolz und willensstark beschrieben und interpretiert. Ich denke, wir liegen richtig, wenn wir Liliths Wesen und Wirken als den Wunsch verstehen, der eigenen Natur zu folgen und sich auszudrücken, egal, was gesellschaftliche Konventionen verlangen. Insofern ist Liliths vermeintlicher Stolz eher ein Ausdruck ihrer Authentizität und ihrer Kompromisslosigkeit.

Löwe-Geborene, häufig auch Menschen mit Löwe-Aszendent, sehnen sich nach Anerkennung und Respekt, möchten in ihrer Würde bestätigt werden und als Autorität gelten. Das

Thema Eitelkeit kann hier einen großen Raum einnehmen, wenn man versucht, die Attribute der Würde und Anerkennung vor allem über Äußerlichkeiten zu erreichen. Wenn Lilith im Zeichen Löwe steht, geht es häufig um das Thema Stolz und Würde, verbunden mit der Angst, zurückgewiesen oder gedemütigt zu werden. Eitelkeit um Äußerlichkeiten ist Lilith eher fremd – wohl aber ist die Ankerkennung ihrer Würde und ihrer Natur ein Thema. Tatsächlich gelingt es vielen Persönlichkeiten mit Lilith im Löwen, sich Respekt zu verschaffen, häufig durch enorme kreative Schaffenskraft. Lilith im Löwen verleiht meist großes Charisma. Und manchmal scheinen sie der Meinung zu sein, dass ihre Persönlichkeit allein genügen müsse, um respektiert zu werden, egal, welche Leistung dahintersteht. Genau das kann sich aber auch als Vorurteil gegen sie kehren. Dann wirft man ihnen vor, nur ihre Persönlichkeit ins rechte Licht rücken zu wollen, während ihre tatsächliche Leistung kaum noch wahrgenommen wird. Im ungünstigen Fall kann Lilith im Löwen anzeigen, dass man sich mit Gefühlen von Stolz und Würde überhaupt nicht identifizieren kann. Hier können Erlebnisse in der Kindheit großen Schaden anrichten, wenn ein Kind keine eigene Würde entwickeln durfte, denn mit Lilith im Löwen ist man diesem Thema gegenüber besonders sensibel. Die Folge ist dann ein tiefes Misstrauen gegenüber allen Gefühlen von Selbstbewusstsein. Man verliert sein natürliches Empfinden dafür, was einem zusteht. Ein besonders tragisches Beispiel hierfür ist die unvergessene Marilyn Monroe, die mit Lilith im Löwen am Aszendenten ein Charisma besaß, mit dem sie die ganze Welt in ihren Bann schlug. Nicht nur, dass darüber ihre beachtliche schauspielerische Leistung in den Hintergrund geriet – es gelang ihr auch nie wirklich, ein Gefühl von Würde und Stolz für sich selbst zu entwickeln. Doch ihr Charme ist bis heute unsterblich. Eine Ikone der Schriftstellerinnen ist Jane Austen. Sie verewigte zwei bedeutende Themen von Lilith im Löwen im Titel ihres Erfolgsromans *Stolz und Vorurteil*. Diese Geschichte aus dem Jahre 1813 ist bis heute ein Bestseller und wurde von Hollywood verfilmt. Im Horoskop vieler berühmter Persönlichkeiten, die Großes vollbracht und darüber hinaus auch als Persönlichkeiten Geschichte geschrieben haben, steht Lilith im Löwen. Wie kaum eine andere Position scheint sie die künstlerische oder persönliche Kreativität zu fördern.

Abenteuer und Kreativität

Inszeniere dein Leben! Wenn deine Lilith im Löwen steht, bringst du wahrscheinlich große gestalterische Kräfte mit. Du kannst auch einen ganz normalen Job in eine Bühne verwandeln, auf der du deinen Auftritt hast. Wenn es dramatisch zugeht, fühlst du dich wahrscheinlich sogar in deinem Element. Wenn du zu denen gehörst, die zunächst Probleme damit haben, Selbstbewusstsein aufzubauen und sich selbst zu lieben, erforsche die Ursachen. Finde heraus, wo und wie man dir den Zugang zu deinem Stolz und deiner Würde verwehrt hat, und erobere ihn dir zurück. Dabei kann es dir sehr helfen, die Glaubenssätze, die dich vielleicht abhalten oder dir den Weg zu deinem eigenen Herzen versperren, aufzuspüren und zu verändern. Tu Dinge, auf die du stolz sein kannst. Wenn es dir unheimlich ist, dich selbst zu würdigen, setze dich für eine gute Sache ein. Musizieren, Malen, Tanzen oder die Schauspielerei sind gute Wege für dich. Finde deine persönliche Kreativität. Du kannst eine ganze Welt erschaffen. Schreib auf, was dich bewegt, oder male oder tanze es. Wenn du dir die Liste der Persönlichkeiten mit Lilith im Löwen anschaust, siehst du schon: Es ist immer ein Element der Show dabei. Du hast Charisma. Setze es ein, aber folge dabei deinem eigenen Herzen. Lass dich nicht von anderen verheizen oder provozieren. Zuerst muss dein eigenes Gefühl von Stolz und Würde stimmen, erst dann kannst du die Welt aus den Angeln heben. Falls du misstrauisch bist oder besonders kritisch gegenüber der Kreativität anderer Menschen, ist das ein Hinweis darauf, dass dein eigenes Herz noch verletzt ist. Wenn du dich frei fühlst und dich auch für andere begeistern kannst, bist du auf einem guten Weg.

Liebe und Beziehungen

Wahrscheinlich machst du die Männer- und Beziehungswelt ganz kirre mit deinem Charme und Charisma. Romantik und Drama ziehen dich magisch an. In deinen Beziehungen geht es häufig um Herrschaftsanspruch und Dominanz. Tief im Inneren weißt du, dass du etwas ganz Besonderes bist, und wünschst dir jemanden, der das sieht und anerkennt. Du sehnst dich wahrscheinlich nach einem echten Kerl, einem Helden, zumindest nach einem Partner, den du für seine Kompetenz und Souveränität bewundern kannst. Und wenn du ihn dann findest, gibt es häufig einen Kampf darum, wer die Macht hat. Andererseits kann es dir passieren, dass ein

Mann zwar von dir fasziniert ist, aber auch Angst vor dir hat. Ideal für dich ist eine Partnerschaft auf Augenhöhe. Dazu musst du auch selbst beitragen, indem du dich fragst, was du einbringen kannst, und dich nicht hinter deinen Ansprüchen versteckst. Ich kenne einige Damen mit dieser Konstellation, die lieber allein leben, als sich auf einen Partner mit Macken und Schwächen einzulassen. Mit Lilith im Löwen kann eine auch den Weg gehen, mehrere Liebhaber um sich zu scharen, die zur Stelle sind, wenn sie es wünscht. Das kann funktionieren, doch wenn sie in Wirklichkeit Sehnsucht nach dem einen hat, der es mit ihr aufnehmen kann, ist es nur ein Ersatz. Umgekehrt kann es auch sein, dass du deine eigene Stärke nicht findest, und dein Partner soll dich stark machen. Für dich ist es das Beste, wenn du einen Partner findest, der großzügig und neugierig ist. Sei bereit, gemeinsam mit ihm zu wachsen. Da die Löwekraft im Herzen wohnt, wird euch echte, großzügige Liebe den Weg weisen. Müttern mit Lilith im Löwen tut es gut, die »Löwenmutter« in sich zu entwickeln. Man findet mit dieser Konstellation dramatische Muttergeschichten. Mancher fällt es schwer, dem Kind das Zepter zu übergeben, wenn die Zeit gekommen ist. Denk an die Queen, die ihren Thron nicht räumen will. Und an das Drama um Lady Diana, die auch ihre Lilith im Löwen hatte! Wenn es dir nicht gelingt, echte Liebe zu entwickeln oder in dein Leben zu ziehen, ist auch das ein Hinweis darauf, dass es noch etwas an deinem Herzen zu heilen gibt.

Beruf und Berufung

Du bist nicht unbedingt das, was man einen »dienstbaren Geist« nennt. Du fällst auf und brauchst Anerkennung. Selbstverständlich wirst du Anweisungen befolgen und dich einsetzen – aber nur, wenn du von einer Sache oder einem Projekt überzeugt bist. Eine liebe Freundin mit Lilith im Löwen war als Chefsekretärin erfolgreich. Ihr Chef war ein starker, allerdings auch cholerischer Charakter. Sie geigte ihm unerschrocken die Meinung, wenn sie sich kujoniert fühlte, bis sie eines Tages das Telefon aus dem Fenster warf und kündigte. Er wollte sie sogar wiederhaben! Doch sie rauschte erhobenen Hauptes aus dem Büro und suchte sich eine neue Arbeit. Ich wollte dir an diesem Beispiel nur zeigen: Im Berufsleben ist es wichtig für dich, dass du viel Gestaltungsspielraum hast und dass man dir nicht dauernd in deinen Bereich hineinredet. Das führt nämlich auf die Dauer zu Frust und psychosomatischen Erscheinungen. In dir steckt eine Drama-Queen, und wenn du dich herumgeschubst fühlst, wirst du krank. Andererseits bist du großartig darin, etwas Eigenes aufzubauen. Wenn du selbst Chefin sein kannst, ist das ideal, am besten in einem kreativen Beruf. Dann genügt ein Blick von dir, und alle spuren. So wie bei Schauspielerin, Regisseurin und Drehbuchautorin Julie Delpy, die von sich sagt: »Ich kann ganz schön Angst machen. Ich weiß genau, wie ich da gucken muss, ich bin schließlich Schauspielerin!«

Lilith im Löwen im Horoskop des Mannes

Männer mit Lilith im Löwen sind häufig richtige Prachtexemplare. Männliche Typen, die sich nehmen, was sie wollen, oder die einfach mit ihrem Charisma so blenden, dass du sämtliche guten Vorsätze der Gleichberechtigung vergisst. Bei ihm möchtest du Prinzessin sein! Doch dieser Mann liebt eher die starke, kratzbürstige Frau – das ist jedenfalls der Anspruch, den er zur Schau trägt. Ob er die Konsequenz davon auch leben kann, steht auf einem anderen Blatt. Seine eigene Stärke kann zu einem ausgeprägten Machtanspruch führen. Es ist leichter, mit einem solchen Mann auszukommen, wenn er die Nummer eins sein kann. Er liebt das Drama und den großen Auftritt und möchte meistens auch eine große Familie um sich scharen. Je nachdem, wie das übrige Horoskop aussieht, hat er Führungsqualitäten oder leistet Pionierarbeit. In der Liebe sieht er sich als Ritter und Held, aber bei der Hausarbeit zu helfen entspricht weniger seinem Charakter. Eher wird er eine Haushaltshilfe spendieren, als selbst abzuspülen! Wenn du seiner Faszination erliegst, wirst du immer um die Partnerschaft auf Augenhöhe ringen müssen.

Herausforderung

Mit Lilith im Löwen ist das Heldenthema für dich so wichtig, dass du darüber die Realität aus den Augen verlierst. Dann lässt du dich blenden, und man kann dir schmeicheln, um dich einzufangen. Entspricht ein Mann deinem inneren Bild des Helden, lässt du dir ziemlich viel von ihm gefallen, auch wenn es dich im Grunde schwächt. Achte da auf dich! Löwe ist das Prinzip des Herzens und der Würde. Wenn jemand mit dir umspringen kann, dann weil dein Selbstwertgefühl irgendwann in deiner Biografie verletzt worden ist. Es ist von größter Wichtigkeit, dass du dein inneres Gefühl von Würde und Ehre in dir selbst findest. Umgekehrt kann es auch sein, dass du dein Heil in einer arroganten Haltung suchst. Du glaubst, anderen überlegen zu sein, sodass sich ein Einlassen gar nicht lohnt. Oder du probierst es aus, wendest dich aber schnell wieder ab, wenn nicht alle deine Anforderungen erfüllt werden, was dich einsam machen kann. Stärke dein Herz, zum Beispiel durch Herzmeditationen, die Pflege von Freundschaften, die Aussöhnung mit deinen Ahnen, Vergebung üben, Schwächen zulassen, Kontakt mit Kindern.

DEINE INSIGNIEN: *Gold – als Schmuck, Essenz, Farbe, Sonnenuhr, Sphinx, Raubkatze, Katze, Zikade, Araberpferd*

GÖTTINNEN: *Isis als löwenköpfige Göttin, Amaterasu, die japanische Sonnengöttin*

ORTE: *sonnige Länder, die Wüste, Spanien, Argentinien*

DEINE LILITH-ZEIT: *23. Juli bis 22. August*

Persönlichkeiten mit Lilith im Löwen

Barbara Wussow (Widder) 28.03.1961
Jean-Paul Gaultier (Stier) 24.04.1952
Adele (Stier) 05.05.1988
Queen Elizabeth II. (Stier) 21.04.1926

Marilyn Monroe (Zwillinge) 01.06.1926
Ernest Hemingway (Krebs) 21.07.1899
Prinzessin Diana (Krebs) 01.07.1961
Mick Jagger (Löwe) 26.07.1943
Barack Obama (Löwe) 04.08.1961
Clara Schumann (Jungfrau) 13.09.1819
Agatha Christie (Jungfrau) 15.09.1890
Brigitte Bardot (Waage) 28.09.1934
Pablo Picasso (Skorpion) 25.10.1881
Jane Austen (Schütze) 16.12.1775
Julie Delpy (Schütze) 21.12.1969
Simone de Beauvoir (Steinbock) 09.01.1908
Marlene Dietrich (Steinbock) 27.12.1901
Elvis Presley (Steinbock) 08.01.1935
Natascha Kampusch (Wassermann) 17.02.1988
Virginia Woolf (Wassermann) 25.01.1882
Michelangelo (Fische) 06.03.1475

LILITH IN DER JUNGFRAU / 6. HAUS

PLANET: *Merkur*
ELEMENT ERDE: *Sicherheit, Ergebnisse, Manifestation*
ARCHETYP: *die Tempelpriesterin*
THEMEN: *Jugendlichkeit – Unabhängigkeit – Forschergeist – weibliche Spiritualität – heilige Sexualität – Zwänge – Ängste vor Krankheiten und Gebrechen – Krankheit als Weg – Medizinkultur – Hexenwissen – Heilen – Sterbehilfe – Fürsorge – Nahtod – Sprache des Körpers – Erkenntnis*
ENTSPRICHT DEM 6. HAUS: *Anpassung, Notwendigkeiten, Dienst, Heilung, Nahrung, Krankheit / Gesundheit*
ERGÄNZENDER GEGENPOL ZUM ZEICHEN FISCHE / 12. HAUS

Lilith in der Jungfrau als Weg

Lilith in der Jungfrau ist ein sehr komplexes Thema. Es weist eine deutliche Verbindung zur heiligen weiblichen Dreifaltigkeit auf, nämlich dem Aspekt der »Jungfrau« als junger, heranwachsender Frau. Ich habe das ausführlich im Kapitel »Die heiligen Phasen des Frauenlebens« unter »Jungfrau und Priesterin« dargestellt. In der Astrologie wird das Zeichen Jungfrau, genau wie die Zwillinge, vom Planeten Merkur beherrscht, verbunden mit dem Element Erde. Die Magie der Worte findet auch hier ihren Ausdruck. Jungfrau-Geborene haben häufig große geistige Fähigkeiten, lernen schnell und finden sich überall zurecht. Die Anpassung an die Notwendigkeiten des Lebens ist ein großes Jungfrau-Thema – Planen, Organisieren, ein Interesse für alles Körperliche, Gesundheit und Heilung und ein Bedürfnis nach Sicherheit. Merkur kann man auch hier in seiner androgynen Natur, einer Neutralität zwischen den Geschlechtern verstehen. Psychologisch steht er für Jugendlichkeit und sexuelle Unentschiedenheit, also die Zeit bis zur Pubertät und die Pubertät selbst. So kann Merkur das Thema »Jungfrau sein, jungfräulich sein« durchaus beschreiben, wenn man es als Unbeschwertheit der Kindheit und Jugend versteht, bevor die Schwierigkeiten der Liebesbeziehungen und der Verantwortung für den Nachwuchs im Leben Einzug halten. Im Zeichen Jungfrau werden zudem die Themen des sechsten astrologischen Hauses immer mitgedeutet, als Bereitschaft zur Bescheidenheit, zum Dienen und zur Anpassung, als heilerische Begabung, bei der das Ego in den Dienst der Sache gestellt wird. In vieler Hinsicht sind das Gegensätze zur Figur der Lilith, die sich ihrer göttlichen Herkunft bewusst und keineswegs bereit ist, einer männlich orientierten Gesellschaft zu dienen. Planen und Organisieren sind nicht ihre Spezialgebiete. Sie fliegt davon, wenn ihr Lebensraum bedroht ist. Sie ist im Gegensatz zum Jungfrau-Zeichen nicht bereit und willens, sich anzupassen. Dennoch gibt es auch hier bedeutende gemeinsame Themen. Die Jungfrau ist ein sehr körperbetontes Zeichen. Der Körper als Tempel der Seele, den man mit der richtigen Nahrung, Sport, Sexualität und Berührung unterstützen muss, das liegt auch auf Liliths Linie. Auch in ihrer Naturverbundenheit passt die Jungfrau zur Lilith. Darüber hinaus hat Lilith auch eine Verbindung zur weiblichen Dreifaltigkeit und deren Aspekt der unabhängigen starken Jungfrau. Das erweitert die Deutung um eine spannende Dimension! Um »Lilith in der Jungfrau« voll zu integrieren und zu verstehen, müssen wir den ganzen

Komplex der urgöttlichen »Jungfrau« und der kirchlich umgedeuteten »Jungfräulichkeit« mit einbeziehen. Lilith zeigt uns den Weg zu einem neuen Verständnis der Göttinnenkulte und der wahren Bedeutung des Begriffs »Jungfrau«: eine junge, unabhängige Frau und Tempelpriesterin, die um die Geheimnisse der heiligen Sexualität wusste. Und das ist noch nicht alles. In dieser Konstellation ist auch unsere kulturelle Prägung durch die Geschichte der beiden Marien, der heiligen Maria und der sündigen Maria Magdalena, sehr präsent.

So beschreibt Lilith in der Jungfrau oft das Phänomen, dass eine Frau beides in sich trägt, die Heilige und die Sünderin. Wenn sie innerhalb ihrer Beziehung nicht beide Seiten ausleben kann, wird sie es als ihr Recht betrachten, fremdzugehen, um sich mit »sündigen« Erfahrungen zu sättigen. Der Themenkreis des »Reinen« versus des »Sündigen« ist hier stark angesprochen. So kann eine Frau mit Lilith in der Jungfrau nach außen hin die brave, biedere und verheiratete Frau geben, daneben aber ein geheimes, reiches Liebesleben mit mehreren Liebhabern führen. Nie vergesse ich die Klientin mit Lilith in der Jungfrau, die zu mir kam, weil sie in einem Liebesdilemma steckte. Sie war schon älter und noch mit sehr rigiden Moralvorstellungen groß geworden. »Lieben Sie Ihren Mann denn?«, fragte ich sie. »Ja, sehr!«, beteuerte sie. »Aber der Sex mit ihm erfüllt mich nicht, und es passiert auch viel zu selten, weil er so viel unterwegs ist ...« Und sie schilderte mir, dass sie noch so viel Lust empfände und sehr frustriert sei. Ich fragte vorsichtig: »Könnten Sie sich vorstellen, einen Geliebten zu haben?« Da leuchteten ihre Augen, und sie beichtete sie mir, es sei bereits etwas im Gange. Sie hatte einen aufregenden Mann kennengelernt, und es bahnte sich eine Liebesgeschichte an. Es hat sich mir unauslöschlich eingeprägt, wie erleichtert und glücklich diese Frau war, als ich ihr sozusagen die Schuld »erließ«, indem ich sagte: »Wenn Ihr Mann Ihnen das nicht geben kann oder will, ist es Ihr gutes Recht, es mit jemand anderem auszuleben. Solange er es nicht erfährt und Sie glücklich dabei sind ...« »Sie meinen, ich brauche kein schlechtes Gewissen zu haben?«, fragte sie aufgeregt. »Nein«, erwiderte ich. »Ich bin der Meinung, eine Frau sollte sich nehmen, was sie braucht. Außerdem ist damit jedem gedient. Sie fühlen sich besser und als begehrenswerte Frau, davon profitiert auch Ihr Mann, und Ihr Lover kann sich glücklich schätzen, eine tolle, erfahrene Frau wie Sie beglücken zu dürfen!« Meine Klientin war glücklich und begeistert. Sie hat es genau so gemacht und war rundum zufrieden damit. Übrigens bin ich der Meinung, dass genau dasselbe auch umgekehrt gilt. Es ist tragisch, mitanzusehen, wie viele Frauen ihren Männern irgendwann erklären, sie hätten kein Interesse mehr am Sex – aber erwarten, dass der Partner selbstverständlich trotzdem treu bleibt. Damit tun sich die Frauen keinen Gefallen! Und sie verschließen die Augen davor, dass man einem anderen Menschen – auch wenn es der eigene Ehepartner ist – ein Zölibat nicht aufzwingen darf, weil man selbst keine Lust mehr auf Sex hat. Dass es dafür natürlich Gründe gibt, ist mir bewusst. Doch es ist keine Lösung, sich zurückzuziehen und den Partner mit diesem Problem allein zu lassen. Wie man es auch löst, Gleichberechtigung muss hier selbstverständlich in beiden Richtungen funktionieren!

Ich selbst habe im Horoskop Lilith in der Jungfrau. Als ich durch meine Studien begriff, was »Jungfrau« wirklich bedeutet, war für mich klar: Ich muss in mindestens einem meiner früheren Leben eine Tempelpriesterin der großen Göttin gewesen ein. Sexualität war für mich immer etwas besonders Schönes, Wunderbares, ja, Heiliges. Durch die mythologische Erforschung der Lilith habe ich hier meine Heimat gefunden, die Rückverbindung an die göttliche Weiblichkeit, die ich immer gesucht hatte. »Religion« heißt »Rückverbindung«. Lustvollen, freien, kreativen Frauen kann das Christentum keine »Religion«, keine Rückverbindung zu einer lebensbejahenden, lustfreundlichen spirituellen Haltung bieten. Deshalb ist es so wichtig, dass wir selbst in die Geschichte eintauchen und die spirituelle Kraft der Göttin wiederfinden.

Abenteuer und Kreativität

In dir steckt eine Forscherin, Priesterin, Muse und Künstlerin, eine, die Herzen berührt und verzaubert. Du fühlst dich vielleicht manchmal, als wärst du von einem anderen Planeten – von einem Planeten, auf dem man mit der Natur tief verbunden ist, wo Sex heilig ist und wo man mit einem Lächeln stirbt. Du bist sensibel und schlau und eine Wegweiserin. Der Körper ist für dich ein Tempel der Seele, und du verstehst, dass der Weg zu wahrer Spiritualität über den Körper führt, dass es keinen Sinn hat, unser »Körpertier« mit all seinen wilden Gefühlen und Gelüsten abzulehnen. Männer findest du faszinierend und möchtest sie erforschen – oder du lehnst sie zunächst kategorisch ab, näherst dich ihnen aber dann doch langsam und vorsichtig. Schmutz, Wunden, Gerüche, Schmerz, Dunkelheit, kurz, alles Hässliche und oder

Ekelerregende, fürchtest du sehr, und doch weckt es deinen Forschergeist. Deine Neugier und dein Drang, den Kern der Dinge zu verstehen, sind größer als deine Ängste. Egal, ob Männer, Medizin, Kunst, Kultur oder Reisen: Du lässt nicht nach, bis du das Wesen der Dinge von Grund auf verstanden hast. Und wenn es so weit ist, willst du hingehen und es mit anderen teilen, anderen helfen und setzt dich dafür ein, dass auch sie es begreifen. Du gehst keiner Krise aus dem Weg, denn du weißt, dass du gehäutet und gewandelt und mit mehr Weisheit daraus hervorgehen wirst. Auch großes Leid kann nicht deinen inneren, reinen Kern verletzen. Deine innere Verbindung zur Großen Göttin, zum Leben selbst, ist immer da.

Liebe und Beziehungen

Du gehörst niemandem, außer vielleicht der Göttin, also deiner eigenen weiblichen Natur. Wenn du dich für einen Mann entscheidest, dann weil du es willst. Es wirkt sehr anziehend auf Männer, wenn sich eine Frau eine innere Unabhängigkeit bewahrt und er spürt, dass sie ihn erwählt hat. Das ist das Thema der Tempelpriesterin: Wenn sie sich einem Mann schenkt, dann nicht, damit sie ihm gehört. Sondern weil dadurch beide eine heilige Verbindung zur Göttin eingehen, die als Sinnbild für das Leben selbst steht. Für dich ist es wahrscheinlich sehr wichtig, dass es einen schönen Rahmen für die Sexualität gibt. In Tantraritualen ist es selbstverständlich, dass die Partner vorher ausgiebig baden und sich reinigen, den Körper salben und Duftessenzen benutzen.

Tatsächlich kann es mit Lilith in der Jungfrau sehr wichtig werden, dass der Partner als appetitlich und sauber wahrgenommen wird. Wenn du spürst, dass dir die Lust vergeht, weil dein Partner es mit der Körperhygiene nicht so genau nimmt, solltest du das ernst nehmen und ansprechen. Im ungünstigen Fall kann diese Horoskopstellung anzeigen, dass man gehemmt ist, weil die Reaktionen des Körpers mit seinen Säften und Gerüchen als peinlich empfunden werden. Praktischer Tipp: Erotische Spiele in der Badewanne oder unter der Dusche beginnen!

Wenn du dich vom Thema »Heilige und Sünderin« angesprochen fühlst, probiere beide Spielarten aus. Lass dich auf keinen Fall in nur eine Rolle drängen, was dir durchaus passieren kann, weil du wahrscheinlich etwas Schönes, Reines ausstrahlst. Viele Frauen mit Lilith in der Jungfrau wirken sehr attraktiv und sprechen den Beschützerinstinkt im Mann an, der sich dann wundert, dass er es mit einer äußerlich sanften, aber innerlich wehrhaften Amazone zu tun bekommt! Achte darauf, dass du keine Signale aussendest, die zu Missverständnissen führen. Es kann sehr gut sein, dass sich Männer schnell und heftig in dich verlieben, aber auch ebenso schnell wieder Reißaus nehmen, wenn sie dich näher kennenlernen. Versuche dann nicht, dich zu verbiegen, um ihnen zu gefallen. Stehe zu der Kraft, die in dir steckt, genauso wie zu deiner verletzlichen Seite. Denk nicht zu viel darüber nach, was dein Partner meinen könnte, sondern sprich aus, was du willst. Manchmal ähnelst du der pingeligen Prinzessin, der keiner gut genug ist. Doch lass dich davon nicht verunsichern. Auch wenn es einige Fehlversuche fordern mag, ehe du wirklich überzeugt bist, dass jemand zu dir passt: Du wirst wissen, wann es so weit ist.

Und du wirst für deinen Partner immer spannend bleiben. Wenn du zu denen gehörst, bei denen sich hinter einer unschuldigen oder spirituellen Fassade mehrere Liebhaber tummeln, lass eventuelle Schuldgefühlen los. Du bist für jeden deiner Liebhaber ein Geschenk. Du brauchst kein schlechtes Gewissen zu haben!

Beruf und Berufung

Es ist für dich nicht schwer, etwas zu finden, was du gern tust, denn wenn du willst, erfasst du das Wesen der Dinge sofort. Wenn eine neue Aufgabe ansteht, auf die du Lust hast, nimm sie an. Lernen, wie es geht, kannst du immer noch, denn dein Geist ist schnell wie der Wind! Es kann auch gut sein, dass erst eine tiefe Krise deinen wahren Beruf und Berufung in dir hervorbringt. Wie bei Louise Hay. Die schöne Waage-Frau war zunächst Model und sehr erfolgreich. Dann ließ eine Krebserkrankung ihre Welt zusammenbrechen. Sie stieg tief ein in die Mysterien der Heilung, der Selbstheilung und der Wunder unserer Körperlichkeit. Sie heilte sich selbst und teilt ihr Wissen heute mit allen, die Heilung suchen und dafür bereit sind, den Tempel ihres Körpers zu reinigen und zu lieben. Elisabeth Kübler-Ross, Vorreiterin für ein neues Verständnis von Tod und Sterben, wird zitiert: »Ich habe das Sterben von der Toilette geholt.«[25] Ein harter, direkter Lilith-in-der-Jungfrau-Satz, der auf den Punkt bringt, wie unsere Gesellschaft mit dem Tabuthema Tod umgeht. Kübler-Ross war auch eine der Ersten, die in ihrem Buch *Interviews mit Sterbenden* das Thema Nahtoderlebnis einer breiten Öffentlichkeit zugänglich machte. Die Jungfrau-Themen Heilen, Dienen und Helfen werden mit Lilith in der Jungfrau zu etwas Revolutionärem und Provokantem. So kann es auch dir passieren, dass du bloß helfen willst, aber andere sich dadurch provoziert fühlen. Lass dich davon nicht einschüchtern. Auch wenn es eine Weile dauert – wenn du von einer Sache überzeugt bist, werden dir diejenigen folgen, die den Wert deiner Gaben erkennen. Geh in dem Bewusstsein durch die Welt, wie wichtig dein Beitrag ist – gerade jetzt, wo Regulus, der Königsstern, in der Jungfrau erstrahlt und der ganzen Welt verkündet, dass es Zeit wird, sich wieder mit den Kräften der Natur zu verbinden. Du bist ganz vorn mit dabei!

Lilith in der Jungfrau im Horoskop des Mannes

Es liegt auf der Hand, dass ein Mann mit Lilith in der Jungfrau auch mit den Themen Unschuld bzw. Sünde konfrontiert wird. Er sucht die große »Reinheit« in der Partnerin, die er auf einen entsprechend hohen Sockel stellt. Wenn er der Überzeugung ist, die Richtige gefunden zu haben, kann er sie über alles verehren und auch an der Beziehung festhalten, wenn es ihm oder beiden gar nicht guttut. Oder die Partnerin soll eine bestimmte Aufgabe im gemeinsamen Leben erfüllen, ein sauberes Image nach außen vermitteln, was auch ihn besser aussehen lässt. Interessant ist hier das Beispiel von Tom Cruise (Löwe mit Lilith in der Jungfrau), der seine Ehe mit Katie Holmes in den Dienst der Scientology-Sekte stellte und seiner Frau strenge Vorschriften machte. Dabei dürfte es um bestimmte »Reinheitsgebote« gegangen sein, inklusive Verträgen, die sie einzuhalten hatte, um den rigiden Regeln der Sekte zu entsprechen. Die schöne deutsche Wendung »mit sich im Reinen« sein ist hier sehr aufschlussreich. Ist der Mann mit Lilith in der Jungfrau nicht mit sich im Reinen, wird er seine eigenen Probleme an der Partnerin wahrnehmen und verurteilen – und Verbotenes oder Verdrängtes heimlich ausleben. Ähnlich wie Frauen mit Lilith in der Jungfrau, stellen auch die Männer oft eine biedere Fassade zur Schau, hinter der sich sexuelle Geheimnisse verbergen, etwa regelmäßige Besuche auf Seitensprung-Portalen oder eine Geliebte.

Herausforderung

Dienen, Anpassung, Planen und Organisation können zu einer großen Herausforderung für dich werden. Diese Themen sind im Jungfrau-Zeichen essenziell, und Lilith lehnt sie ab. Daher kann ein wesentlicher Kampf in deinem Leben genau darum gehen. Du schwankst zwischen den Extremen Selbstaufgabe und Selbstbehauptung. Man kann dich dazu bringen, eine Schichtarbeit anzunehmen, bei der du deinen Körper missachtest, oder du opferst Karrierechancen, damit du nicht vor 10.00 Uhr aufstehen musst. Du kannst ganz und gar egoistisch sein – oder dich komplett für andere einsetzen und so bescheiden sein, dass andere gar nicht mitbekommen, was du wirklich leistest. Die Kontrolle über dein Leben kann dir entgleiten. Tief in dir bist du sicher, dass für dich gesorgt ist – doch harte Erfahrungen zeigen dir, dass du nicht ohne

Pläne und Organisation auskommst. Du wirst einen guten Mittelweg finden müssen zwischen den Anforderungen der Anpassung und deinem persönlichen Lebensrhythmus. Es kann dir sehr helfen, die Biografien interessanter Persönlichkeiten mit Lilith in der Jungfrau zu studieren. Wie haben sie es gemacht? Mein Lieblingsbeispiel ist hier ein Mann: Bergsteiger Reinhold Messner, Sternzeichen und Lilith in der Jungfrau. Er hat einen wundervollen Weg gefunden, Organisation, Anpassung und persönliche Disziplin mit seinem authentischen Herzensziel zu verbinden.

DEINE INSIGNIEN: *weißer Hirsch, Jagdhund, Kornähre, Pfeil und Bogen, Schlüssel, Lupe, Botticellis Gemälde »Primavera«*
GÖTTINNEN: *Jagdgöttin Diana, Demeter, Göttin der Ernte*
ORTE: *Toskana, Vogesen, reifes Kornfeld, Kräutergarten*
DEINE LILITH-ZEIT: *23. August bis 22. September*

Persönlichkeiten mit Lilith in der Jungfrau

Bettina von Arnim (Widder) 04.04.1785
Betty Ford (Widder) 08.04.1918
Melanie Klein, Pionierin der Kinderpsychoanalyse (Widder) 30.03.1882
Emma Jung, Ehefrau von C. G. Jung und selbst Psychoanalytikerin (Widder) 30.03.1882
Florence Nightingale, Begründerin moderner Gesundheitsfürsorge (Stier) 12.05.1820
Sigmund Freud (Stier) 06.05.1856

Eve Ensler, Autorin der *Vagina-Monologe* (Zwillinge) 25.05.1953
Benazir Bhutto (Zwillinge) 21.06.1953
14. Dalai-Lama (Krebs) 06.07.1935
Elisabeth Kübler-Ross (Krebs) 08.07.1926
Antonie de Saint-Exupéry (Krebs) 29.06.1900
Tom Cruise (Krebs) 03.07.1962
Cyndi Lauper (Krebs) 22.06.1953
Lina Wertmüller, Regisseurin, erste Frau mit Oscar-Nominierung
    für die Regie (Löwe) 14.08.1926
J. W. von Goethe (Jungfrau) 28.08.1745
Reinhold Messner (Jungfrau) 17.09.1944
Michael Douglas (Waage) 25.09.1944
Louise Hay (Waage) 08.10.1926
Alain Delon (Skorpion) 08.11.1935
Indira Gandhi (Skorpion) 11.11.1917
Sathya Sai Baba (Schütze) 23.11.1926
Woody Allen (Schütze) 01.12.1935
Guido Westerwelle (Steinbock) 27.12.1961
Ingrid Betancourt (Steinbock) 25.01.1961
Juliette Gréco (Wassermann) 07.02.1927
Galileo Gailei (Fische) 15.02.1564[22]
Caroline Herschel, Astronomin (Fische) 16.03.1750

Lilith in der Waage / 7. Haus

Planet: *Venus*
Element Luft: *Austausch, Ideen, Geist*
Archetyp: *die Femme fatale, die Wahlschwester*
Themen: *ungewöhnliche Beziehungen und Freundschaften – freie Liebe – gleichgeschlechtliche Verbindungen – Solidarität unter Frauen – Homosexualität – Ablehnung und Zuneigung – Verführung und Verweigerung – Liebesweisheit – Tantra*
Entspricht dem 7. Haus: *Begegnung, Partnerschaft, Beziehung, Verbindung, Kontakte, Aufgeschlossenheit, Rollenbilder, Gegenüber, Publikum, Projektionen*
Ergänzender Gegenpol zum Widder / 1. Haus

Lilith in der Waage als Weg

Im Zeichen Waage geht es um das Thema Beziehungen und das Verhältnis zu anderen Frauen und Freundinnen. Die Waage wird von Venus regiert, einer wichtigen und einflussreichen Göttinnenfigur der griechischen Mythologie, die unsere Kultur bis heute stark prägt. Denn neben ihrer bekannten Symbolik als Liebesgöttin regiert sie auch Genuss, Konsum, Wohlleben und Bequemlichkeit. Insofern konnte sie sich sehr viel besser behaupten als die unbequeme Lilith, die nichts von alledem interessiert. Man könnte so weit gehen zu sagen, dass unsere Konsumkultur heute vor allem dem Prinzip der Venus huldigt und damit einer Göttin! In der Waage begegnet sie uns in erster Linie als Liebes- und Beziehungsgöttin. Einer ihrer Mythen besagt, dass sie in der Lage war, sich nach jedem Liebesabenteuer immer wieder in ihren jungfräulichen Zustand zurückzuversetzen. Für mich verkörperte sie stets das Prinzip »mit den Waffen einer Frau«. Also verführen, statt offen zu begehren, umgarnen, statt fordern, raffiniert und taktisch vorgehen, statt direkt und ehrlich. Gleichberechtigung interessiert Venus weniger, denn sie bekommt, was sie will, indem sie dem Mann »den Kopf verdreht«. Das wilde Weibliche und das Angsteinflößende, etwa Blut und Geburt, kommen im Wirkungskreis der Venus nicht vor. Zwar hat auch Venus einige Kinder aus ihren vielen Liebesaffären, doch diese haben keine Veränderung ihrer ewig verführerischen, jugendlich-weiblichen Ausstrahlung bewirkt. Deshalb repräsentiert sie im Horoskop die Geliebte und die Partnerin, während die Figur der reifen Frau und Mutter dem Mond zugeordnet wird.

Venus knüpft Kontakte, pflegt Beziehungen und scheut sich auch nicht, Intrigen zu spinnen, um zu ihrem Ziel zu gelangen – alles Regungen, die der Lilith-Figur fremd sind. Außerdem regiert Venus das Prinzip der Schönheit und Ästhetik, welches in unserer Kultur so sehr verehrt wird. Lilith steht im Vergleich dazu eher für das Charisma einer Frau, die authentisch ihren Weg geht – ob schön oder nicht, ist dabei zweitrangig. Venus ist auch die Göttin der Partnerschaft und steht für den Wunsch, sich den Partner durch Schönheit, Erotik, Verführung, aber auch Bekochen, Beschenken und Verwöhnen gewogen zu machen. Sie regiert kulturelle Errungenschaften wie die Mode und auch die Kunst, die durch Schönheit, Harmonie der Formen und Klänge bezaubert. Demgegenüber ist Lilith die Göttin des authentischen Selbstausdrucks und steht einer Verfeinerung und Kultur à la

Venus eher skeptisch gegenüber. Ihre Aufgabe ist es, die ursprüngliche Kraft unserer inneren Natur zu bewahren und auszudrücken. Ein Beispiel für den Konflikt zwischen Venus und Lilith sehe ich im Schicksal vieler Models, die sich einem extremen Schönheitsideal unterwerfen, magersüchtig werden, ihre Periode nicht mehr bekommen und depressiv werden, weil sie der Schönheit (Venus) ihre weibliche Ursprünglichkeit (Lilith) opfern. Im Wirken der Venus erkenne ich auch Teile des Eva-Prinzips wieder, das darin besteht, sich dem Mann anzupassen und ihn zu verführen, um ihn sich gewogen zu machen. Wir sehen: Die Prinzipien der Venus und der Lilith sind sehr unterschiedlich, teilweise sogar konträr zueinander. Dabei ist Lilith älter, ursprünglicher und existenzieller als Venus, die bereits eine Kultivierung und Verfeinerung des Weiblichen darstellt. Und so kommt es, dass die Konstellation »Lilith in der Waage« oder auch Lilith im Aspekt zur Venus oder zum Partnerschaftspunkt im Horoskop sehr ambivalent und schwierig sein kann. Menschen mit dieser Position stoßen andere gern vor den Kopf, provozieren, gehen auf Abstand, wechseln abrupt zwischen Begehren und Ablehnung – und wirken oft gerade dadurch geheimnisvoll anziehend.

Doch es ist möglich, diese Konstellation mit dem Besten zu leben, was beide Göttinnen zu bieten haben: liebevoll, verführerisch und beziehungserhaltend (Venus) und zugleich eigenwillig, ekstatisch und authentisch (Lilith). Vor allem in der Kunst lassen sich beide Prinzipien zusammenführen. Lilith herrscht über die Künstlerseele, die sich ausdrücken will, wie schwierig es auch sein mag, und die dafür auch soziale Sicherheiten opfert. Venus regiert ganz allgemein das

Prinzip der Kunst – vor allem natürlich der Art von Kunst, die uns angenehm berührt und unseren Sinn für Schönheit und Ästhetik erfreut. Insofern würde ich jeder Frau und jedem Mann mit Lilith in der Waage raten auszuloten, ob sie oder er einen inneren Wunsch nach künstlerischem Selbstausdruck verspürt. Die Beschäftigung mit der eigenen Kreativität kann zutiefst hilfreich sein, um die inneren, widerstrebenden Gefühle und Ängste rund um das Thema Begehren und Zurückweisung zu mildern und auszugleichen. Manche Lilith-in-Waage-Typen sind durchaus mit sich selbst im Reinen, werden jedoch vom Umfeld nicht verstanden oder akzeptiert, was dann wieder schmerzt, weil die Waage-Energie sich wünscht, in Beziehung zu stehen und Feedback zu erhalten. Waage-Typen sind nicht gern einsam – Lilith hingegen ist in der Erfahrung der Einsamkeit gestählt und furchtlos. Es kommt hier sehr darauf an, dass man einen Weg findet, die innere Lilith auszudrücken, der nicht einsam macht. Für manche mit dieser Konstellation wird die Kunst oder auch der Beruf zum Partner, in dem sie sich spiegeln können. In Beziehungen brauchen Menschen mit dieser Konstellation viel Toleranz und Verständnis, denn Phasen, in denen man tiefste Verschmelzung sucht, können plötzlich gefolgt sein von Phasen, in denen man sich brüsk abwendet und allein sein will, ohne sich erklären zu müssen. Menschen mit Lilith in der Waage wird auch nachgesagt, dass sie sich wie Narziss nur selbstverliebt im anderen spiegeln wollen und gar nicht wirklich in Beziehung gehen möchten. Hier kommt es sehr auf den richtigen Partner an, der die Stärke mitbringt, Lilith aus der Reserve zu locken. Lilith in der Waage kann im Horoskop einer Frau zur Herausforderung für den liebenden

Mann werden. Wenn er jedoch selbst in Kontakt mit seiner ursprünglichen Kraft ist, wird sie sich darauf gern einlassen. Die Begegnung mit einer solchen Frau kann für einen mutigen Mann zur Initiation werden, durch die er zu seiner wahren Stärke findet!

Beim Zusammenstellen der Prominentenlisten ist mir aufgefallen, dass Lilith in der Waage besonders häufig im Horoskop homosexueller Männer auftaucht. Das belegt nicht etwa, dass Lilith in der Waage statistisch häufiger eine Homosexualität anzeigt, sondern zeigt, wie Lilith wirkt: Sie drängt in dem Bereich des Horoskops, in dem sie steht, zu Outing und Authentizität – und im Sternzeichen Waage sind das eben die Beziehungen. Beispielhaft sei hier noch einmal an das spektakuläre Outing von Klaus Wowereit erinnert, der mit Sternzeichen *und* Lilith in der Waage geradezu prädestiniert war, eine Bresche zu schlagen und anderen den Weg zu ebnen, indem er sich als erster Politiker outete. Anlässlich eines SPD-Parteitags im Jahre 2001 sagte er laut und deutlich in die Mikrofone und Kameras: »Ich bin schwul – und das ist auch gut so!« Die *Berliner Morgenpost* schrieb: »Vielen Zuhörern ist sofort klar: Sie sind Zeugen eines historischen Tabubruchs geworden. Nie zuvor hat es ein Spitzenpolitiker in Deutschland gewagt, sich öffentlich als Homosexueller zu bekennen.« Das war ein Fest für Lilith – speziell im Zeichen Waage, das übrigens nicht nur Beziehungen regiert, sondern auch Diplomatie und Politik! Lilith stellte alle Regeln, die dafür gelten, auf den Kopf. Sein Geständnis machte Wowereit auf einen Schlag populär. Ein gutes Beispiel dafür, wie sich der Mut, zu seiner wahren Natur zu stehen, im Leben positiv auswirken kann.

Kreativität und Abenteuer

Künstler sein oder Umgang mit Künstlern pflegen ist bei dieser Konstellation ein Schlüssel zur Lebensfreude. Oft ist mit Lilith in der Waage eine starke künstlerische Begabung vorhanden. Wenn du die Lilith in der Waage hast, bist du vielleicht eine geborene Künstlerin. Horche einmal in dich hinein, und finde mehr darüber hinaus! Vor allem dann, wenn du das bereits weißt, dich aber aus Bequemlichkeit oder Sicherheitsdenken für einen ganz normalen Job entschieden hast. Natürlich sind Liebesabenteuer bei dieser Horoskopstellung ein bedeutender Motor im Leben. Frauen mit dieser Position sind oft schon früh voll erblüht und sehr an der Erforschung des männlichen Prinzips interessiert. Trotz aller damit verbundenen Schwierigkeiten haben sie oft eine innere Stärke und Führung, die sie heikle Situationen meistern lässt. Wenn du eine Tochter mit Lilith in der Waage hast, beschütze sie, aber ermögliche es ihr, sich das Beziehungsthema auf ihre eigene, kreative Art zu erobern. Fördere unbedingt ihre Kreativität!

Beruf und Berufung

Häufig führt der Weg zur Berufung und auch zu einem originellen Beruf über Partnerschaften. Lebenspartner, aber auch Freundinnen und Freunde, können großen Einfluss auf dich haben. Das bringt dich an neue Orte und macht dich bekannt mit neuen Themen, und dabei entdeckst du auch dein eigenes »Ding«. Oft hast du die Qual der Wahl, weil viele Talente und Interessen in dir schlummern. Ideal ist es, wenn sich in deinem Beruf Phasen des Kontakts mit Kollegen, Klienten oder Kunden abwechseln mit Phasen der Kontemplation und des Rückzugs. Du suchst Feedback, ziehst aber letztlich doch dein eigenes Ding durch, was dein Gegenüber vor den Kopf stoßen kann. Es kann eine Hürde für dich sein, mit weiblichen Vorgesetzten oder Kolleginnen zu tun zu haben – doch gerade die Verbindung mit anderen Frauen ist meistens der richtige Weg zum Erfolg. Hier lohnt es sich, anfängliches Misstrauen zu überwinden und geduldig nach Mitstreiterinnen zu suchen, von denen man verstanden und akzeptiert wird. Die Regeln des »Zickenkriegs« mag die Waage-Lilith zwar kennen, aber nicht einhalten. Intrigen sind nicht ihr Weg. Oft beobachtest du messerscharf, was in den Beziehungen anderer im Argen liegt. Du wärst eine sehr gute Beraterin, vor allem wenn es darum geht, Frauen den Weg in ihre Kraft zu zeigen.

Liebe und Beziehungen

Wenn Lilith in der Waage in deinem Horoskop einen starken Einfluss ausübt, stellt sie Liebe und Beziehungen auf den Kopf. Den Weg von der Ehefrau zur »Galana« mit »Loverteam« haben wir bei Annette Meisl kennengelernt. Auch das umgekehrte Extrem habe ich beobachtet. Da ist die erfolgreiche Yoga-Unternehmerin, in deren Leben überhaupt kein Platz mehr für einen Mann ist. Sie hat ein spirituelles Zentrum aufgebaut und wird von ihren Schülerinnen verehrt wie eine Göttin. Wie immer du deine Beziehungen auch gestaltest, Lilith entfaltet sich am besten, wenn du mit offenen Karten spielst. Lilith ist mutig, und es erfordert Mut, den Partner damit zu konfrontieren, wie sich der eigene Weg entwickelt, denn du musst mit den Konsequenzen dieser Wahrheit leben. Das fällt Lilith leicht, der Waage aber schwer, denn sie möchte geliebt werden. Lilith will keine Kompromisse eingehen, die Waage schon. Die Waage ist diplomatisch, intrigant gar, Lilith ist offen und authentisch. So entsteht ein Spannungsfeld zwischen der Sehnsucht nach Liebe und Anerkennung und dem Wunsch nach Authentizität und Selbstbestimmtheit, zwischen der Angst vor Abweisung und vor Vereinnahmung. Lilith kann dann die Neigung anzeigen, die Beziehung lieber ganz zu meiden oder sich nicht wirklich auf den Partner einzulassen. Vielleicht probierst du es wie Annette mit der »Polyamorie« und führst mehrere Beziehungen parallel, um nicht von einem einzelnen Partner abhängig zu sein. In unserer Singlegesellschaft scheinen sich die neuen Mischformen – Lebensabschnittspartner, mehrere Geliebte, Freundschaft mit Sex, offene Beziehungen, multiple Beziehungen – mehr und mehr ihren Weg zu bahnen. Und wo neue Gesellschafts- und Beziehungsformen benannt und ausprobiert werden, ist Lilith am Werk. Sie raunt dir zu: *Wenn es deine Natur ist, mehrere zu lieben, dann tue es. Wenn es deine Natur ist, nur dich selbst zu lieben, dann tu es. Würdige deine wahre, authentische Liebesnatur!* Du wirst vielleicht lange abwägen (Waage-Prinzip!) welches Gut dir wichtiger ist: die Lust am Ausprobieren neuer Beziehungsformen oder der Wunsch nach gesellschaftlicher Anerkennung. Doch letztlich fordert Lilith dich auf, deinen eigenen, authentischen Weg der Liebe und Partnerschaft zu gehen.

Lilith in der Waage im Horoskop des Mannes

Ein Mann mit Lilith in der Waage ist daran interessiert, seine innere weibliche Seite zu entwickeln. Auch die anderen Waage-Themen wie Ausgleich, Austausch, Diplomatie, Politik, Stil und Ästhetik will er auf seine eigene Weise zum Ausdruck bringen. Für ihn kann das Waage-Thema des Wunsches nach gesellschaftlicher Anerkennung besonders brisant werden. Das betrifft nicht nur eine mögliche Homosexualität. Sich damit zu outen ist immer heikel, trotz Wowereit und Westerwelle. Auch andere Eigenschaften wie Sensibilität, eine pazifistische Haltung oder eine künstlerische Begabung können zum Problem werden, etwa in einer Umgebung mit rauen Männergepflogenheiten. Oft ist er sehr ehrgeizig und möchte Spuren in der Gesellschaft hinterlassen, sucht die Öffentlichkeit, die er provoziert, und schafft es doch, mit seinem Charme und seinem Charisma die Menschen für sich einzunehmen. Lilith und Venus wirken hier gemeinsam und »verweiblichen« diesen Mann auf kreative Weise, was schillernde und interessante Persönlichkeiten hervorbringt. Beziehungen sind für ihn sehr wichtig. Die Bezogenheit auf eine Partnerin oder Partner, ein Gegenüber wird gesucht, um sich darin zu spiegeln und daran zu wachsen. Er kann dabei ein ausgeprägtes Ego entwickeln und andere für seine Zwecke benutzen, um zu erreichen, was er will. Man unterschätzt ihn oft lange, doch meist stellt sich heraus, dass er die Fäden geschickt in der Hand hält.

Herausforderung

Es kann sein, dass dir dein Beziehungsgeflecht über den Kopf wächst. Du lässt dich aus Liebe zu Dingen überreden, die dir nicht guttun, auch beruflich, etwa indem du Geld in das Geschäft des Partners steckst oder ihn finanzierst, ohne dich um Verträge und Absicherungen zu kümmern. Bei einer Trennung oder einer Krise gehst du dann leer aus. Mal bist du extrem naiv gegenüber den Motiven anderer, mal bist du manipulativ und versuchst, andere gegeneinander auszuspielen. Mal hältst du dich für ein Nichts, mal überschätzt du deine Fähigkeiten, andere nach Belieben für dich springen zu lassen. Du legst großen Wert darauf, es auch bei der Arbeit möglichst mit Freunden und Bekannten zu tun zu haben, auch wenn deren Kompetenzen zweifelhaft sind. Es kann dir schwerfallen, wirklich passende Entscheidungen zu treffen. Übungen, die dir helfen, deine innere Mitte und gedankliche Klarheit zu finden, wie Yoga oder Meditation oder Konzentrationsübungen, sind für dich sehr wichtig. Der Austausch mit Vertrauten, die dir ehrliches Feedback geben, tut dir gut.

DEINE INSIGNIEN: *Pentagramm, Gitarre, Taube, Tangomusik, Fächer, Rose, rosa Turmalin, Liebestränke, Fesseln, edle Duftessenzen, Kunstwerke, Modeschmuck*

GÖTTINNEN: *Venus, Shakti, Guanyin (chinesische Göttin des Mitgefühls, die weibliche und männliche Anteile verbindet)*

ORTE: *Südfrankreich, antike Tempel, Istanbul, Galerien, orientalische Bäder, Luxus-Spas*

DEINE LILITH-ZEIT: *23. September bis 22. Oktober*

Persönlichkeiten mit Lilith in der Waage

Mary Pickford, Stummfilmstar, erste Höchstgagen-Queen Hollywoods und Mitbegründerin der Filmgesellschaft »United Artists« (Widder) 08.04.1882
Quentin Tarantino (Widder) 27.03.1963
Bianca Jagger (Stier) 02.05.1945
Hanna Arendt (Zwillinge) 14.10.
Aung San Suu Kyi, birmanische Friedenskämpferin, Trägerin des Friedensnobelpreises (Zwillinge) 19.06.1945
Nelson Mandela (Krebs) 18.07.1918
Coco Chanel (Löwe) 19.08.1883
Anna Netrebko (Jungfrau) 18.09.1971
Klaus Wowereit (Waage) 01.10.1953
Annette Meisl (Waage)
Jodie Foster (Skorpion) 19.11.1962
Wolfgang Joop (Skorpion) 18.11.1944
Georges Bizet, Schöpfer der Oper »Carmen« (Skorpion) 25.10.1838
Kim Basinger (Schütze) 08.12.1953
Khalil Gibran (Steinbock) 06.01.1883
Oprah Winfrey (Wassermann) 29.01.1954
Lola Montez (Wassermann) 17.02.1821
Anselm Kiefer, Maler, schuf mehrere Werke zum Thema Lilith (Fische) 08.03.1945
Seal (Fische) 19.02.1963

Lilith im Skorpion / 8. Haus

PLANET: *Pluto, traditionell: Mars (Widder)*
ELEMENT WASSER: *Intuition, Gefühle, Seele*
ARCHETYP: *die Schamanin, die Herrin der Unterwelt*
THEMEN: *mystische Sexualität – Leidenschaft – Rache – Psychologie – verdrängte Gefühle – Schamanismus – Seele – Unterwelt – Häutung – Krisen – Läuterung – Gerichtsprozesse – Sorgerecht – Wandlungsprozesse – Transformation*
ENTSPRICHT DEM 8. HAUS: *Bindung, nächste Generation, gemeinsame Werte, Bankwesen, großes Geld, Erbschaft, Verstorbene, Okkultismus, Geheimlehren, Magie*
ERGÄNZENDER GEGENPOL ZUM STIER / 2. HAUS

Lilith im Skorpion als Weg

In der Astrologie ist der Skorpion das Zeichen der Psychologie und Tiefe, des Wandels durch Krisen und der magischen Transformation. Hier will man zum Kern der Sache vordringen. Es symbolisiert auch das Thema Fortpflanzung, Vererbung und die Weitergabe von Genen und Werten an die nächste Generation. Deshalb gelten Skorpion-Geborene als sexuell besonders aktiv und intensiv. Im Skorpion hat die Sexualität auch im Zeitalter der selbstverständlichen Verhütung stets die Dimension der Fortpflanzung. Auch Krisen, durch die man sich wandelt und stärker wird, gehören zum Skorpion-Zeichen. Herrscher im Skorpion ist Pluto. Das ist der lateinische Name des griechischen Gottes Hades, der die Unterwelt regierte. Eng mit seinem Wirkungskreis verknüpft ist der Mythos von der Erdgöttin Demeter und ihrer Tochter Persephone. Hades begehrte Persephone und beobachtete sie lange von seiner Unterwelt aus (Hades/Pluto ist sozusagen der Urvater aller Stalker). Er wusste, dass sie gern mit ihrer Mutter durch die Natur streifte und wo sie sich aufhielt. Eines Tages brach er, in einer von schwarzen Pferden gezogenen Kutsche, aus der Erde hervor und entführte Persephone in sein Reich, die Unterwelt, um sie zu seiner Königin zu machen. Demeter war darüber so erzürnt und von Trauer überwältigt, dass sie einen tiefen Winter über die Erde warf, alle Früchte erfrieren ließ und die Menschheit in eine Hungersnot stürzte. Daraufhin rief Göttervater Zeus (Jupiter), der Bruder des Hades, diesen zu sich und erklärte ihm, so ginge das nicht. Schließlich bräuchten die Götter die Menschen, um sie zu regieren und ihre Huldigungen entgegenzunehmen. Er müsse Persephone wieder herausrücken. Doch Hades hatte ihr schon von einem Granatapfel zu essen gegeben, um sie durch diesen Liebeszauber an sich zu binden, deshalb war ihr der Weg zurück versperrt. Schließlich handelten die Götter einen Kompromiss aus: Persephone würde einen Teil des Jahres bei Demeter bleiben und einen Teil des Jahres gemeinsam mit Hades in der Unterwelt regieren. War Persephone bei Demeter, ließ sie die Sonne scheinen und das Land erblühen, war sie bei Hades in der Unterwelt, wurde es auf der Erde kalt und winterlich.

Dieser Mythos ist unglaublich ergiebig, ihn ausführlich zu interpretieren würde ein eigenes Buch füllen. Ich möchte hier nur auf einige Teilaspekte eingehen, die in Zusammenhang mit Lilith interessant sind. Anscheinend begegnen sich in diesem Mythos, ähnlich wie in der Genesis, die Kräfte des

Matriarchats (Demeter und ihre Tochter) und die des Patriarchats (Zeus und Hades) und fechten einen Kampf aus, der schließlich in einem Kompromiss endet. Man könnte auch sagen: Die Natur (Demeter) setzte sich durch, denn so entstanden die Jahreszeiten. Die »Unterwelt«, das Reich des Hades, steht auch in Resonanz mit dem Bereich der Dämonen, die zur Legende von Lilith gehören. Hades' Raub der Persephone gilt auch als Symbol für die »Defloration« der Jungfrau. Hades benutzte die roten Kerne des Granatapfels als Liebeszauber. Die roten Kerne symbolisieren in älteren Mythen die Blutstropfen der Menstruation. Lange vor Hades war die göttliche Allgestalterin natürlich selbst für die Unterwelt und die Mysterien der Menstruation zuständig. Die Figur des Hades ist eine spätere Entwicklung und weist offensichtlich eine enge Verbindung zu den Themen des Tabuisierten, des Blutes und des Todes auf – Gebiete, auf denen sich Lilith besonders gut auskennt.

Dem Zeichen Skorpion schreibt man symbolisch die Seelenkräfte des Ursprünglichen, Instinkthaften zu, gewissermaßen unsere »Unterwelt«. Unter anderem entspricht dies psychologisch unseren »Schattenthemen«, also dem, was wir nicht wahrhaben wollen oder aus Schmerz und Beschämung verdrängt haben. Das sind die psychologischen Dämonen, die in uns rumoren, bis wir sie angeschaut und verstanden haben. Der Skorpion-Geborene steht mit diesen Themen in Resonanz, hat sie im Nu erahnt oder sogar erkannt und legt dann zielsicher den Finger auf die Wunde. Deshalb gelten Menschen mit starken Skorpion-Konstellationen als besonders fähige Psychologen. Im Skorpion gehen uns die Dinge »unter die Haut«. So ist ein häufiger Charakterzug von Skorpion-Geborenen, dass sie Oberflächlichkeit ablehnen und sich nicht in die Karten schauen lassen, andererseits aber so lange bohren und fragen, bis sie alles über ihr Gegenüber herausgefunden haben. Das Einzige, womit man angesichts dieser Kraft bestehen kann, ist Authentizität.

Lilith hat eine starke Affinität zum Zeichen Skorpion. Sie lehnt Oberflächlichkeit ab, ist intensiv und unbequem, kennt sich mit Tod und Unterwelt aus und repräsentiert das Verdrängte – speziell das verdrängte Weibliche. Sie ist instinkthaft und furchtlos. Und sie ist, wie wir schon gesehen haben, ebenso eng mit dem Mythos der Schlange verknüpft wie mit den Vögeln der Lüfte und der Weisheit. Auch zur Symbolik des Skorpions gehört die Schlange ebenso wie der Vogel, der Adler bzw. Phönix. Dem Skorpion wird nämlich die Fähigkeit, sich zu wandeln, zugeordnet, wozu auch die Zeugung und das »Wiederauferstehen« in einer neuen Generation gehören, das im Sinnbild des »Phönix aus der Asche« gut zum Ausdruck kommt. Lilith und der Skorpion haben also viele wichtige Attribute gemeinsam. Der ewige Wandel von Werden und Vergehen wurde ja auch der Urgöttin zugeordnet, die uns in Lilith wieder begegnet. Der Skorpion ist ein sehr »passendes« Zeichen für Lilith, den Schwarzen Mond im Horoskop. Sie kann sich im Skorpion mit großer Kraft entfalten und wird besonders schmerzhaft »rumoren«, wenn ihre Kräfte unterdrückt wurden.

Abenteuer und Leidenschaft

Mit Lilith im Skorpion ziehst du Abenteuer und Leidenschaft wahrscheinlich geradezu magisch in dein Leben. Du hast Charisma! Selbst wenn du gar nicht im Mittelpunkt stehen willst, bemerken dich alle, sobald du einen Raum betrittst. Wenn Lilith im Skorpion oder noch exponierter steht (z. B. am Aszendenten), wirkst du wahrscheinlich geradezu provozierend auf andere, ohne etwas dafür zu tun. Das Zeichen Skorpion steht in Resonanz mit den Schattenthemen der Psyche, mit dem, was wir verdrängen und nicht wahrhaben wollen. Mit Lilith im Skorpion gehörst du zu denen, die solche Themen bei ihrem jeweiligen Gegenüber lebendig werden lassen. Vielleicht weil sich andere nicht trauen, was du dich traust? Denke daran, wenn man dich scheinbar grundlos kritisiert, und begegne diesem Phänomen mit Geduld und einem festen Glauben an dich selbst. Du wirst auch erleben, dass Menschen sich entweder vor dir zurückziehen oder dir ihre Geheimnisse anvertrauen. Und tatsächlich reizt dich das, was hinter einer Fassade liegt. Du fürchtest dich wahrscheinlich nicht, an Tabus zu rühren. Andererseits kann man dir die Verantwortung für schwierigste Geheimnisse aufbürden. Du scheinst auch einen natürlichen Zugang zur Welt der Magie zu haben. Die Kraft magischer Rituale steht dir offen, und deine Wahrnehmung für Naturgeister kann sehr stark ausgeprägt sein. Zu Tieren, gerade zu solchen, die andere fürchten, wie Schlangen und Skorpione, hast du wahrscheinlich einen ganz natürlichen Draht.

Liebe und Beziehungen

Es liegt nahe, dass die leidenschaftliche Lilith im Zeichen des leidenschaftlichen Skorpions sehr intensive Beziehungen fördert. Vielleicht hast du nur wenige Freundschaften, aber die sind tief und halten ein Leben lang. In der Liebe geht es häufiger um Themen wie Kontrolle, Dominanz und Unterwerfung, um das Ausloten von Extremen. Als Basis dafür suchst du ein tiefes Vertrauen, sowohl in dich selbst, als auch in deinen Partner und in die Beziehung. Tatsächlich gelingt es den Persönlichkeiten mit Skorpion-Lilith oft, langjährige, stabile Beziehungen zu führen, in denen man sich vertrauen kann. Es gibt auch die Variante, dass man sich »häutet« und mehrere, intensive Liebesleben nacheinander lebt. Das zeigt die Geschichte einer Freundin, geboren im Wassermann mit Lilith im Skorpion. Sie ging sehr früh eine Ehe ein und bekam zwei Söhne. Die Ehe wurde geschieden, danach arbeitete sie in der Verwaltung einer JVA. Sie verliebte sich in einen der Insassen und ließ sich nach seiner Freilassung auf eine nicht ungefährliche, aufregende Liaison mit ihm ein. Auch dieser Lebensabschnitt ging zu Ende, als sie entdeckte, dass die Liebe zu einer Frau ihr mehr geben konnte als die Liebe zu einem Mann. Sie hatte nie Angst, Grenzen zu überschreiten. Ich fragte mich immer, wie ihr wildes Liebesleben zu ihrer sanften und spirituellen Ausrichtung als Yogalehrerin passte. Ihre Lilith im Skorpion gab mir die Antwort! Wie du es auch gestaltest, du wirst stets viel Kraft und Inspiration aus deinem Liebesleben schöpfen, doch du hast auch keine Angst davor, eine Zeit lang allein zu sein. Laue Kompromisse kommen für dich nicht infrage.

Beruf und Berufung

Du wärst wahrscheinlich eine exzellente Psychologin, Beraterin, Coach oder Schamanin. Das Konzept der verlorenen Seelenanteile, die es zurückzuholen gilt, wie wir es aus dem Schamanismus kennen, könnte dir besonders liegen. Andere mit dieser Lilith sind unterwegs auf den Spuren alter Kulturen, vornehmlich natürlich der Göttin, und von Mythologie, Archäologie oder auch Kosmologie fasziniert. Auch die Erforschung früherer Leben liegt auf deiner Linie. Vieles brauchst du nicht mehr zu lernen, weil du es bereits mitbringst. Bei deinen Entscheidungen solltest du in Betracht ziehen, wie wichtig es dir ist, auf einem hohen geistigen Niveau zu leben und zu arbeiten. Seichtes und Oberflächliches werden dir nicht genügen, auch wenn es zunächst bequemer erscheint. Es ist wichtig, dass du dich mit Haut und Haaren einbringen kannst. Hast du dein Ding erst einmal gefunden, kann nichts und niemand dich mehr aufhalten. Mit deinem Forschergeist durchdringst du auch die schwierigste Materie. Deshalb könnte in dir auch eine Wissenschaftlerin stecken. Wenn du dir deinen eigenen Weg erkämpfen willst, könntest du als Künstlerin Gefühlen einen kreativen Ausdruck geben. Im Zeichen Skorpion kann Lilith auch eine sehr kämpferische Note entwickeln. Konkurrenten werden es schwer mit dir haben. Teamarbeit kann ein heikles Thema für dich sein. Hier besteht die Herausforderung darin, Mitstreiter zu finden, die du akzeptieren kannst, weil sie deine Überzeugungen teilen, und mit denen du eine intuitive Ebene des Verständnisses findest. Versuche nicht, dich an eine Situation anzupassen, die dir nicht liegt. Du findest die richtigen Leute auf ungewöhnlichen Wegen.

Lilith im Skorpion im Horoskop des Mannes

Dieser Mann hat Charisma und Forschergeist. Er ist eine Kämpfernatur, häufig auch als Sportler, und geht unbeirrbar seinen Weg. Er glaubt an die Liebe und erlebt häufig Dramen, manchmal erholt er sich nie von einer großen Liebe, die ihn verlassen hat. Oder er wird zum Don Juan und hat viele Affären, doch keine, die sein Herz wirklich erfüllen kann. Er lotet die Extreme aus und kann sich rachsüchtig und unvernünftig zeigen, wenn es um Gefühle geht. Auf Frauen wirkt er sehr anziehend, denn er ist eben kein Langweiler und kein seichter Typ. Doch es kann schwer werden, sich von ihm zu trennen, wenn er zu weit gegangen ist – in ihm steckt ein Stalker, der auch seine Exfrauen weiter kontrolliert. Oder er bricht rigoros jeden Kontakt ab, sogar zu den gemeinsamen Kindern, und sucht das »verlorene Paradies« mit einer neuen Frau, die er besitzen kann. Häufig hat er mehrere Kinder mit mehreren Frauen. Doch mit einer starken Partnerin an seiner Seite kann er sehr treu und loyal sein. Mit dem gleichen Extremismus kann er sich in seinen Beruf stürzen, der dann an die erste Stelle im Leben tritt. Dann versucht er, sein persönliches Maximum herauszuholen, sei es Geld, Einfluss oder Meisterschaft. Für seine Überzeugung tut er alles.

Herausforderung

Es liegt nahe, dass ein Leben mit einer Skorpion-Lilith auch Gefahren mit sich bringt. Sei es, dass ein Lover dich in dunkle Abgründe hinabzieht, dass du Erfahrungen von Gewalt und

Missbrauch machen musst, dass man dir die Schuld für etwas gibt, was du nicht getan hast, oder dass du in Gerichtsprozessen mit deinen Anliegen scheiterst. Krisen scheinen dich magisch anzuziehen, und das Wundersame ist, dass du immer wieder wie gehäutet und nur noch stärker daraus hervorgehst. Trotzdem ist mein Rat, es mit der Furchtlosigkeit nicht zu übertreiben und keine Kräfte und Gefahren heraufzubeschwören, die du nicht mehr unter Kontrolle hast. Eine solche Haltung kann auch in Suchtprobleme und Abhängigkeiten münden. Achte darauf, dass du nicht hinter jedem harmlosen Ereignis eine magische Verschwörung siehst und einen Verfolgungswahn entwickelst. Der Wunsch, Rache zu nehmen, kann dich so sehr umtreiben, dass du keinen inneren Frieden mehr findest. Selbst die Magie kann dich verschlingen, wenn du es damit übertreibst. Übungen, die Einfachheit und Klarheit fördern, können dir helfen, dein kompliziertes und reiches Innenleben auszugleichen: der zeitweilige Rückzug in ein Kloster, Zen-Meditation, Zeiten des Schweigens, Gartenarbeit, Ferien auf einem Bauernhof, das Halten von Haustieren.

DEINE INSIGNIEN: *Granatapfel, Granat als Halbedelstein, Schlange, Vogel, Echsen*

GÖTTINNEN: *Selket, die Skorpiongöttin, Kali, die Göttin der Zerstörung und Erneuerung*

ORTE: *Island, Venedig, Lissabon, Grotten, Tropfsteinhöhlen, Friedhöfe*

DEINE LILITH-ZEIT: *23.Oktober bis 21. November*

Persönlichkeiten mit Lilith im Skorpion

Cecile Vogt, Mitbegründerin der modernen Hirnforschung (Widder) 27.03.1875
Jack Nicholson (Stier) 22.04.1937
Evita Peron (Stier) 07.05.1919
Madeleine Albright (Stier) 15.05.1937
Johnny Depp (Zwillinge) 09.06.1963
Helen Patricial Sharman, erste britische Astronautin (Zwillinge) 03.05.1963
Angela Merkel (Krebs) 17.07.1954
Stieg Larsson (Löwe) 15.08.1954
Whitney Houston (Löwe) 09.08.1963
Mutter Teresa (Jungfrau) 26.08.1910
Charlotte Link (Waage) 05.10.1963
Barbara Eligmann (Skorpion) 06.11.1963
Eros Ramazotti (Skorpion) 18.10.1963
Brad Pitt (Schütze) 18.12.1963
Bette Midler (Schütze) 01.12.1945
Annie Lennox (Steinbock) 25.12.1954
Nostradamus (Steinbock) 14.12.1503
Nicolas Sarkozy (Wassermann) 28.01.1955
Jeanne Moreau (Wassermann) 23.01.1928
Steve Jobs (Fische) 24.02.1955

Lilith im Schützen / 9. Haus

Planet: *Jupiter*
Element Feuer: *Mut, Risiko, Begeisterung*
Archetyp: *die Ikone, die Visionärin*
Themen: *Ringen um Gerechtigkeit – Provokation – revolutionärer Lebensweg – Visionen – Fernweh – schwierige Wahrheitssuche – Anfeindung durch Unwissende – Skandale – Schlagfertigkeit – Opposition – Chancengleichheit – Migration – Kulturschock*
Entspricht dem 9. Haus: *Philosophie, Religion, Weltbild, Horizont, Lehre, Gurus, Visionen, Perspektive, Fernreisen, höhere Bildung, fremde Kulturen*
Ergänzender Gegenpol zum Zeichen Zwillinge / 3. Haus

Lilith im Schützen als Weg

In der Astrologie trifft die wilde Lilith im Zeichen Schütze auf den ultimativen Macho des griechischen Götterhimmels: Zeus, bekannt unter seinem lateinischen Namen Jupiter. Er gilt als aufbrausender, aber sympathischer Herrscher der griechischen Götterwelt und ist bekannt für seine vielen Affären mit Göttinnen, Halbgöttinnen und Menschenfrauen und die zahlreichen daraus hervorgegangenen Helden, Halbgötter und Götter. In der astrologischen Tradition regiert er das Zeichen Schütze, dem wir Großzügigkeit, Weitblick, Optimismus, Entwicklungschancen und Bildung zuordnen – allerdings auch Übertreibung und Arroganz. Beliebt ist Jupiter vor allem als »Glücksplanet«. Steht er doch für Expansion,

Erfüllung, Glück und Erfolg. Ein günstiger Aspekt von Jupiter verheißt Zuwächse, Chancen, Gelegenheiten und Popularität.

In den vielen Episoden der altgriechischen »Götter-Soap« stritten sich die Götter ständig darum, wer die meiste Verehrung durch die Menschen verdiene, und gingen dabei nicht zimperlich vor. Es wurde intrigiert, geraubt, gefoltert und gemordet (soweit das bei der göttlichen Unsterblichkeit möglich war). Es wurde fremdgegangen und betrogen und dabei jede Menge uneheliche Kinder gezeugt und empfangen. Zeus/Jupiter war der notorischste von allen, gleich gefolgt von Venus/Aphrodite mit ihren vielen Liebhabern. Beide – Venus und Jupiter – sind bis heute sehr populäre Götter-Archetypen, denen wir in unseren satten, westlichen Kulturen von Europa und Amerika besonders gern huldigen. Sie stehen für Annehmlichkeiten wie Wachstum, Glück, Reichtum, Luxus und Schönheit. Als Planeten im Horoskop symbolisieren sie Geld und Besitztümer auch ganz direkt.

Das alles sind Werte, die Lilith überhaupt nicht interessieren. Sie kommt aus einer Welt, in der es nicht um das individuelle Anhäufen von Reichtum geht, sondern um Wahrhaftigkeit und die Würdigung dessen, was das Leben und die Natur uns von sich aus schenken. Wenn Lilith nun im Schützen steht, prallen Weltanschauungen aufeinander. Jupiter als Symbol für das Streben nach Wachstum, Reichtum und Erfolg, seine teilweise Maßlosigkeit, vor allem aber sein patriarchales, sexistisches Gehabe, sind natürlich konträr zu dem, wofür Lilith steht. Dennoch gibt es auch hier Übereinstimmungen, die den Weg weisen, wie diese Konstellation integriert werden kann. Zeus war in den griechischen Göttersagen der oberste Richter und symbolisiert deshalb im

Horoskop Gerechtigkeit und Weisheit. Genau wie Lilith nimmt er für sich in Anspruch, die Wahrheit zu sagen. Das Zeichen Schütze steht ganz allgemein für ein entwickeltes Bewusstsein durch Bildung, Reisen und das Verständnis für fremde Kulturen. Gerechtigkeit und Weisheit gehören auch zum Wirkungskreis der Lilith. Sie ist aktiv, wenn Frauen und Minderheiten Unrecht widerfährt. Sie fordert zum Kampf für Gerechtigkeit auf und verkörpert die Weisheit der ursprünglichen, alten Göttin, der Allgestalterin. Sie sorgt dafür, dass uns die Schatten der Vergangenheit einholen und wir trotz Wohlstand und Luxus diejenigen nicht vergessen, deren Kampf noch in vollem Gange ist. Sie will, dass wir uns nicht von den Segnungen der Zivilisation korrumpieren lassen, wenn diese zu einer Ausbeutung der Natur führen und uns unserer inneren und spirituellen Natur entfremden.

Während Jupiter eher die etablierten Formen der Gerechtigkeit anzeigt, etwa Gerichte, Richter, Anwälte und auch Rechtswissenschaften, weist Lilith eher eine Verbindung zu Aktivisten auf, die für eine gute Sache kämpfen, aber keine Lobby haben, die fernab der etablierten Wege arbeiten oder sich sogar mit dem geltenden System überwerfen. Wenn Lilith im Schützen steht, durchdringt sie das Aufgeblasene des Schützen und fordert den Weltverbesserer, Aufklärer, Forscher und Visionär heraus, der auch in Menschen mit einem solchen Horoskop steckt. Auf diese Weise können sich diese beiden Kräfte wirklich konstruktiv verbinden. Lilith im Schützen zeigt sich im Horoskop von Charakteren, die mit ihrem Wirken provozieren und neue Weltbilder entstehen lassen. Wir finden hier Frauen wie Uschi Obermaier (Waage mit Lilith im Schützen), die aufgrund ihres wilden freien Lebens zur »Ikone der sexuellen Revolution« wurde. Oder Beate Uhse (Skorpion mit Lilith im Schützen), die den Umgang mit Sexualität in Deutschland vom Muff der 1950er-Jahre befreite. Sie war schlagfertig und kämpferisch, und ihr berühmter Ausruf im Gerichtssaal »Hier steht der Orgasmus vor Gericht!«[23], machte Lilith im Schützen alle Ehre. Die deutsch-russische Theosophin Helena Blavatsky (Löwe mit Lilith im Schützen) suchte nach der allen Religionen zugrunde liegenden »Weisheitsreligion« und sorgte mit ihrem Buch *Die Geheimlehre* dafür, dass grundlegendes esoterisches Wissen allgemein zugänglich wurde. Marin Luther King (Steinbock mit Lilith im Schützen) widmete sein Leben dem Kampf um die Gleichberechtigung schwarzer und weißer Bürger der USA. Er erreichte sein Ziel und wurde dafür ermordet. Bis heute ist seine ergreifende Rede »I have a dream« ein Symbol für das Streben nach Toleranz und Frieden. Der indische Biologe Deepak Chopra (Waage mit Lilith im Schützen) setzt sich für eine neue Medizin der Weisheit ein, bei der das Beste aus Schulmedizin und alternativen Heilmethoden zum Einsatz kommt. Häufig sind diese wegweisenden Menschen unkonventionelle Wege gegangen und haben dabei trotzdem großen Einfluss ausgeübt.

Abenteuer und Kreativität

Wenn deine Lilith im Schützen steht, wird dir die Welt schnell zu klein! Du wirst keinerlei Bevormundung und gut gemeinte Weisheiten anderer ertragen und akzeptieren können. Zumindest hast du einen messerscharfen Blick und eine treffsichere Intuition, wenn es darum geht, aus aufgeblasenen

Theorien die Luft herauszulassen. Dabei bist du selbst sehr idealistisch und suchst die Wahrheit. Menschen mit Macht und Einfluss werden deinen Weg kreuzen, denn sie spüren, dass du keine Angst vor ihnen hast und es dir nicht darum geht, mit ihrer Hilfe ein bequemes Leben zu führen. Sie wollen dir zuhören, sich von dir inspirieren lassen und deine Sicht der Dinge kennenlernen. Natur und Weite, Ausblick und Perspektive sind für dich sehr wichtig, um in deine Kraft zu kommen. Dein Herz wird höherschlagen, wenn du auf Reisen gehst, wenn du forschst, um mehr über die Welt oder auch dich selbst herauszufinden, wenn du Risiken eingehst und wenn du Licht ins Dunkel der Themen bringst, die für andere ein Tabu darstellen. Dabei leuchtet dein Licht von innen heraus, selbst unter schwierigsten Umständen. Wenn du möchtest, kannst du dir sehr große Herausforderungen suchen. Du wirst dich wohl kaum verbiegen, um es bequem zu haben, sondern unbeirrt deiner Vision folgen.

Liebe und Beziehungen

Du suchst die ganz große Liebe (wenn du sie nicht schon gefunden hast). Im Schützen finden wir eine sehr idealistische Energie, für die auch Lilith empfänglich ist. Lilith steht ja für den Wunsch nach einer Begegnung auf Augenhöhe. Aber sie will auch unabhängig bleiben und sich ihr wildes Herz bewahren. Wenn diese Kräfte – der Glaube an die große Liebe und gleichzeitig eine große innere Unabhängigkeit – in dir lebendig sind, strahlst du ein ungeheures Charisma aus. Es ruft viele Verehrer auf den Plan. Manche werden versuchen, dich in einen goldenen Käfig zu sperren. Das solltest du nicht zulassen! Du fühlst dich sehr schnell eingeengt und würdest unglücklich werden, selbst wenn dein »Gefängnis« goldene Wasserhähne hätte. Deine Freiheit sollte für dich das höchste Gut sein, dem du alles andere unterordnest. Dein Partner muss dich faszinieren können, so wie du ihn faszinieren wirst. Er muss ein Gefährte für dich sein, nicht einer, der dich als seinen Besitz betrachtet. Deine Schönheit steckt in deiner Ungezähmtheit! Nimm hin, dass es Männer gibt, die sich lieber eine bravere Eva suchen, als neben dir zu bestehen. Sie wären dir nicht ebenbürtig. Ein Mann muss dich nicht nur lieben und dir als Mann gefallen, sondern auch zutiefst verstehen, dass aus dir die Sprache der Freiheit spricht. Deshalb wundere dich nicht, wenn es seine Zeit dauert, bis du ihn gefunden hast. Hast du aber einen solchen Mann an deiner Seite, dann würdige diese Liebe durch gemeinsame Rituale und gemeinsame Herausforderungen, an denen ihr beide wachsen könnt. Du bist sehr spontan – und wenn du nicht aufpasst, zerstörst du vielleicht, was dir wichtig ist. Wenn es dir zu eng wird, kann es eine gute Lösung für dich sein, eine Beziehung auf Distanz zu führen, an zwei Orten oder mit längeren Trennungsphasen, weil ihr beruflich an verschiedene Orte reisen müsst. Das hält die Liebe spannend, und ihr habt euch immer etwas zu erzählen. Du willst immer weiter lernen – wenn du das Gefühl hast, alles über deinen Partner zu wissen, kann er für dich an Reiz verlieren. Ermuntere ihn deshalb, sich neuen Herausforderungen zu stellen, wie du es auch tust.

Beruf und Berufung

Dein Freiheitsdrang kann für dich zu einem beruflichen Problem werden, wenn du es mit engstirnigen Chefs und Kollegen zu tun hast oder eine langweilige Tätigkeit verrichten musst. Dann wäre es das Beste, so lange keine Ruhe zu geben, bis du spannendere Aufgaben bekommst. Eigentlich bist du das Ideal aller Vorgesetzten, denn du suchst Herausforderungen und den Einsatz bei Projekten, die über das Normale hinausgehen. Doch dafür muss man dir auch Freiheiten lassen! Als Frau musst du eventuell darum kämpfen, dass man dich berücksichtigt, wenn die wirklich interessanten Aufgaben verteilt werden. Es kann ein großer Vorteil für dich sein, dass du nicht bequem oder ängstlich bist. Stell dich den Herausforderungen. Du weißt tief in deinem Innern, dass du auch große Projekte meistern kannst, in die du erst hineinwachsen musst. Du hast große Möglichkeiten, weil dir die Unterstützung einflussreicher Leute sicher ist. Jedoch lehnst du es ab, dich mit jemandem gut zu stellen, den du nicht magst, obwohl es dir Vorteile bringen könnte. Oder du lässt vielleicht jemanden fallen, der dich unterstützt hat, weil du ihn oder seine Motive nicht akzeptierst. Damit machst du dir unter Umständen Feinde. Mach dir gegebenenfalls klar, wo sich ein Kompromiss doch einmal lohnen würde, um dein Ziel zu erreichen. Ideal für dich ist ein unabhängiger Kreativjob oder eine selbstständige Tätigkeit. Am besten noch ein Job, wo du viel reisen musst. Und einen, wo du dein Weltbild vertreten, vielleicht sogar weitergeben kannst. Dann hast du schon fast alles beisammen, was dich glücklich macht!

Lilith im Schützen im Horoskop des Mannes

Ich persönlich habe sehr gute Erfahrungen mit Männern gemacht, in deren Horoskop Lilith im Schützen steht. Ich habe sie als furchtlose »Gralsritter« kennengelernt: Männer, die bereit sind, sich weiterzuentwickeln und Konventionen hinter sich zu lassen, um sich auf ein persönliches oder auch berufliches Abenteuer einzulassen. Ganz besonders wenn es sich um die Liebe zu einer ungewöhnlichen Frau handelt. Fast alle waren dem Konzept der weiblichen Göttlichkeit gegenüber sehr aufgeschlossen. Diese Männer haben großes Charisma und sind meistens in einer Mission unterwegs. Sie haben keine Angst vor starken Frauen und sind auch für die ungewöhnlichsten Ideen offen. Spannend wird es, wenn ein Mann durch solche Erkenntnisse seine eigene Lebensweise hinterfragt sieht und Konsequenzen ziehen muss. Er stemmt sich instinktiv zunächst dagegen, doch eine große Liebe kann ihn zur Entwicklung bewegen. Man findet mit dieser Konstellation auch einen sehr ausgeprägten Ehrgeiz und den Wunsch, zu Ruhm und Ehre zu kommen, häufig gegen widrige Umstände oder mit ungewöhnlichen Biografien und Brüchen in der üblichen Karrierelaufbahn. Im ungünstigen Fall kann sich eine rechthaberische oder eigenbrötlerische Seite entwickeln, eine Art »Don-Quijote«-Syndrom, bei dem gegen Windmühlenflügel gekämpft wird und der Bezug zur Realität verloren geht.

Herausforderung

Lilith kann die Schattenseiten eines Sternzeichens verstärken, und das ist im Schützen vor allem ein Hang zu Maßlosigkeit und Übertreibung, zu einer exzessiven Lebensweise und zur Rechthaberei. So kann es dir passieren, dass du trotz deiner hehren Absichten und Ziele selbst gelegentlich dem Luxus und Ausschweifungen aller Art verfällst – und dich hinterher dafür verurteilst. Auch im Privatleben kannst du zu weit gehen, indem du rücksichtslos nur eigene Ideen durchsetzt und deinen Partner von dessen Weg abbringst. Als Aktivistin für eine gute Sache kannst du derart übers Ziel hinausschießen, dass es mehr Schaden als Nutzen für etwas bringt, was dir doch wichtig ist. Ein eindrucksvolles Beispiel dafür ist »Mr. Fettnäpfchen« Peer Steinbrück (Steinbock mit Schütze-Lilith). An ihm kannst du sehen, welchen Schaden unbedacht hinausposaunte Wahrheiten und maßlose, selbstherrliche Ansprüche anrichten können, auch wenn man faktisch im Recht ist und genau das ausspricht, was viele heimlich denken. Übungen, die dir helfen, das rechte Maß zu erkennen und dich in andere hineinzuversetzen, helfen dir weiter. Halte öfter inne, und reflektiere deine Tätigkeit. Suche das Gespräch mit Menschen, denen du vertrauen kannst.

DEINE INSIGNIEN: *Lotosblüte, Kompass, Fernrohr, die Freiheitsstatue, Justitia mit der Waage, große Tiere, wie etwa Pferde*
GÖTTINNEN: *Lakshmi, indische Göttin des Glücks, Schicksalsgöttin Fortuna, Pferdegöttin Epona*

ORTE: *Anhöhen, Plateaus, weite Ebenen, Kalifornien, Colorado, New Mexico*
DEINE LILITH-ZEIT: 22. November bis 21. Dezember

Persönlichkeiten mit Lilith im Schützen

Daniela Patrick, Rennfahrerin, gewann als erste Frau ein Rennen der IndyCar Series (Widder) 25.03.1982
Audrey Hepburn (Stier) 04.05.1929
Anne Frank (Zwillinge) 12.06.1929
Dan Brown (Krebs) 22.06.1964
Carl Gustav Jung (Löwe) 26.07.1875
Monica Lewinsky (Löwe) 23.07.1973
Leni Riefenstahl (Löwe) 22.08.1902
Freddie Mercury (Jungfrau) 05.09.1946
Uschi Obermaier (Waage) 24.09.1946
Deepak Chopra (Waage) 22.10.1946
Beate Uhse (Skorpion) 25.10.1919
Diana Krall (Skorpion) 16.11.1964
Sonja Ghandi (Schütze) 09.12.1946
Martin Luther King (Steinbock) 15.01.1929
Catherine, Duchess of Cambridge (Steinbock) 09.01.1982
Peer Steinbrück (Steinbock) 10.01.1947
Georg Baselitz (Wassermann) 23.01.1938
Juliette Binoche (Fische) 09.03.1964

Lilith im Steinbock/10. Haus

Planet: *Saturn*
Element Erde: *Sicherheit, Ergebnisse, Manifestation*
Archetyp: *Die weise Alte, die Herrin der Zeit*
Themen: *Grenzen überwinden – Kompromisslosigkeit – schmerzhafte Konsequenz – Berufung – Willenskraft – unkonventioneller Erfolg – Schaffenskraft – Kampfgeist – Askese – Burn-out – Blockaden – Anfang und Ende – Aufopferung – Verzicht – Gipfelerlebnisse*
Entspricht dem 10. Haus: *Beruf, Berufung, Erfolg, Öffentlichkeit, Präsentation, Gesellschaft, Chefinnen und Chefs, Führung, Hierarchie*
Ergänzender Gegenpol zum Zeichen Krebs/4. Haus

Lilith im Steinbock als Weg

Saturn als Herrscher des Steinbocks ist in der griechischen Mythologie ein sehr alter Patriarch, der über die Zeit und die Materie herrscht. In der Astrologie beschreibt Saturn alle Strukturen, die uns Halt geben: gesellschaftlich, etwa durch Hierarchien und einen bestimmten Verhaltenskodex, und physisch durch Skelett, Knochen und Zähne als strukturgebende Teile unseres Körpers. Strukturen und hierarchische Ordnungen sind aber keinesfalls eine patriarchalische Erfindung. Eher im Gegenteil. Die Frauen bekommen die Kinder, daher haben sie von jeher Ordnungen des Zusammenlebens errichtet und bewahrt, um Sicherheit bei der Betreuung des Nachwuchses zu gewährleisten. Viele Werte Saturns entsprechen den herrschenden Werten im Matriarchat: Verantwortung, Familiensystem, Sicherheit, Gesellschaft, Erziehung, Halt und die Materie schlechthin. Saturn symbolisiert generell die Autorität des Alters aufgrund gewachsener Erfahrung und Einfluss. Das Saturnprinzip ist in der weisen Alten oder einem Ältestenrat der weisen Weiber genau so lebendig wie im Ältestenrat der männlichen Patriarchen. Lilith gehörte als Göttin zur matriarchalen Weltordnung einer Gesellschaft, die lange vor dem Patriarchat existierte. Lilith lehnt sich zwar gegen die Strukturen dieses neuen Patriarchats auf und gilt deshalb als Sinnbild der Rebellin. Doch sie ist selbst die Vertreterin einer viel älteren Ordnung und hat daher sowohl eine Verbindung zu Saturn/Steinbock (alte Weltordnung) als auch zu Uranus/Wassermann (Rebellion). Dies ist astrologisch sehr interessant, da Steinbock und Wassermann ohnehin eine alte Verbindung haben. Sie teilten sich den als Herrscher Saturn, bevor Uranus entdeckt wurde! Tatsächlich hat mir die Arbeit mit dem Schwarzen Mond im Horoskop gezeigt, dass Lilith sowohl im Steinbock als auch im Wassermann sehr starke Ausdrucksmöglichkeiten findet.

Wenn es um Lilith im Steinbock geht, muss man sie sich auch in ihrem Aspekt als weise, furchtlose Todesgöttin anschauen. Sie regiert alles Zyklische und damit auch den natürlichen Ablauf und das Ende des Lebenszyklus. Als Dämonin und Kindstöterin verunglimpft, symbolisiert sie die Macht der Allgöttin über Leben und Tod. Hier haben wir eine weitere starke Übereinstimmung mit Saturn als Prinzip der Zeit und des Todes. Er tritt in der astrologischen Tradition als »Gevatter Tod« auf, der unerbittlich anklopft, wenn deine Lebenszeit abgelaufen ist. Beide, Saturn und Lilith, vertreten damit auch die Weisheit des Alters. In dieser Phase, so ist es von der Natur vorgesehen, liegen die Kämpfe des Lebens hinter uns, und wir können unser Wissen und unsere Erfahrung an die nächste Generation weitergeben. Diese Phase kann auch schmerzvoll und traurig sein, das ist klar und hat viel mit den grotesken Auswüchsen unserer Jugendwahn-Gesellschaft zu tun, die diesen Zyklus durcheinanderbringen. Ein erfülltes Leben mit vielen Beziehungen und Freunden, in kreativer Schaffenskraft, mit Kindern oder Patenkindern, Familie oder Wahlfamilie ist die beste Voraussetzung für das Glück und die Gelassenheit im Alter, die Lilith und Saturn für uns vorgesehen haben. Die Würde des Alterns und des Todes ist ein Thema, das sowohl Saturn als auch Lilith am Herzen liegt.

Solange ein Mensch jedoch noch voller Schaffenskraft ist, macht Lilith im Steinbock hart – zu sich selbst und anderen gegenüber – und scheint zu außerordentlichen Leistungen zu befähigen. Oft ist dieser Weg von großen Härten und Phasen der Einsamkeit geprägt, aber er kann zu großen Erfolgen führen. Menschen mit dieser Konstellation entwickeln langsam, aber sicher ihren eigenen Stil und folgen einem ganz eigenen Lebensentwurf. Oft bewahren sie sich eine innere Unabhängigkeit, auch in ihren Beziehungen. Wenn bestehende Strukturen als einengend und unangemessen empfunden werden, werden sie hinterfragt, und es wird gegebenenfalls auch dagegen rebelliert. Man begibt sich auf die Suche nach der ganz persönlichen Wahrheit im Umgang mit Traditionen. Interessant ist dabei der Umgang mit Grenzen. Das Zeichen Steinbock symbolisiert gesellschaftliche und strukturelle Grenzen, die akzeptiert werden und innerhalb derer nach der höchstmöglichen Hierarchiestufe gestrebt wird. Wenn Lilith im Steinbock steht, tut sie sich schwer mit dem Akzeptieren von

Grenzen und will diese überwinden. Bestehende Strukturen werden entweder gemieden – man etabliert sich beispielsweise eher in gesellschaftlichen Randbereichen – oder es wird versucht, den Strukturen einen eigenen Stempel aufzudrücken bzw. zur eigenen Persönlichkeit passende Strukturen zu errichten. Wie das von Saturn geprägte Zeichen Steinbock besitzt auch Lilith eine innere Unerbittlichkeit und Härte. Selbst drei Engel konnten sie nicht erweichen, ins Paradies zurückzukehren und dem mächtigen Jahwe zu gehorchen. Sie war sich der Konsequenzen bewusst: Verbannung und Bestrafung – aber sie fürchtete sie nicht. Die Unerbittlichkeit von Lilith im Steinbock kann eine Persönlichkeit auszeichnen, die keinerlei Kompromisse eingeht und die bereit ist, die Konsequenzen daraus mit großer Willenskraft zu ertragen. Die Ambivalenz dieser Lilith-Konstellation besteht darin, dass man gesellschaftliche Konventionen entweder komplett ablehnt oder aber eine besonders rigide Form von Leistung, Disziplin und Verantwortung lebt. Manchmal auch beides abwechselnd – auf Zeiten, in denen man bis zur Erschöpfung arbeitet und den eigenen Perfektionismus zum Maß aller Dinge macht, folgen Phasen des »Durchhängens«, die mit depressiven Anwandlungen einhergehen können. Hape Kerkeling (Schütze, Lilith im Steinbock), hat sich zum Beispiel immer wieder bewusst Auszeiten genommen, um seine Kreativität zu erhalten. In seinem wunderbaren Buch *Ich bin dann mal weg* nimmt er uns mit auf den Jakobsweg und zeigt uns seine spirituelle Seite. Auch Paulo Coelho (Jungfrau, Lilith im Steinbock) hat der Magie des Jakobswegs ein Buch gewidmet. Beide Bücher zeigen, was es bedeutet, einen beschwerlichen Weg zu gehen und durch die Verbindung mit allem, was einem auf diesem Weg begegnet, eine spirituelle Initiation zu erfahren. Diese Geschichten können eine wundervolle Inspiration auf dem oft steinigen Lebensweg mit Lilith im Steinbock sein.

Abenteuer und Kreativität

Für dich ist es das größte Abenteuer, wenn Kreativität und Hobby, Beruf und Berufung eins werden. Danach strebst du im Grunde aus tiefstem Herzen. Du suchst den Weg, die Beschäftigung, die dich so ausfüllt, dass nichts anderes mehr wichtig ist. Das kann selbstverständlich auch eine Partnerschaft oder Mutterschaft sein! Doch wahrscheinlicher ist, dass du eine berufliche oder gesellschaftliche Karriere anstrebst, wobei du jedoch selbst Maßstäbe setzen willst und dich nicht gern an das anpasst, was schon vorher da war. Wenn du einen »normalen« Beruf hast, suchst du dir zum Ausgleich vielleicht ein möglichst abenteuerliches und ausgefallenes Hobby, das dir Gipfelerlebnisse verschaffen kann. Bei allem, was du tust, ist dir Anerkennung sehr wichtig, selbst wenn du glaubst, darauf verzichten zu können. Du möchtest etwas schaffen und sein, zu dem es keine Alternative gibt. Wenn dich jemand anhimmelt, weil er dich liebt, berührt dich das vielleicht ein wenig. Aber wenn auch derjenige, der dir sonst das Leben schwermacht, zähneknirschend zugeben muss, dass du verdammt gut bist in dem, was du tust, dann bist du wirklich glücklich. Nichts, kein Hobby, kein Entertainment, keine Ablenkung, noch nicht mal guter Sex, kann dir das Gefühl von überwältigender Intensität geben, das du empfindest, wenn du mit voller Konsequenz deinem wahren Herzenstraum folgst. Suche und gib nicht auf, bist du das gefunden hast, was dein Ding ist, egal, wie lange es dauert, und wenn du dafür um die ganze Welt reisen musst. Kämpfe, solange dein Kampfgeist lebendig ist, denn es wird Zeiten geben, in denen du genießen und deine philosophische Ader mehr ausdrücken willst.

Liebe und Partnerschaft

Es kann sein, dass du dich einer Sache verschreibst und darüber Liebesbeziehungen und Partnerschaft an die zweite Stelle rücken – es sei denn, die Liebesbeziehung selbst ist dein höchstes Ziel. Zunächst suchst du wahrscheinlich eine ganz traditionelle Partnerschaft, aber wenn diese deine eigene Entwicklung behindert, wirst du sie wieder aufgeben. Oder du schaffst dir unbewusst Umstände, die eine solche Beziehung unmöglich machen. Dein eigener Perfektionsanspruch kann dir in der Liebe im Weg sein. Erfüllt die Beziehung diesen nicht, willst du dich nicht darauf einlassen. Mit Lilith im Steinbock liebst du rigoros oder verzichtest mit allen Konsequenzen. Leidenschaft empfindest du als Bereicherung, aber du gibst dich nicht der Illusion hin, dass die perfekte Leidenschaft im Beziehungsalltag zu finden sei. Deshalb entscheidest du dich unter Umständen gegen eine feste Beziehung und für eine Reihe von Affären, die deine Batterien ab und zu aufladen, damit du dich mit voller Kraft wieder in deine Herzensprojekte stürzen kannst. Oder du begibst dich erst gar nicht auf unsicheres Gefühlsterrain. Doch wenn du in jemandem den wahren Seelenpartner erkennst, bist du dieser Liebe gegenüber zutiefst loyal. Dann spielt es noch nicht einmal eine Rolle, ob du mit der betreffenden Person wirklich zusammen sein und eine Beziehung führen kannst. Du kannst eine große Liebe über alle Zeiten hinweg, gegen alle widrigen Umstände und trotz anderer Partnerschaften und Lebensumstände aufrechterhalten.

Beruf und Berufung

Mit Lilith im Steinbock ist der Weg oft steinig, anstrengend und höchst individuell. Erfolgreiche Menschen mit dieser Konstellation folgen meistens stur ihrer inneren Stimme, sind aber gleichzeitig sehr professionell und höchst perfektionistisch in dem, was sie tun. Wenn du deinen Weg gefunden hast, wie ungewöhnlich er auch sein mag, wirst du Erfolg haben, wenn die Qualität dessen, was du tust, bis in die tiefsten, instinktiven und lebenstragenden Ebenen hinein stimmt. Denn dann geht von deiner Arbeit eine unwiderstehliche Anziehungskraft aus, die andere überzeugt, selbst wenn sie nicht genau erklären können, warum. Auch habe ich beobachtet, dass Lilith im Steinbock zu einem sehr guten Instinkt für die Motivation anderer befähigen kann. Mit wachsender Erfahrung wirst du Machtstrukturen mühelos durchschauen, und wenn du dich sicher fühlst, wirst du dieses Wissen auch einsetzen, um zu bekommen, was du willst. Ein wichtiger Hinweis für diese Lilith-Position ist, dass du dich nicht in Rebellion gegen gewachsene Strukturen aufreiben solltest. Finde stattdessen deine eigene Nische innerhalb dieser Strukturen, und baue sie konsequent auf und aus. Das Abenteuer besteht darin, einen eigenen Kosmos zu kreieren, der die Gesellschaft berührt und deshalb trotz seiner Einmaligkeit verstanden wird oder sogar neue Maßstäbe setzt.

Wichtig ist auch, dass du dir Zeit gibst. Steinbock ist ein Prinzip, das langsames Reifen und spätes Aufblühen verkörpert. Du darfst nicht die Geduld verlieren und musst die eigenen Erfolge erkennen und wahrnehmen.

In einem meiner Lilith-Workshops arbeitete ich mit Laura, die einen originellen und konstruktiven Kanal für die Kraft von Lilith im Steinbock gefunden hat. Laura hat ihr eigenes Berufsbild entwickelt: »Psychologische Architektin«. Wenn sie Häuser entwirft und Wohnungen umbaut, berücksichtigt sie dabei die Wirkung, die Räume auf die Seele ihrer Bewohner haben. Unter anderem bezieht sie das Wissen um Feng-Shui und Farbpsychologie mit ein. Steinbock symbolisiert die Struktur, Lilith steht für die Psyche der Menschen – und als Kreativfaktor auch für die Idee, beides zusammenzubringen. Damit drückt die Architektin ihrer Arbeit einen persönlichen Stempel auf und berücksichtigt gleichzeitig die instinktiven Bedürfnisse der Bewohner. Eine perfekte und konstruktive Art, Lilith im Steinbock zu leben!

Lilith im Steinbock im Horoskop des Mannes

Hier habe ich oft den klassischen Patriarchen angetroffen, der seinerseits von einem sehr patriarchalischen Vater beeinflusst worden ist und von seiner Partnerin komplette Anpassung erwartet. Dabei ist er durchaus in der Lage, sie auf Händen zu tragen. Doch in seinem Leben ist oft kein Platz für eine Partnerin, die ihren eigenen Weg gehen will, besonders wenn Kinder da sind. Ein solcher Mann ist fassungslos, wenn eine Frau irgendwann Freiraum für ihre eigene Entwicklung einfordert oder ihn gar deshalb verlässt. Er ist einerseits dominant, andererseits abhängig. Allein zurechtzukommen fällt ihm schwer. Wird er verlassen, ist er privat hilflos. Beruflich ist er meist sehr erfolgreich. Auch bei ihm ist die Spannung zwischen einer extremen Disziplin und Zeiten des kompletten Durchhängens ausgeprägt. Wenn er glaubt, versagt zu haben, entwickelt er starke Schuldgefühle. Ich kenne ein Prachtexemplar mit Sonne und Lilith im Steinbock – gut aussehend, charismatisch, ehrgeizig, ein hingebungsvoller Ehemann. Er verlangt sich im Beruf das Äußerste ab, redet aber lautstark davon, dass die Familie viel wichtiger sei als der Beruf, und träumt davon, irgendwann mal in Südfrankreich eine Kneipe zu eröffnen. Rigides Leistungsdenken trifft hier auf die große Sehnsucht nach einem entspannten Leben im Süden. Lilith im Steinbock entspricht ja auch der Weisheit des Alters. Wenn so ein Mann mit zunehmendem Alter milder und gelassener wird, macht sich das sehr angenehm bemerkbar. Falls du Hausfrau und Mutter aus Leidenschaft werden willst, könntest du mit einem Mann mit Lilith im Steinbock glücklich werden.

Herausforderung

Mit Lilith im Steinbock fühlst du dich leicht einsam und unverstanden und glaubst, niemand außer dir blickt durch. Es kann dir sehr schwerfallen, zu delegieren und die Kontrolle abzugeben, denn keiner kann die Dinge so tun, wie du es für richtig hältst. Oder du stellst dich selbst permanent infrage und versuchst, es stets allen recht zu machen. Ich habe auch beobachtet, dass jemand sich in der Firma oft die unangenehmsten Aufgaben aufdrücken ließ, weil er glaubte, es würde seiner Karriere dienen. All das kann zu großer Erschöpfung und Frustration führen. Deine Neigung, bis zum Umfallen zu arbeiten, kann deine innere Kreativität zum Versiegen bringen. Geh sehr bewusst mit deinen Kräften um. Dein Wunsch nach innerer Unabhängigkeit kann dich davon abhalten, eine Familie zu gründen oder dich auf eine Beziehung einzulassen. Emotionale Verpflichtungen können dich ängstigen. Halte gelegentlich inne, und überlege dir, welchen Preis du zu zahlen bereit bist. Eine spirituelle Praxis oder das Einlassen auf Lebenslektionen können dir helfen, mehr Milde und Gelassenheit, auch mit dir selbst, zu entwickeln. Mit Lilith im Steinbock geht oft ein schwieriges, aber wichtiges Verhältnis zum Vater einher. Es zu klären, ist sehr hilfreich.

DEINE INSIGNIEN: *Bergkristall, Stein der Weisen, die Sense, Stundenglas, die Zahl Sieben, Totenkopf, Knochenamulette, Runen*

GÖTTINNEN: *Hekate, Göttin der Weisheit und des Todes*

ORTE: *Berglandschaft, Gipfel, Gletscher, Vulkan, Yellowstone Park, geschichtsträchtige Städte wie Rom oder Buenos Aires*

DEINE LILITH-ZEIT: *22. Dezember bis 20. Januar*

Persönlichkeiten mit Lilith im Steinbock

Karen (Tanja) Blixen (Widder) 14.01.1885
Elton John (Widder) 25.03.1947
Leonardo da Vinci (Widder) 15.04.1452
Schirin Ebadi, iranische Richterin, Menschenrechtsaktivistin mit Friedensnobelpreis (Zwillinge) 21.06.1947
George Orwell (Krebs) 25.06.1903
Günther Jauch (Krebs) 13.07.1956
Käthe Kollwitz (Krebs) 08.07.1867
Camilla, Duchess of Cornwall (Krebs) 17.07.1947
Jerry Hall (Krebs) 02.07.1956
Mata Hari (Löwe) 07.08.1876
Paulo Coelho (Jungfrau) 24.08.1947
Gala Dalí (Jungfrau) 07.09.1894
Romy Schneider (Waage) 23.09.1938
Hillary Clinton (Skorpion) 26.10.1947
Marie Curie (Skorpion) 07.11.1867
Ellen Johnson Sirleaf, Präsidentin von Liberia mit Friedensnobelpreis (Skorpion) 29.10.1938
Hape Kerkeling (Schütze) 09.12.1964
Marie Tussaud (Schütze) 07.12.1761
Stephenie Meyer, Autorin der Twilight-Saga (Steinbock) 24.12.1973
Ernst Fuchs (Wassermann) 13.02.1930
Valerie Trierweiler (Wassermann) 16.02.1965
Barbara Schöneberger (Fische) 05.03.1974

Lilith im Wassermann/11. Haus

PLANET: *Uranus, traditionell: Saturn (Steinbock)*
ARCHETYP: *die Rebellin, die kreative Außenseiterin*
ELEMENT LUFT: *Austausch, Ideen, Geist*
SCHLÜSSELWORTE: *Genialität – Freiheitsdrang – Einzigartigkeit – Verschwörung – Außenseiter – Randgruppen – Verbannung – Skandale – Provokation – Toleranz – verkanntes Genie – Erfolg in der Fremde – Rückzug – Experimente – Wohngemeinschaften – freie Liebe*
ENTSPRICHT DEM 11. HAUS DES HOROSKOPS: *Freundschaften, Gleichgesinnte, Netzwerke, Gesellschaft, Politik/politische Aktivisten, Zukunft*
ERGÄNZENDER GEGENPOL ZUM ZEICHEN LÖWE/5. HAUS

Lilith im Wassermann als Weg

In der Astrologie wird das Zeichen Wassermann von Uranus beherrscht. Bis zu dessen Entdeckung herrschte Saturn im Wassermann. Deshalb findest du vielleicht auch im Kapitel »Lilith im Steinbock« (Seite 252) Informationen, die für Lilith im Wassermann interessant sein können.

Uranus gehört zu den sogenannten »geistigen Planeten« Uranus, Neptun und Pluto. Sie wurden erst im 20. Jahrhundert entdeckt, während die übrigen Gestirne unseres Sonnensystems, die mit bloßem Auge sichtbar sind, schon seit Äonen im menschlichen Bewusstsein verankert waren. Die Entdeckung von Uranus fiel in die Zeit der Industrialisierung und der Französischen Revolution. Seit wir Astrologen ihn beobachten, hat er sich als Faktor für technische Errungenschaften, Neuerungen, wissenschaftliche Erkenntnisse und ein neues Bewusstsein etabliert. Er gilt auch als Planet der Astrologie und natürlich des Wassermann-Zeitalters. Psychologisch zeigt er innere Unruhe, Genialität, den Wunsch nach Einzigartigkeit, Überraschungen, Rebellion und Erfindergeist an.

In der griechischen Mythologie war Uranus (Uranos) ein sehr ursprüngliches Gottesprinzip aus dem Schöpfungsmythos. Die Erdgöttin Gaja brachte Uranus aus sich selbst hervor, er war also ihr Sohn und später ihr Partner. Zu den Kindern aus dieser Verbindung gehören diverse Zyklopen und andere Ungeheuer, aber auch Saturn (Kronos) der später dem wilden Treiben seines Vaters Uranos Einhalt gebot, indem er ihn entmannte. Danach verlor Uranos im griechischen Pantheon an Bedeutung. Wichtig an diesem Schöpfungsmythos ist die Idee, dass mit Uranos erstmals das männliche Element in die Welt kam. Insofern symbolisiert Uranus eine völlig neue Kraft und Energie, die zuvor noch nicht existiert hatten.

Im Zeichen Wassermann treffen wir auf Menschen, die den Wunsch nach Originalität und Unabhängigkeit in sich tragen, auf kreative Geister und auf eine Neigung, gegen die bestehende Ordnung zu rebellieren. Auch Lilith ist ein Symbol für den Wunsch nach Unabhängigkeit. Die Dämonen aus dem Lilith-Mythos werden als Sinnbild für »schräge Vögel« beziehungsweise Menschen aus gesellschaftlichen Randbereichen gesehen. Auch das Zeichen Wassermann gilt als Heimat der Außenseiter, der (verkannten) Genies, Erfinder, Eigenbrötler oder politischen Aktivisten, die Zukunft gestalten, aber in der Gegenwart noch nicht verstanden werden. Uranus ist ein geistiges Prinzip – und auch Lilith weist mit ihren Flügeln eine Verbindung zum Geistigen auf. Zudem gilt sie im Horoskop als Faktor für Kreativität und Eigensinn. Und sie rebellierte gegen die neue Ordnung, die ihr durch das Patriarchat aufgezwungen werden sollte. Es ist offensichtlich, dass beide Kräfte, Lilith und Wassermann, große Übereinstimmungen aufweisen. Und wenn sich die beiden Prinzipien treffen, verstärken sie sich gegenseitig. So finden wir mit Lilith im Wassermann häufig Persönlichkeiten, die einen großen Freiheitsdrang entwickeln und auch ihre Ideen frei zum Ausdruck bringen wollen. Sie möchten sich als Künstler oder Erfinder entfalten und etwas Neues, noch nie Dagewesenes kreieren. Sie pfeifen auf gesellschaftliche Konventionen oder nehmen Widerstände und Ablehnung in Kauf, um ihrer individuellen Bestimmung zu folgen. Erfolg und Einfluss sind dabei nicht unbedingt ein Motor, eher der Wunsch zu experimentieren oder auch, sich selbst zu beweisen, dass man es anders machen kann als alle anderen. In ihren Biografien finden sich Brüche, verschiedene Ausbildungen und Karrieren, Abwendung von dem, was Eltern oder das gesellschaftliche Umfeld vorgesehen hatten. Da Uranus auch den Rhythmus regiert, finden wir viele begabte Musiker mit Lilith im Wassermann, die neue, provozierende Klänge entwickelt haben. Ähnlich wie bei Lilith im Löwen (das genau gegenüberliegende Zeichen) scheint auch Lilith im Wassermann eine außerordentliche künstlerische Kreativität zu fördern. Doch anders als beim Löwen kommt es hier weniger auf den Showeffekt an als darauf, künstlerisch neue Wege zu gehen.

Abenteuer und Kreativität

Die Zukunft der Gesellschaft ist ein Feld, auf dem du deine Abenteuer findest und wo sich deine Kreativität entfalten kann. Auch wenn du als Künstlerin oder Schriftstellerin kreativ bist – du hast die Kraft, die Gesellschaft mit deinem Tun zu berühren und aufzurütteln. Provokation und Humor sind dabei sehr gute Mittel. Es ist dir wichtig, dich von anderen abzuheben, und du wirst auch Menschen vor den Kopf stoßen, wenn du von einer Sache überzeugt bist. Interessante, widerborstige Künstler, die für Verwirrung und Verblüffung sorgen, trifft man mit dieser Konstellation genauso häufig an wie erfolgreiche Schlagersänger, die auf den ersten Blick spießig wirken mögen, aber mit gewissen Brüchen in ihrem Image für Aufsehen sorgen. Auch du bist eine Persönlichkeit mit Ecken und Kanten. Irgendwo in dir ist die Außenseiterin, die geliebt werden will, ohne sich dafür verstellen zu müssen. Teil deines Abenteuers ist es, trotz deiner Einmaligkeit in Verbindung mit anderen zu bleiben. Es kann sehr erleichternd sein, festzustellen: Ich bin nicht die Einzige. Deshalb ehre das, was an dir so anders ist, aber zieh dich nicht innerlich zurück. Finde die »freien Vögel«, die anderen Unangepassten, mit denen du dich verstehst. Und finde diejenigen, die darauf gewartet haben, dass du sie aus ihren Denkschranken befreist.

Liebe und Beziehungen

Vergiss, was die anderen sagen, vergiss die Beziehungsratgeber und Flirtguides! Du lässt dich nicht in ein Schema pressen! Ob treue Partnerschaft, Zölibat oder freie Liebe – für dich ist alles möglich! Entweder du experimentierst lange, bevor du dich überhaupt einlässt, oder du startest ganz früh mit einer Partnerschaft und Kindern – dann beginnst du vielleicht in der Mitte des Lebens noch mal ganz von vorn. Manche Wassermann-Liliths entfalten sich leichter in einer Gemeinschaft, beispielsweise in einer spirituellen Gruppe, wo sie Liebe ohne die Besitzansprüche einer festen Paarbeziehung erleben können. Du kannst dich der Liebe besonders gut auf dem Weg der Freundschaft oder der gemeinsamen Interessen annähern. Deine Leidenschaft flammt kurz und heftig auf, aber dann brauchst du wieder Abstand. Ein Partner, mit dem du ein Engagement oder eine Vision teilst, ist ideal für dich. Dabei sollte für genug Distanz gesorgt sein, durch Phasen der räumlichen oder zeitlichen Trennung. Dein Partner sollte originell, aber trotzdem geduldig sein, großzügig und selbst mit spannenden Themen beschäftigt. Wenn du erlebst, dass dir Partner »weglaufen«, ziehst du solche Menschen vielleicht unbewusst in dein Leben, weil du so viel Freiraum brauchst. Es ist essenziell für dich, deine eigenen Grenzen und Bedürfnisse genau zu kennen. Es kann für dich sehr anstrengend werden, wenn du versuchst, eine normale, konventionelle Beziehung zu führen. Du bist eher eine, die ihre eigene Beziehungsform erfindet und so lebt, wie es zu ihr passt. Häufig sehen wir mit dieser Konstellation auch Beziehungen zu einem viel älteren oder jüngeren Partner oder spätes Beziehungsglück, wenn etwas mehr Gelassenheit und Reife die Neigung zur Rebellion ausgleichen.

Beruf und Berufung

Du möchtest es anders machen als die anderen. Etablierte Traditionen machen dich misstrauisch. Wenn behauptet wird, du seist für etwas ungeeignet, wirst du es erst recht tun, um zu beweisen, dass sich deine kühne Idee durchsetzt. Soziale Berufe, bei denen du dich für Benachteiligte einsetzt, liegen dir. Wenn in deinem Job etwas im Argen liegt für dich oder für die anderen, sprichst du es furchtlos an und hast keine Angst, dich mit deinen Vorgesetzten anzulegen. Wichtig ist, dass du Dinge nicht nur um des Widerstands willen tust. Du bist eine Kämpfernatur. Finde also dein Ding, das, wofür es sich zu kämpfen lohnt, damit deine beachtliche Energie nicht wirkungslos oder am falschen Ort verpufft. Im Wassermann ist Lilith ein besonders elektrisierender Kreativfaktor, der den Geborenen eine unruhige, geniale Energie verleihen kann. Die Ausstrahlung kann so stark sein, dass andere Menschen auf Abstand gehen, weil sie sich dadurch irritiert fühlen. Ein Beruf, der dir ermöglicht, kühne, zukunftsgerichtete Visionen zu entwickeln, liegt dir – ob künstlerisch oder gesellschaftlich. Oder eine Arbeit mit Menschen, bei der du durch gezielte Provokationen aufrüttelst und aufweckst, zum Beispiel als Coach oder Vortragsrednerin. Wenn du etwas Normales, Bequemes mit Sicherheit und bezahltem Urlaub machen möchtest, wirst du Kompromisse eingehen müssen, die dir gegen den Strich gehen. Teamwork ist gut für dich – solange es ein modernes Team mit flachen Hierarchien ist. Das Netzwerk, die Gruppe von Gleichgesinnten, damit kommst du am besten zurecht. Als Wissenschaftlerin wärst du genial, wobei die Engstirnigkeit des akademischen Betriebs eine Herausforderung für dich darstellt. Du könntest wunderbar auf den neuen Wegen zwischen Wissenschaft und Spiritualität wandeln.

Lilith im Wassermann im Horoskop des Mannes

Wenn sich diese Konstellation im Horoskop eines Mannes stark durchsetzt, beschreibt sie einen faszinierenden, aber auch schwierigen Charakter. Er ist nach außen hin freundlich, originell und mitreißend, kann aber privat verschlossen und eigensinnig sein. Oder er wechselt sprunghaft von totaler Nähe zu völliger Distanz. Mal ist er heiß, mal kalt, mal leidenschaftlich, mal desinteressiert. Er kann ein genialer Freund und sehr treuer Partner sein, wenn man ihn tolerant akzeptiert. Erwartungen können ihn sehr stressen, entweder er verausgabt sich, um ihnen zu entsprechen, oder lehnt genau das total ab, weil er glaubt, dies würde seine Aufrichtigkeit verfälschen. Er provoziert gern und stößt auch die vor den Kopf, die ihn lieben. Doch ihn ändern zu wollen und sich aufzuregen nützt nichts. Mit ihm brauchst du Geduld, Vertrauen und einen langen Atem. Es dauert lange, bis er sich sicher fühlt und traut, echte Gefühle zu zeigen. Beruflich kann er sehr zuverlässig und professionell sein – oder ein Tausendsassa, der alles Mögliche anfängt und nichts zu Ende bringt. Das hängt von den übrigen Horoskopfaktoren ab. Dieser Mann sucht die starke Partnerin, die in sich ruht, ihre eigenen Interessen verfolgt und sich von seinem Theater nicht blenden lässt. Hinter seiner witzigen, charismatischen und zuweilen auch arroganten Fassade verbirgt sich häufig ein verunsicherter kleiner Junge, der bedingungslose Mutterliebe sucht.

Herausforderung

Lilith im Wassermann kann dich dazu verleiten, eine tiefe Verachtung denen gegenüber zu entwickeln, die »es einfach nicht kapieren«. Da taucht das Motiv von Lilith im Widerstand gegen Gott und das Patriarchat wieder auf. Lilith verließ das Paradies, statt sich zu erklären oder ihre Macht zu demonstrieren. Sie war nicht bereit, sich dem ahnungslosen, aber leider stärkeren männlichen Prinzip gegenüber zu rechtfertigen. Auch du neigst zum Verstummen, wenn du dich unverstanden fühlst, und gibst anderen keine Chance, mehr über dich zu erfahren und dich besser zu verstehen. Lilith im Wassermann kann im ungünstigen Fall in eine Verweigerungshaltung münden. Dann hält man sich für etwas Besseres, für das unverstandene Genie, und die Schaffenskraft bleibt latent und blockiert. Alles, was dir hilft, dich zu öffnen und in Verbindung mit anderen zu gehen und zu bleiben, ist hilfreich, zum Beispiel Freundschaften pflegen, sich in einer politischen Gruppe engagieren, Kontakt mit Kindern haben, Theater spielen oder, wenn du nicht so gern redest, in einer Band oder einem Orchester spielen bzw. im Chor singen. Achte darauf, dass du nicht zu viel Zeit am Computer verbringst. Das könnte deine Tendenz zur Abkapselung verstärken.

DEINE INSIGNIEN: *Eule der Weisheit, Flügel, Schwert als Tarot-Symbol, Blitze und Gewitter, Lavagestein, Meteoriten, Fluggeräte, moderne Kunstwerke*
GÖTTINNEN: *Sophia, Göttin der Weisheit*
ORTE: *Hawaii, Pazifikküste, New Mexico, Key West, Holland, Sky-Lounge, Flughafen*
DEINE LILITH-ZEIT: *21. Januar bis 19. Februar*

Persönlichkeiten mit Lilith im Wassermann

Gro Harlem Brundtland (Widder) 20.04.1939
Joseph Beuys (Stier) 12.05.1921
Sophie Scholl (Stier) 09.05.1921
Clint Eastwood (Zwillinge) 31.05.1930
Marion Zimmer Bradley (Zwillinge) 03.06.1930
Milva (Krebs) 17.07.1939
Joanne K. Rowling (Löwe) 31.07.1965
Neil Armstrong (Löwe) 05.08.1930
Ray Charles (Jungfrau) 23.09.1930
Amy Winehouse (Jungfrau) 14.09.1983
Christoph Waltz (Waage) 04.10.1956
Björk (Skorpion) 21.11.1965
Niki de Saint Phalle (Skorpion) 29.10.1930
Armin Müller-Stahl (Schütze) 17.12.1930
Anke Engelke (Schütze) 21.12.1965
Marie Duplessis, berühmte Kurtisane, Vorbild für Alexandre Dumas' »Kameliendame« und Verdis »La Traviata« (Steinbock) 15.01.1824
Fritjof Capra (Wassermann) 01.02.1939
Caroline von Monaco (Wassermann) 23.01.1957
Anne Will (Fische) 18.03.1966
Cindy Crawford (Fische) 02.02.1966

Lilith in den Fischen / 12. Haus

Planet: *Neptun, traditionell: Jupiter (Schütze)*
Element Wasser: *Gefühl, Intuition, Seele*
Archetyp: *die Wandlerin zwischen den Welten, die Mystikerin*
Themen: *selbstlose Liebe – Opfer bringen – Muse sein – Schein und Sein – widersprüchliche Kräfte – große Liebe – Femme fatale – Fantasie – Schmerz – Abhängigkeit – Entfremdung – Spiritualität – Einsatz für Schwächere – Helfen und Hilflosigkeit – Reinkarnation – Martyrium – Mysterien*
Entspricht dem 12. Haus: *Rückzug, Abgeschiedenheit, Medialität, Wohltätigkeit, Opfer, loslassen, Transzendenz*
Ergänzender Gegenpol zum Zeichen Jungfrau / 6. Haus

Lilith in den Fischen als Weg

Der astrologische Herrscher des Zeichens Fische ist Neptun. Als griechischer Gott Poseidon regierte er die Gewässer der Erde. Außerdem war er Mitherrscher der gesamten griechischen Götterwelt, neben Zeus/Jupiter, der den Himmel regierte, und Hades/Pluto, dem Herrscher der Unterwelt. Das Element Wasser steht in der psychologischen Astrologie für die Welt der Gefühle, der instinkthaften Reaktion, der Träume und der Seele – alles Bereiche, die sich mit dem Verstand zwar beschreiben, aber nicht wahrnehmen lassen. Gefühle kann man nur fühlen. Sie sind wesentlich urtümlicher als der

Intellekt und kommen viel schneller im Gehirn an. Ehe sich der Verstand einschalten kann, hat uns eine emotionale Reaktion schon längst auf viel tieferen Ebenen bewegt. Im Zeichen Fische geht es vor allem um das Mitgefühl, das die Grenzen zwischen dem eigenen Ego und dem Mitmenschen aufhebt. Das Bewusstsein, dass wir alle miteinander verbunden sind, ist ein Fische-Thema, ebenso wie selbstlose Liebe, Spiritualität, Glaube und Transzendenz. Das Zeichen Fische ist das letzte im Tierkreis, und seine Symbolik ist, loszulassen und innere Einkehr zu halten. Während der Widder den Kampf um den Eintritt ins Leben symbolisiert, überlassen wir uns im Zeichen Fische dem All-Eins, dem Leben nach dem Tod, in dem sich das Ego auflöst. Entsprechend sind Menschen mit viel Fische-Energie im Horoskop häufig sensible Romantiker und Visionäre mit medialer Begabung, sozusagen auf Du und Du mit dem Übersinnlichen. Oder zumindest sehr fantasievoll und kunstbegabt. Manche Fische haben Angst vor diesen Welten und geben sich betont nüchtern oder sogar rabiat, doch dahinter steckt meist ein weicher Kern. Die Kehrseite dieser Energie kann ein Hang zur Opferrolle und zum Selbstmitleid sein, zu Süchten und Abhängigkeiten.

Wie passt das zur wilden Lilith, die doch für Unabhängigkeit, Eigensinn, Kompromisslosigkeit, Provokation und den Kampf gegen Ungerechtigkeit steht? Im Zeichen Fische mag Lilith vielleicht weniger energisch und kratzbürstig erscheinen. Doch sie kann sich entfalten, wenn es darum geht, loszulassen und Opfer zu bringen, um sich selbst treu zu bleiben, sich für Schwächere einzusetzen, die Gabe intuitiver Weisheit ebenso zum Ausdruck zu bringen wie die Kraft der Gefühle, in visionärer Kreativität und einer magischen Spiritualität. Außerdem entfaltet sie sich in der Fähigkeit, scheinbare Widersprüche zu leben und zu integrieren. Schau dir aus dieser Perspektive einmal das Leben von Weltstar Angelina Jolie an. Sie hat Lilith in den Fischen, in einer markanten Konstellation mit ihrem Sternzeichen Zwillinge und Fische-Herrscher Neptun. Eine befreundete Journalistin, die Angelina ganz zu Beginn von deren Karriere einmal interviewte, ist bis heute beeindruckt von diesem Gespräch. Sie berichtet, dass Jolie, deren Eltern selbst in Hollywood erfolgreich waren, die besten Startbedingungen hatte. Als Schauspielerin zu arbeiten, das war nicht ihr Ziel, sondern ihr Ausgangspunkt. Ihr wahres Seelenziel kannte sie schon damals, lange bevor sie zu Weltruhm aufstieg: »Ich bin dankbar für meine Chance in Hollywood. Ich will Erfolg haben, damit ich einmal in der Lage sein werde, Gutes zu tun.« Über Partnerschaften sagte sie: »Ich finde es wichtig, sich auf einer ganz tiefen Seelenebene mit dem Partner zu verbinden – aber man muss sich auch immer wieder entziehen.« Fasziniert von ihrer Ausstrahlung und Schönheit, hatte ich mich immer gewundert, wie das zusammengeht: Angelinas teils geschmacklose Rollen in brutalen Actionfilmen und ihr unermüdliches Engagement für Kinder auf aller Welt, ihre wilde Psychovergangenheit und ihre – inzwischen ja leider gescheiterte – Beziehung zu Brad Pitt, ihr Familienleben mit den vielen eigenen und adoptierten Kindern und ihre harte Arbeit. Und wie bei all dem ihre Persönlichkeit ein Geheimnis bleibt, ein Spiel mit dem Image der Sünderin und der Heiligen. Bis ich in Angelinas Horoskop die Konstellation mit Lilith in den Fischen sah, der Wandlerin zwischen den Welten. Das ergab für mich einen Sinn. Angelina ist ein gutes Beispiel dafür, wie eine Frau Lilith in den Fischen zum Ausdruck bringen kann.

Abenteuer und Kreativität

Das Leben mit Lilith in den Fischen hat etwas Schwelgendes, Elegisches, Geheimnisvolles. Liebesdramen, Opfer aus Liebe, spirituelle Hingabe, Sehnsucht nach Verschmelzung, Helfen und Bedürftigkeit, äußerliches Charisma und innere Einsamkeit – das sind die Themen, die diese Konstellation emotional berührend machen. Eine große Intuition für Kunst und die Gefühle des Publikums kann zu den Gaben dieser Konstellation gehören, ebenso der Wunsch, die Welt zu verbessern, und ein großes Herz für Schwächere. Vielleicht fühlst du dich zunächst wie ein kleines Boot auf einem riesigen Ozean voller Wellenberge – aber du selbst mit deinen Gefühlen bist es, die diesen Sturm erzeugt hat. Es ist wichtig für dein persönliches Abenteuer, in tiefem Kontakt mit deiner Seele zu sein und ihre Sprache zu verstehen. Sie spricht durch Träume oder durch eine große Liebe, durch die Augen eines Kindes oder wenn du einem hilflosen Tier das Leben rettest. Sie berührt dich mit den Klängen von Musik oder den Farben eines Kunstwerks. Mach dich damit vertraut. Das Spiel mit der eigenen Identität kann Teil deines Abenteuers sein. Wer bist du wirklich, was ist Schein, was ist Sein? Wie begegnest du deiner Umwelt? Wer erfährt, was wirklich in deinem Herzen vor sich geht? Wahrscheinlich hütest du dein Privatleben, zeigst nach außen lieber dein Engagement für die Schwachen oder die Kunst, aber man erfährt kaum etwas darüber, was dich wirklich innerlich bewegt. Falls du ein ausgeprägtes Bedürfnis nach Rückzug und Einsamkeit hast, folge ihm, und finde die Orte, an denen du auftanken kannst.

Liebe und Beziehungen

Die Liebe nimmt wahrscheinlich einen großen Raum ein in deinem Leben. Du bist sehr romantisch, aber nicht auf eine süßliche Art, sondern mit Ecken und Kanten, mit Geheimnissen und Abgründen. Das macht dich sehr anziehend. Es kann dir passieren, dass du dich auf ein Spiel mit Unterwerfung und Abhängigkeit einlässt, dass man völlige Hingabe von dir fordert und du bereit bist, bis zur Schmerzgrenze und darüber hinaus zu gehen, dass du gern mit einem starken, dominanten Partner zusammen bist, dass du Grenzen und Tabus in der Sexualität überschreitest. Du warst vielleicht in deiner Kindheit und Jugend entfremdenden Einflüssen ausgesetzt, etwa durch streng religiöse, überstarke oder schwächliche Elternfiguren, was es dir zunächst schwergemacht hat, deine Identität zu finden oder deine Grenzen zu erkennen. Doch du besitzt eine innere Stärke, eine Art Unberührbarkeit. Ein Teil von dir bleibt immer rein, und niemand kann ihn zerstören. Sensible Menschen nehmen diese Energie in deiner Ausstrahlung wahr und fühlen sich davon angezogen. Es kann auch sein, dass du in anderen einen Beschützerinstinkt weckst. Deine Kraft ist eine feine Schwingung, die aus der Seele kommt. Der Glaube an die Liebe und dein Instinkt dafür, wer letztlich gut für dich ist, kann dich trotz einiger Irrungen und Wirrungen zu einem schönen Beziehungsglück mit einem verständnisvollen Partner führen. Du hast die Gabe, Menschen mit großem Herzen in dein Leben zu ziehen, die deine Kostbarkeit aus tiefster Seele verstehen. Niemand wird dich je ganz kennen, da bleibt immer ein Geheimnis, und das macht dich für andere so faszinierend.

Beruf und Berufung

Auch auf deinem beruflichen Weg hilft es dir, wenn du auf dein Inneres hörst. Dann wandelst du mit traumwandlerischer Sicherheit und findest deinen Weg, auch abseits von gewöhnlichen Pfaden. Es ist nicht unbedingt deine Art, dich laut und aggressiv durchzusetzen. Manchmal fragst du dich selbst, wie du zu deinem Traumberuf gekommen bist. Aber du kannst ihn finden, wenn du an dich glaubst und dich nicht beirren lässt. Musik, Kunst und Therapie, alles, was die Seele der Menschen berührt, liegt dir besonders. Du hast auch ein gutes Gespür dafür, was Menschen bewegt. Alternativ würde es dich glücklich machen, dich in Hilfsorganisationen zu engagieren. Noch besser, wenn du beides miteinander verbinden kannst. Manche wählen auch beruflich das Mittel der Provokation, überschreiten die Grenzen des »guten Geschmacks« und experimentieren mit Schein und Sein, um Aufmerksamkeit für ihr Thema oder ein gesellschaftliches Problem zu bekommen. Egal, was du beruflich tust, es kann dir passieren, dass du zur Anlaufstelle für Leute mit seelischen Problemen wirst. Hier musst du aufpassen, dass man dich nicht ausnutzt. Auch Geld kann ein schwieriges Thema für dich werden, da es dir nicht unbedingt liegt, dich in den Vordergrund zu stellen und einzufordern, was dir zusteht. Die Freude und das Gefühl, etwas Gutes zu bewirken oder eine interessante Tätigkeit zu haben, sind wichtiger für dich als das Entgelt. Generell fällt es dir leichter, zu Geld zu kommen, wenn es um den Einsatz für andere geht. Persönliche Gefühle können dich in deinem Beruf beeinflussen und sogar vom Weg abbringen. Das ist der Grund, weshalb so viele

Prominente mit dieser Konstellation ihr Privatleben strikt geheim halten. Es kann eine gute Option sein, Privates klar von Beruflichem zu trennen.

Lilith in den Fischen im Horoskop des Mannes

Nach meiner Erfahrung drückt sich Lilith im Horoskop des Mannes eher indirekt aus. Das hängt stark von seinem Sternzeichen ab. Den gemeinsamen Nenner kann man wohl am ehesten mit »raue Schale, weicher Kern« umschreiben. Für Männer ist es bis heute schwer, Sensibilität und Medialität, die häufig mit dieser Konstellation einhergehen, zuzulassen und auszudrücken. So wird ein solcher Mann eher eine Coolness, ja sogar einen gewissen Zynismus zur Schau stellen, dahinter versteckt er alles, womit er sich angreifbar machen könnte. Dem gegenüber kann ein Hang zum Selbstmitleid oder eine Überempfindlichkeit stehen. Auch umgibt ihn häufig ein Geheimnis. Man hat das Gefühl, ihn nie so ganz zu kennen. Doch er glaubt an die Liebe, und wenn sie ihn richtig erwischt, kann er dafür alles andere stehen und liegen lassen. Überhaupt können ihn Ereignisse, die ihn gefühlsmäßig stark beeinflussen, regelrecht aus der Bahn werfen. Eine starke Partnerin, die liebevoll in Führung geht und sich von seinen Stimmungsschwankungen nicht beeindrucken lässt, kann ein Segen für ihn sein. Wenn er einen spirituellen oder künstlerischen Weg einschlägt, ist das eine gute Möglichkeit, die in ihm widerstreitenden Energien auszugleichen und zu integrieren.

Herausforderung

Die Kehrseite dieser Lilith-Konstellation kann ein Hang zu Illusionen sein, zu Problemen mit dem Empfinden der Realität. Du redest dir etwas schön oder lässt dich wie von einer unsichtbaren Kraft gegen deinen Willen in Situationen hineinziehen, die dir nicht guttun. Oder du glaubst, du müsstest Opfer bringen, wo es gar nicht angebracht ist. Das birgt die Gefahr, dass du in Koabhängigkeiten gerätst, dass du seelisch oder auch körperlich missbraucht wirst. Da deine Psyche sehr empfindsam ist, kann eine Neigung bestehen, Ängste und Probleme mit Drogen, Alkohol oder Tabletten zu bekämpfen oder andere Störungen wie Magersucht zu entwickeln. Es ist sehr wichtig, dass du in Kontakt mit deiner inneren Stärke bist und lernst, deine Grenzen zu verteidigen. Sei mit Substanzen aller Art sehr vorsichtig. Ein anderes Problem mit Lilith in den Fischen kann sein, dass du dich völlig verschließt und zurückziehst, sodass niemand mehr an dich herankommen kann. Übungen, die dich in Kontakt mit deiner inneren Stimme bringen, tun dir gut. Eine spirituelle Heimat in einem Glauben, einer magischen Praxis oder der Natur selbst zu finden ist essenziell für dich. Das Erlebnis der Mutterschaft mit der Verantwortung für die Kinder bringt dich auf ganz natürliche Weise in Kontakt mit der Realität. Engagement für andere ist auch für dich selbst heilsam.

Deine Insignien: *Muschel, Koralle, Meersalz, Amethyst, Perlmutt, Traumfänger, Kaleidoskop, Delfin, Albatros*

ORTE: *Inselstrände, Küstenlandschaften, Wattenmeer, griechische Inseln*
GÖTTINNEN: *Yemaya, afrikanische Göttin des Meeres, der Träume und des Trostes, Tiamat, Göttin des dunklen, verschlingenden Ozeans*
DEINE LILITH-ZEIT: *20. Februar bis 20. März*

Persönlichkeiten mit Lilith in den Fischen

Patrick Süskind (Widder) 26.03.1949
Wangari Maathai, Umweltaktivistin, erste Afrikanerin
  mit Friedensnobelpreis (Widder) 01.04.1940
Charlotte Brontë, Autorin von »Jane Eyre« (Stier) 21.04.1816
Cecilia Bartoli (Zwillinge) 04.06.1966
Angelina Jolie (Zwillinge) 04.06.1975
Nina Hoss (Krebs) 07.07.1975
Peter Paul Rubens (Krebs) 28.06.1577
Charlize Theron (Löwe) 07.08.1975
Maria Furtwängler (Jungfrau) 13.09.1966
Hans Zimmer (Jungfrau) 12.09.1957
Stefan Raab (Waage) 20.10.1966
Donna Karan, Modeschöpferin »DKNY« (Waage)
  02.10.1948
Prince Charles (Skorpion) 14.11.1948
Hera Lind (Skorpion) 02.11.1957
Tina Turner (Schütze) 26.11.1939
Gerard Depardieu (Steinbock) 27.12.1948
Linda Susan Boreman, als »Linda Lovelace« Star des Pornoklassikers »Deep Throat«, engagierte sich danach gegen
  Pornografie (Steinbock) 10.01.1949
Lotte von Strahl, Seherin und Medium (Steinbock) 30.12.1895

Maria Augusta von Trapp, Klosterschülerin und Gründerin des Trapp-Chors, Vorbild für das Musical »The Sound of Music« (Wassermann) 26.01.1905

Drew Barrymore (Fische) 22.02.1975

Eva Longoria, Schauspielerin und Charitylady (Fische) 15.03.1975

Michail Gorbatschow (Fische) 02.03.1931

Löwenmütter und wilde Kinder – Lilith im Horoskop des Kindes

Lilith als Rebellin, Tabubrecherin, Symbol für die Instinktnatur und archaische Gefühle, ist eigentlich von Natur aus so etwas wie eine »Schutzpatronin des ungezähmten Kindes«. Und eigentlich sind alle Kinder ungezähmt, bis wir sie an unsere Kultur gewöhnen und ihnen Regeln beibringen. Wenn sich Lilith beim Kind gut entwickeln soll, muss es in die Lage versetzt werden, seine Stärken zu erproben und in Kontakt mit seiner inneren und äußeren Natur zu kommen. Das beginnt mit dem Herumtragen, der natürlichen und archaischen Form, ein Baby ins Leben hineinzutragen. Für meine Tochter – Lilith am Aszendenten – kamen Laufställchen, Wippen, Kinderwagen, ja selbst das Bettchen in den ersten neun Monaten nicht infrage. Sie ließ sich einfach nicht auf diese Weise »ruhig stellen«. Es war unglaublich anstrengend, denn sie schlief nur, wenn sie am Körper getragen wurde. Ich habe nie bereut, es so gemacht zu haben. Sie dankte es uns mit einem ausgeprägten Körpergefühl, einem natürlichen Instinkt dafür, was gefährlich ist und was nicht, und einem enormen Urvertrauen. Lilith möchte, dass das Kind herumklettern und sich schmutzig machen darf, Tiere und Menschen kennenlernt, dem Wetter ausgesetzt ist, die Jahreszeiten wahrnimmt, Freiheit und wiederkehrende Rituale innerhalb beschützender Strukturen erleben kann. Wie Astrid Lindgrens Kinder von Bullerbü! (Lindgren hat ihre Lilith im Mutter-und-Kind-Zeichen Krebs.)

Auch an das Tabuthema, für das Lilith steht, rühren die Kinder auf ganz natürliche Weise ständig. Wie oft weisen wir sie zurecht, einfach weil sie ausprobieren, was ihren natürlichen Regungen entspricht, aber in der Erwachsenenwelt als unangemessen erachtet wird. Ständig überschreiten sie Regeln und Tabus – häufig ohne es zu ahnen. Im Alter von zwei bis drei Jahren spielen Kinder unbefangen mit ihrem Körper und entdecken dabei auch lustvolle Empfindungen. Je nach Situation kann ein solches Verhalten »peinlich« wirken. Die Auseinandersetzung damit ist heikel, denn es gehört natürlich zum Heranwachsen dazu, das »Paradies« kindlicher Verhaltensweisen verlassen zu müssen. Als Eltern sind wir gefordert, unsere Kinder dabei so zu begleiten, dass sie sich nicht zu Unrecht bestraft oder in ihrem Sein abgelehnt fühlen. Lilith im Horoskop des Kindes symbolisiert Situationen, in denen uns das Kind durch unbefangenes, aber »unpassendes« Verhalten herausfordert, gerade beim Erproben erster sexueller Regungen. Ich habe als Mutter einige wenige Szenen dieser Art erlebt, wurde aber auf wundersame Weise »geführt«. Es gelang mir, so mit der Situation umzugehen, dass sich meine Tochter nicht abgelehnt fühlen musste. Sie lernte, dass es sinnvoll ist, gewisse Regeln einzuhalten, doch dass ihre Gefühle und Empfindungen trotzdem richtig sind. Ich hatte Glück, meine Tochter ist ein sehr verständiges Kind. Es gibt viel wildere Kinder, bei denen das Ringen um Kompromisse im Zusammenleben wesentlich schwieriger ist. Gleichgültig, ob ein Kind schnell versteht oder erst mal ausrastet und rebelliert bis zur Erschöpfung – Lilith steckt in der Fähigkeit der Kinder, uns an die Grenzen zu bringen, aber dadurch auch Kräfte zu mobilisieren, von denen wir gar nicht wussten, dass wir sie haben. Lilith fordert uns durch das Kind auf, den Aspekt der wilden und furiosen Mutter zu integrieren und die Kinder nicht bloß mit Zurechtweisungen zu langweilen, sondern zu faszinieren. Wie die wilde »Löwenmutter«, die ihren Jungen das Jagen beibringt, sie energisch in ihre Grenzen weist und bei Gefahr mutig verteidigt. Während einer schwierigen Kleinkindphase mit meiner Tochter fragte ich mich verzweifelt, warum Menschenbabys immer schreien und sich auflehnen, während Tierbabys offenbar verdammt großen Respekt vor ihren Müttern haben. Durch »Zufall« bekam ich genau in dieser Zeit eine herrliche Doku über das Sozialleben der Löwinnen zu sehen. Sie erziehen ihre Kleinen, indem sie ihnen die eigene Kompetenz demonstrieren. In einer Schlüsselszene beobachteten zwei Minilöwen gebannt, wie sich die Mutter anschlich, um zu jagen – aber dann fing eines an zu spielen und verscheuchte dadurch die Beute. Die Mutter zeigte durch wütendes Fauchen, wie erzürnt sie darüber war, und strafte das Kleine mit zeitweiliger Nichtbeachtung. Tierkinder können frech sein und die eigene Mutter als »Spielzeug« gebrauchen. Sie ist geduldig, doch sie zeigt auch energisch, wenn es genug ist. Ich machte es bei nächster Gelegenheit genauso – und war sehr erfolgreich damit.

Deshalb zieht los mit euren Kindern, erlebt etwas mit ihnen gemeinsam, unterdrückt nicht ängstlich ihre Neugier und ihren Forschergeist – und stellt sie vor allem nicht vor dem Fernseher und Computerspiel ruhig! Ich habe erlebt, dass meine Tochter in aufregenden, neuen Situationen immer auf Zack war, dicht an meiner Seite, alles Trödeln und Nerven, Diskutieren und Widersprechen waren dann vergessen.

Sie wurde zu dem aufmerksamen Löwenkind, das ich mir gewünscht hatte – und ich lernte, ebenfalls auf Zack zu sein! Ideal dafür sind vor allem Reisen – auf Flughäfen und Bahnhöfen haben wir echte Abenteuer bestanden. Besuche bei Freunden, Erlebnisse in der Natur und gemeinsam organisierte Events können ebenfalls Wunder wirken. Wenn Kinder uns in Situationen erleben können, die spannend sind und ihnen zeigen, dass wir »es draufhaben«, respektieren sie uns viel leichter. Einen weiteren Trick aus der Tierwelt hat mir »Hundeprofi« Martin Rütter gezeigt, in dessen Sendung ich mit meinem kleinen Hund aufgetreten war. Was im Rudel funktioniert, verriet mir Rütter nach Drehschluss schmunzelnd, hat sich auch bei seinen drei Kindern bewährt: die sorgfältige Zuteilung von Privilegien. Der ältere Bruder darf schon Cola trinken, der jüngere noch nicht. Aber dafür schleppt der Ältere ja auch nach dem Einkaufen die Getränkekisten ins Haus! Das verstehen die Kinder. Meine Tochter ist zwar ein Einzelkind, aber mit etwas Fantasie funktioniert es auch bei ihr. Mir als Mutter stand seitdem das größere Stück vom Kuchen zu, das begehrte größere Frühstücksei oder die Auswahl meiner Männchen beim Mensch-ärgere-dich-nicht-Spiel! Solche harmlosen Privilegien unterstreichen den Status als Familienoberhaupt, den wir einnehmen müssen, damit unsere »Löwekinder« uns bereitwillig folgen und ihren Platz einnehmen. Rütter hatte mir prophezeit, dass solche kleinen Maßnahmen auch in davon unabhängigen Situationen Wirkung zeigen – und ich kann das nur bestätigen.

Durch das Erleben mit Kindern – es müssen noch nicht einmal die leiblichen sein – kann uns Lilith auch mit eigenen, schmerzlichen Kindheitserinnerungen konfrontieren, dann fokussiert sie dort ihre magische Energie, wo es für uns nicht so glücklich gelaufen ist. Das gibt uns die Gelegenheit, die Ursache zu erforschen und uns damit auszusöhnen, egal, wie spät im Leben es ist. Im besten Fall können wir durch die Kinder lernen, die eigenen Gefühle der Ohnmacht und des Ausgeliefertseins zu heilen und zu einem Gefühl der Stärke und Kompetenz zu finden. So bin ich meiner Tochter dankbar dafür, dass sie mich mit Situationen konfrontiert hat, in denen sie sich gegenüber Dritten offenbar »ungezogen« verhalten hatte. Mit ihrer Lilith im Aszendenten wirkte sie provozierend, ohne dass sie wirklich etwas getan hätte. Ich war spontan geneigt, den Beschwerden Dritter eher Glauben zu schenken als meiner Tochter und meinem eigenen, untrüglichen Gefühl, das mir sagte: *Du musst deine Tochter verteidigen!* Aber ich übte und suchte mir das Vorbild einer Freundin, die mir zeigte, wie eine richtige Löwenmutter ihr »Junges« verteidigt. Diese Erfahrungen rührten an einen alten Kindheitsschmerz von mir. Dass ich meiner Tochter etwas geben konnte, was ich selbst manches Mal vermisst hatte, war eine heilsame Erfahrung, die mich stark gemacht hat.

Wenn dein Kind eine starke Lilith hat, wird es anecken und viele Fragen aufwerfen. Vielleicht siehst du dich mit deinen Erziehungsmethoden selbst infrage gestellt. Als Eltern werdet ihr mehr als einmal unsicher sein und nicht mehr wissen, an was ihr noch glauben sollt. Ich habe die Erfahrung gemacht, dass immer wieder die göttliche Stimme, die mir auch während der Geburt geholfen hatte, für mich da war, wenn ich nicht mehr weiterwusste. Vielleicht war es auch einfach das Raunen meiner Mutterinstinkte, die lebendig sind, wenn Lilith lebendig ist. Sie hilft euch, wenn ihr sie nur lasst!

Noch ein Wort zur aktuellen Diskussion um digitale Medien in Schule und Spielzimmer. Hier belegen ernsthafte wissenschaftliche Studien, was bewusste Eltern ohnehin spüren. Zu frühes und zu viel Fernseh- und Computerflimmern irritieren das Gehirn und stören die Entwicklung der Kinder.[26] Lilith als Sinnbild für unsere archaische Natur fordert uns auf, die Verbindung unserer Kinder zu ihren natürlichen Instinkten und Kräften zu erhalten und zu fördern – elektronische Spielereien sind da kontraproduktiv. Ich unterstütze in dieser Hinsicht die Einstellung der Waldorfschulen. Die Lehren Rudolf Steiners, der Lilith im Pionierzeichen Widder hatte, erweisen sich heute als aktueller denn je, denn sie stützen die neuesten Erkenntnisse der Gehirnforschung: Musik, Bewegung, Theaterspielen und die echte Auseinandersetzung mit echten Menschen und Tieren fördern Gehirn und Persönlichkeitsentwicklung, während Computerspiele sie behindern und stören. Der Einsatz von Computer und iPhone ist wesentlich unbedenklicher, wenn die Ausbildung des Gehirns und der sozialen Fähigkeiten abgeschlossen ist.

Übungen und Anregungen, um dich mit Liliths Kräften zu verbinden

KREATIVITÄT

Die Kräfte der Lilith lassen sich im kreativen Prozess in einen Fluss bringen, der heilend auf die Seele wirkt. Indem wir uns kreativ selbst zum Ausdruck bringen, sind wir unserer Seele sehr nah. Es gibt unendlich viele Möglichkeiten, kreativ zu sein: Musik, Malen, Schreiben, aber auch Kochen, Fotografieren und Filmen, Drehbücherschreiben, Schauspiel und Theater, Mode und Make-up und vieles mehr. Entscheidend ist, dass du deinen persönlichen kreativen Ausdruck findest und dich nicht darauf beschränkst, zu konsumieren, was andere erdacht haben. Solltest du wirklich das Gefühl haben, nicht recht zu wissen, wo dein Kreativpotenzial liegt, kann eine astrologische Beratung helfen oder die Visionssuche. Aber allein schon indem du dich damit beschäftigst, was Kreativität eigentlich bedeutet, öffnest du dich den Botschaften der Seele, die dir mitteilen werden, auf welchen Kanälen deine Kreativität funkt. Vertraue darauf!

Singen, Tanzen, die Seele zum Klingen bringen

Die Kräfte Liliths sind urig und instinkthaft. Mit Tanzen und Singen schaffst du eine Direktleitung zu diesen Kräften. Heilsam auch in Zeiten, in denen du einmal weniger Zugang zur Sexualität mit einem Partner hast. Tanzen und Singen, das tun die Menschen seit Äonen, und schon in den urigen Matriarchatskulten wurde bei Vollmond getanzt, um die Kräfte der Natur in sich aufzunehmen. Beim selbstvergessenen Tanz, der Raum für Ekstase lässt, kann sich der Körper bis in die Zellen mit neuer Energie aufladen. Finde deine eigene Version, deinen Raum, in dem du dich in der Bewegung ausdrücken kannst. Das Gleiche gilt fürs Singen. Wir wissen instinktiv, dass Singen guttut, und auch die moderne Hirnforschung bestätigt, dass Singen positiv auf die Psyche wirkt und auch bei depressiven Zuständen hilft. Gemeinsam mit meiner Tochter singe ich häufig im Alltag. Dabei singen wir das, was wir uns sagen wollen, in einfachen Melodien vor uns hin – ich komme ja aus Köln, da tun es prima die simplen Melodien aus den Karnevalshits – und amüsieren uns dabei köstlich. Selbst mein kleiner Hund wird öfter »angesungen« statt gerufen. Im Auto schmettere ich mit zu meinen Lieblingsliedern. Und ich beneide meine Cousine mit ihren vier Kindern, die in einem Gospelchor alle Sorgen vergessen kann. Das alles sind Übungen, die dich und damit deine Seele in eine positive Schwingung bringen. Und wenn du schwingst, schleuderst du damit energetische Schlacken aus deinem System und bringst dich in Kontakt mit der reinen Lebensenergie.

Anregungen:
5rhythmen.de
navanita.net

Sag es mit Musik – der Lilith-Soundtrack

Einer meiner eigenen künstlerischen Kanäle sind die Musik und das Auflegen. Ich habe viele Jahre als DJane Radiosendungen moderiert und lege bis heute gelegentlich auf. Und jedes Mal, wenn ich das tue und selbst mittanze, bin ich im absoluten Flow – es ist Glück pur für mich! Für euch habe ich eine Lilith-Playlist zusammengestellt, mit ausgewählten Songs, die Lilith eine Stimme geben. Wenn du Musik liebst und weißt, dass Musik dich unmittelbar berührt, hole dir diese Tracks, und höre sie dir an. Du wirst begeistert sein. Und wenn du dir nur ein einziges Lied holen magst, höre dir dieses an: »Bitch« von Meredith Brooks – es ist *das* Lilith-Lied schlechthin. Musik hören und deine Themen in Songs wiederfinden tut einfach gut. Noch mehr Spaß macht es, wenn du das mit anderen teilst, zum Beispiel indem du CDs für deine Freundinnen zusammenstellst – oder für den Mann, den du liebst. »Sag es mit Liedern« ist eine wundervolle Übung, um die kreativen Kräfte Liliths zu aktivieren.

Die Playlist mit allen Songs/Videos findest du auf meinem YouTube-Kanal »Antonias Sterne«. *youtube.com/user/starantonialangsdorf*

DIE LILITH-PLAYLIST:
Bitch – Meredith Brooks
You know I'm no good – Amy Winehouse
Feel – Robbie Williams
Give It To Me Right – Melanie Fiona
Don't Cha – Pussycat Dolls
Sisters Are Doing It For Themselves – Annie Lennox & Aretha Franklin
Whatever Lola wants – Gotham Project
Joy and Pain – Maze
Tarrango – Club des Belugas
True Colours – Cyndi Lauper
Der Prophet – Schiller

Malen

Malen und Zeichnen sind ein weiterer, tief greifender Ausdruck der Seelenenergie. Denn die Seele kommuniziert in Bildern und ist durch Bilder tief beeinflussbar. Wenn du aktiv werden willst, wirken vielleicht Aufwand, Materialien und Techniken abschreckend, oder du hast nicht die räumlichen Möglichkeiten. Doch es gibt mittlerweile herrliche Kreativworkshops und Malkurse mit Rundum-Service. Meine Mutter zum Beispiel nimmt mit über 80 regelmäßig an einem

Malkurs teil. Der Kursleiter und Künstler bietet seinen Schülerinnen und Schülern wunderschöne Atelierräume – im Sommer wird auch draußen auf dem Hof gemalt – sowie Leinwände und Materialien. Jede/r kann ihr/sein fertiges Kunstwerk anschließend mit nach Hause nehmen. Lass dich davon anregen, deinen eigenen Kreativworkshop oder Kurs zu finden, wenn du malen und damit deiner Seele etwas Gutes tun möchtest!

Anregungen:
finde-deinen-malkurs.de
artistravel.eu/malreisen/home.html

Schreiben

Wenn Schreiben dein Medium ist, stehen dir Tagebuch, Briefe, Mails oder das Bloggen offen – und warum nicht auch dein eigenes Buch? Wusstest du, dass Erika Leonard (»E. L. James«), die Autorin des Weltbestsellers *Shades of Grey*, als Schreiberin von »Fan Fiction« angefangen hat? »Fan Fiction« heißt, dass die Fans einer Geschichte – in dem Falle waren es die Vampirgeschichten aus der »Twilight«-Saga von Stephenie Meyer – selbst kreativ diese Geschichten weiterspinnen und eigene Kapitel und Seitenstränge entwickeln, die sie dann miteinander teilen. Erika Leonard war damit besonders erfolgreich. Mit ihrer Fiktion, die bereits Elemente der späteren »Shades« enthielt, konnte sie mehr als 50 000 Fans begeistern. Damit war der Grundstein für den Erfolg ihres Buches gelegt. Der erste Band erschien bei einem kleinen Independent-Verlag, und der Erfolg kam durch Mundpropaganda. Erika verschaffte ihrer Kreativität im passenden Forum entsprechend viel Raum. Mit Schreiben kannst du deine eigene Welt erschaffen, und wenn du eine Lilith-Frau der Worte bist, haben deine Worte Macht. Fang an zu schreiben!

Arbeit mit Symbolen und Zahlen

Die Magie funktioniert seit jeher mit der Kraft der Symbole, Zeichen und Zahlen. Wenn dich das interessiert, mach dich damit vertraut. Es macht Spaß, verleiht Kraft und öffnet energetische Kanäle. Ich habe aus Sylvia Leifheits grandiosem Buch *Das 1 x 1 des Seins* gelernt, was es mit der Kraft der Zahlen auf sich hat. Zahlen ziehen kosmische Energie auf unsere Ebene des materiellen Daseins, während wir mit Symbolen Energien von unserer Ebene in den Kosmos schicken können. Zahlen und Symbole funktionieren also wie Brücken zwischen unserer Welt und den geistigen Ebenen. Und die weisen Frauen alter Zeiten wussten damit umzugehen. Holen wir uns das Wissen zurück!

Anregung:
Barbara Walker: *Die geheimen Symbole der Frauen –*
Lexikon der weiblichen Spiritualität

Weise Frau sein – Entwickle deine Kompetenz als Heilerin

Wenn Kinder krank sind und Schmerzen haben, legen Mütter von jeher ganz instinktiv ihren Kindern die Hände auf. Die weisen Frauen früherer Zeiten kannten sich aus mit Kräuterheilkunde, der Kraft des Mondes, Heilsteinen und viele weiteren Techniken. Die Kirche und ihre Quacksalber haben versucht, dieses Wissen mit der Hexenverbrennung auszurotten, heute kehren die alten Techniken als »alternative Heilmethoden« wieder ins Bewusstsein zurück. Jesus hat gesagt, dass jeder Mensch mit seinen Händen heilen kann. Er hatte recht! Meine Kinderärztin ist Homöopathin. Sie brachte mir bei, wie ich mein Kind ohne Antibiotika unterstützen konnte: mit Homöopathie, Wadenwickeln und Gelassenheit. Fieber zu messen fand sie unnötig. Ich würde schon fühlen, wann mein Kind Wadenwickel bräuchte, meinte sie. Es stimmte. Eine Mutter hat all dieses Wissen in sich. Lass dich unterstützen von modernen weisen Frauen, Ärztinnen, Heilpraktikerinnen, Freundinnen und Müttern. Dazu gehört auch, zu wissen, wann es nötig ist, die Segnungen der modernen Schul- oder Klinikmedizin in Anspruch zu nehmen. Für mich hat das sehr gut funktioniert. Meine Tochter ist bis zum Alter von 18 Jahren nur homöopathisch behandelt worden und musste nur ein einziges Mal ein Antibiotikum nehmen.

Anregungen:
Werner Stumpf: *Der große GU-Ratgeber Homöopathie*
Dr. Christiane Nothrup: *Frauenkörper, Frauenweisheit*

Finde deine innere Göttin

Es gibt so viele wundervolle Göttinnenfiguren zu entdecken! In diesem Buch ist von Lilith als innerer Göttin die Rede. Doch sie ist auch Wegweiserin zu den Kräften anderer Göttinnen. Es gibt keine Wertung, welche Göttin besser ist. Es geht darum, in die eigene, weibliche Kraft zu finden, und die Göttin(nen), die dich damit in Verbindung bringen können. Auf der ganzen Welt finden sich herrliche Ikonen kraftvoller Weiblichkeit. Sie heißen Pele, Oshun, Nut, Bastet, Gaja, Kali oder Nagini und verfügen über unfassbar magische, kluge, wilde und urige Kräfte. Einige dieser Göttinnen habe ich dir bei den Insignien zu Lilith in den Zeichen schon genannt. Forsche weiter, oder lass einfach nur die Bilder auf dich wirken! Bücher oder ein Göttinnen-Tarot können ein Einstieg in eine ganz neue Welt sein.

Anregungen:
Nancy Blair: *Göttinnen für jede Jahreszeit*
Luisa Francia: *Eine Göttin für jeden Tag*

Lilith als innere Göttin der Initiation

Stell dir Lilith als deine innere Schamanin vor. Sie ist bei dir, wenn Ereignisse dich wirklich existenziell berühren und wie eine Initiation wirken, eine Einweihung in ein neues Lebensgefühl. Das kann eine Liebesaffäre sein, ein Kunstwerk, das du schaffst, ein Weg, den du dir erkämpfst, oder eben die großen Dinge wie Schwangerschaft, Pubertät, erste Periode, erste große Liebe, Geburt, Muttersein, Kindheit, Pubertät und erste große Liebe des Kindes, die Zeit der Weisheit nach der Menopause und schließlich die letzte Reise und der Tod. Lilith ist das Rauschen des Blutes durch deine Adern, das dich erfasst, wenn du wirklich verliebt bist. Sie ist in der Ekstase mitreißender Orgasmen. Sie ist die heiße Glut der Eifersucht, wenn die Liebe ihren Weg nicht findet. Sie ist das Fauchen deiner Rache. Sie ist in den geheimnisvollen Kräften, die während Schwangerschaft und Geburt zutage treten.

DEN KÖRPER EHREN

Auf ihrem berühmten Bildnis steht Lilith mit ihren Krallenfüßen auf zwei Löwen, flankiert von den Eulen der Weisheit. Sie besitzt Flügel und eine Krone als Insignien ihrer göttlichen Herkunft. Symbolisch ist sie also ein Wesen zwischen Himmel und Erde, zwischen Göttlichkeit und Instinktnatur. In ihr verbindet sich das »Körpertier« mit den geistigen Kräften des Himmels. Mache es genauso! Sei in Verbindung mit deinem animalischen Körper und deinen Instinkten genauso wie mit deinem Verstand, deinem Geist und deinem dritten Auge, das dir Flügel verleiht! Übungen, die dich in Kontakt mit deiner körperlichen Natur bringen, sind Voraussetzung für ein kraftvolles Leben. Jede Form von Sport und Bewegung ist grundsätzlich gut. Ich empfehle aber jeder Frau, wenigstens eine Zeit lang echten Yoga zu üben, da hierbei auch das Wissen um die spirituelle Verbindung zwischen Körper und Seele vermittelt wird. Den Körper zu ehren heißt auch, zu wissen, welches Essen dir guttut, und eine Kompetenz für Zustände des Krankseins oder der Erschöpfung zu entwickeln. Es bedeutet zu wissen, was zu tun ist, wenn der Körper Alarmsignale aussendet. Das gilt erst recht für all die »Frauenkrankheiten«, die oft gar keine sind, sondern nur normale Veränderungen innerhalb des weiblichen Zyklus. Auch der Schönheitswahn unserer Zeit kann krank machen. Lass dich nicht beeinflussen von Schönheitsidealen, die deine eigene Körperwahrheit nicht kennen. Quäle dich nicht mit Diäten, hinter denen du gar nicht stehst. Und gib die Verantwortung für deinen Körper nicht in die Hände anderer! Ärzte und Heiler können dich unterstützen, aber letztlich ist es dein eigenes Wissen, deine Kenntnis deines Körpers und deine eigenen Heilkräfte, die dich stärken und gesund machen.

Anregungen:
Luisa Francia: *Das Gras wachsen hören – Die spirituellen Fähigkeiten des Körpers*
Louise L. Hay: *Heile deinen Körper*
Joachim Faulstich: *Das heilende Bewusstsein*
Scott Cunningham: *Magie in der Küche – Mit Liebe kochen* (nur noch antiquarisch)
mondfee.de/magisch-kochen

Sonnenübung – Sonnenenergie aufnehmen

Suche dir einen Strand, wo du nackt sein kannst. Es kann auch ein See sein oder der eigene Garten. Am Meeresstrand ist die Energie jedoch besonders wirksam. Es sollte schön warm sein, aber die Sonne sollte nicht zu hart brennen. Lege dich in Richtung der Sonnenstrahlen, öffne deinen Schoß, und lass die Strahlen der Sonne auf deine Vagina scheinen. Stelle dir vor, die Strahlen seien dein Geliebter oder ein Gott oder irgendetwas anderes, Passendes. Tanke die Energie des Lichtes mit deiner Vagina, und visualisiere, wie sie entlang deiner Wirbelsäule hochsteigt bis zu deinem dritten Auge. Oder denke gar nichts, und genieße es einfach nur.

Mondübung – Arbeit mit Träumen

Werde »mondsüchtig«! Beachte die Phasen des Mondes, besonders Neumond und Vollmond, in deinem persönlichen Leben. Lilith spricht durch Träume. Jede Arbeit mit Träumen – das Führen eines Traumtagebuchs, Übungen zum Klarträumen, das Deuten von Träumen, die Auseinandersetzung mit den Träumen deiner Kinder – bringt dich den Kräften der Lilith näher und damit deiner eigenen Seele. In meinen Horoskopvideos auf meinem YouTube-Kanal findest du jeden Monat Anregungen und Deutungen zu Vollmond und für die Neumondmeditation.

Anregungen:
Tenzin Wangyal Rinpoche: *Übung der Nacht – Tibetische Meditationen in Schlaf und Traum*
youtube.com/user/starantonialangsdorf

Von der Mutter zur Tochter – Nimm deinen Platz in der Reihe der Ahninnen ein

Mütter und Töchter – das ist ein Thema, das schon viele Bücher gefüllt hat. In Zusammenhang mit Lilith ist es besonders wichtig! Nach meiner Kenntnis ist eine Grundtendenz in der Psychologie, die ja stark von den Patriarchen Freud und Jung beeinflusst ist, dass eine enge Mutter-Tochter-Bindung im Erwachsenenalter zu überwinden sei, dass sie sich unbedingt voneinander abnabeln müssen. Warum eigentlich? Der Matriarchatsgedanke ist ja, dass die Frauen ihr Leben lang eng verbunden bleiben und sich gegenseitig unterstützen. Was spricht dagegen, dass die Großmutter sich, wenn es räumlich möglich ist, um ihr Enkelkind kümmert, wenn die Tochter viel unterwegs ist? Dass die Mutter nach Erreichen der Rente im Betrieb der Tochter mitarbeitet? Dass man sich häufiger sieht, zusammen isst und sich hilft, wo man kann? Es ist eine gute Übung, das Verhältnis zur Mutter aktiv zu gestalten und, wenn möglich, die Verbindung mit ihr zu erhalten. Selbst wenn euer Verhältnis belastet ist – würdige, was sie geleistet hat. Sie ist der Urgrund, auf dem dein Leben entstanden ist, und die Verbindung zu deinen Ahnen. Und wenn du Mutter bist oder wirst, wird sie dein inneres Vorbild sein – egal, wie gut sie es selbst hingekriegt hat. Es geht darum, dies im eigenen Bewusstsein zu akzeptieren. Auch unsere Beziehungen zu anderen Menschen werden stark vom Verhalten der Mutter und unserer Beziehung zu ihr geprägt. Es ist in allen Lebenslagen hilfreich, das Verhältnis zur eigenen

Mutter zu klären und eine gesunde Basis zwischen Nähe und Distanz zu finden. Wenn du eigene Kinder hast, wirkst du in besonderem Maße an der Zukunft mit, denn du prägst ihr Verhältnis zum Leben, und du hast es in der Hand, ihnen Respekt vor dem Leben und den Zyklen der Natur mitzugeben. Immer wieder frage ich mich, wer denn die Mütter der Männer sind, die unsere Welt mit ihren Geld- und Kriegsspielen kaputtspielen. Was ist hier schiefgelaufen? Denke auch du darüber nach, wenn du deine eigenen Töchter und Söhne erziehst. Wenn du Töchter hast, beschäftige dich mit dem Wissen über die ursprüngliche Bedeutung der »Jungfrau«. Sorge dafür, dass deine Tochter lernt, Nein zu sagen, indem auch du ihr Nein akzeptierst. Töchter sind kleine Göttinnen, Söhne sind kleine Helden. Meditiere darüber.

Unsere Töchter – Einweihung in die weiblichen Mysterien

Für unsere heranwachsenden Töchter wünsche ich mir, dass sie möglichst Einblick nehmen können in das Wissen, das Lilith zu vermitteln hat. In den 1970er-Jahren, als meine erste Periode stattfand, wurde den jungen Frauen in etwa Folgendes mitgegeben: »Jetzt hast du deine Periode. Das ist lästig und unangenehm und bedeutet, dass du ab jetzt ungewollt schwanger werden kannst. Am besten, wir lassen dir gleich mal die Pille verschreiben.« Und das war's. Vielleicht ging man noch gemeinsam Tampons oder Binden kaufen, und den Rest sollte der Arzt erklären. Dabei hielt man sich für besonders aufgeklärt.

Ich wünsche mir behutsame und zugleich respektvolle Wege, mit dieser wichtigen Initiation in die Zeit des Frauseins umzugehen. Du kannst zum Beispiel ein kleineres oder größeres Ritual feiern, in dem deine Tochter feierlich in den Kreis der Frauen aufgenommen wird. Du könntest ihr einen schönen roten Gegenstand schenken, etwa eine Kette mit Granatsteinen, die an Granatäpfel erinnern – von jeher Symbol für das heilige weibliche Blut. Lilith als Göttin der natürlichen Zyklen ist hier ganz sicher ein sehr passendes Idol, gerade auch ihr schönes Bildnis als kernige Jungfrau mit Krallen und Flügeln. Sie weiß, was es bedeutet, spirituell zu sein und gleichzeitig zu bluten und in Kontakt mit den Instinkten, sprich Hormonen zu sein. Mir ist bewusst, dass all das leichter gesagt ist als getan, denn eine heranwachsende Tochter in der Pubertät ist ja geneigt, die Mutter und ihre Ideen als »peinlich« zu empfinden. Oder wir Mütter müssen auf schmerzliche Weise einsehen, dass die Tochter keineswegs mit solchen Angelegenheiten zu uns kommt, sondern sich lieber von einer Freundin »einweisen« lässt. Hier zeigt sich, wie sehr uns die Einbettung in Rituale fehlt, die in früheren Kulturen dazu dienten, wichtige Übergänge im Leben zu feiern oder auch durch Mutproben den nötigen Respekt davor zu vermitteln. Übrig geblieben sind nur die kirchlichen Rituale Taufe, Kommunion oder Konfirmation und Hochzeit. Sie helfen hier wenig weiter. Wir sind also wieder einmal gefordert, kreativ zu werden – womit wir zumindest die Lilith-Kräfte in uns nähren! Das Wichtigste bei all dem ist, glaube ich, unseren Töchtern das Gefühl zu geben, dass wir rückhaltlos hinter ihnen stehen, wenn sie uns brauchen. Das wäre zumindest im Sinne des Matriarchatsgedankens, mit dem Lilith uns verbinden will. Einen sehr schönen Vorschlag für ein solches Ritual findest du auf der Website von Ritualberaterin Bettina Sorge: ritual-beratung.de.

Anregung:
Luisa Francia: *Drachenzeit*

KLÄRE DEIN VERHÄLTNIS ZU DEINEM VATER

Es ist gut, wenn du dir bewusst bist, wie dein Vater dein Leben beeinflusst, denn das Verhältnis zu ihm prägt als inneres Bild dein späteres Verhältnis zu den Männern. Wie war er? Hat er dich gefördert oder unterdrückt? Wie hat er deine Mutter behandelt, und wie hat sie ihn behandelt? War er überhaupt da in deinem Leben, hast du ihn gekannt? Hast du ihn vergöttert oder abgelehnt, war er stark oder schwach? Einer meiner Lehrer, Psychologe und Astrologe Michael Lutin, hat uns mitgegeben: »Wir suchen im Leben nicht das, was uns guttut, sondern das, was uns vertraut ist.« Wenn du immer die gleichen Schwierigkeiten in Beziehungen oder im Beruf hast, hat das sehr wahrscheinlich mit deinem inneren Vaterbild zu tun. Auch Brüder können uns diesbezüglich stark beeinflussen. Die Übung besteht darin, sich darüber bewusst zu werden und die dadurch geformten Glaubenssätze zu erkennen und loszulassen, damit sie dich nicht länger behindern. Vor allem wenn deine Lilith im gleichen Zeichen steht wie dein Sternzeichen, ist die Klärung der Vaterbeziehung ein Schlüssel zum Verständnis deiner tiefsten Motivationen. Systemische Aufstellungen können hier sehr hilfreich sein, Übungen ebenso wie Coachingprogramme, die dir helfen, deine Berufung zu erkennen und Glaubenssätze zu überwinden.

Helden großziehen – unsere Söhne

Wir wissen längst, dass die feministische Idee, Mädchen und Jungen müsse man nur gleich erziehen, dann würden sich auch die Geschlechterunterschiede ausgleichen, Unsinn ist. Jungs werden regelmäßig von Testosteron »geflutet«, dem Männlichkeits- und Rabaukenhormon, und so benehmen sie sich auch. Jeder kennt die Geschichten von genervten Mädchen in der Schule, die nicht lernen können, weil die Jungs laut sind und stören oder Schlimmeres. Alte Göttinnenkulturen trugen dem Rechnung, indem sie Jungs und Männer zu »Helden« erzogen, die in vielen Mutproben ihre Stärke und ihren Mut beweisen durften. Kann man das auf unsere heutige Zeit übertragen? Ein Beispiel: In der Klasse meiner Tochter gab es Riesenprobleme, weil die Jungs – in der Waldorfschule nicht genügend durch Sport ausgelastet – rempelnd und prügelnd ihren überschießenden Kräften Luft machen. Die Klassenlehrerin blieb gelassen. Sie veranstaltete Kanutouren, Zeltlager und Bergwanderungen mit der Klasse und kündigte den besorgten Eltern lächelnd an: »Wenn die Klasse gemeinschaftlich Herausforderungen meistert und die Jungs mal ein Zelt für die Mädchen aufbauen oder Kanus schleppen dürfen, beruhigen sie sich ganz schnell, ihr werdet sehen.« Das funktionierte großartig. Kaum durften die Jungs sich als Helden fühlen und etwas für die Mädchen tun, wurden sie freundlich, und die gesamte Dynamik veränderte sich positiv. Ein Beispiel für die moderne Geschichte einer Göttin mit Heldensohn ist aus meiner Sicht die deutsche Film- und Fernsehgöttin Iris Berben. Ihr Sohn Oliver Berben (geb. 1971) ist mittlerweile Starregisseur und dreht am liebsten Filme mit seiner Mutter in der Hauptrolle. Sie aber hütet bis heute das Geheimnis, wer sein Vater ist! Wenn du einen Sohn hast, gib ihm die Chance, auf irgendeinem Gebiet Held zu sein und Aufgaben zu übernehmen, an denen er wachsen kann. Im Idealfall kann er sich für seine Schwestern, seine Mitschülerinnen oder für dich nützlich machen.

Helden lieben – unsere Partner

Lilith gilt zwar als Ikone des Geschlechterkampfs und der alleinerziehenden Mütter. Aber es ist nicht wahr, dass sie erfüllende Beziehungen verhindert! Sie macht es uns nur schwer, uns anzupassen und »um des lieben Friedens willen« nachzugeben, uns zu verbiegen, um einem Mann zu gefallen und unsere Unabhängigkeit aufzugeben. Sie begehrt und fordert, statt zu umgarnen und zu gefallen, was eher der Zuständigkeitsbereich der Venus ist. Doch es ist ein Missverständnis, zu glauben, dass ein Ausleben der inneren Lilith mit einer Ablehnung oder Abwertung des Männlichen einhergehen muss. Im Gegenteil, der Mythos von Lilith zeigt ja, dass sie eine Begegnung auf Augenhöhe wünscht. Sie will und kann nicht »untertan« sein, weil sie damit ihre Natur verleugnen würde. Und so empfindet auch eine Frau, in deren Seele Lilith besonders lebendig ist. Wenn sie eine Form der Liebe und Beziehung findet, die ihr gemäß ist, kann sie damit glücklich werden!

»Mein Therapeut meinte, ich solle einfach die Männer mehr lieben«, sagte eine befreundete Heilerin kürzlich zu mir. In ihrem Horoskop steht Lilith stark – sie hat vier Töchter von zwei Männern und wuppt ihr Leben als selbstständige, alleinerziehende Mutter in bewundernswerter Weise. Aber sie leidet darunter, dass es kein Mann so richtig mit ihr aufnehmen will. Ihr Freund kommt und geht, genau wie die Männer in den alten Matriarchatsgesellschaften, ohne sich wirklich an sie zu binden. Ich finde die Idee dieses Therapeuten gut. Männer spüren es nämlich ganz genau, wenn wir sie nicht wirklich lieben, sondern sie insgeheim für Trottel halten, gut genug, um uns zu versorgen, zu beschützen oder Liebhaber zu sein, aber mehr nicht. Wie soll da eine Partnerschaft auf Augenhöhe entstehen? Es gehört zu den am meisten gehassten Eigenschaften von Frauen, dass sie ständig nörgeln und an ihren Männern herumerziehen, aber nicht anerkennen, was diese in ihrer Welt leisten. Übe dich darin, den Mann deiner Wahl mehr anzuerkennen und dich auf seine guten Eigenschaften zu konzentrieren, ihn als Helden zu sehen. Lilith hält nicht »die Männer« für Trottel, sondern nur den ahnungslosen Adam, der sich – so lesen wir es in der Bibel – die Erde und die Frau untertan machen sollte. Lilith wusste, das würde nicht gut gehen. »Neben Lilith kann nur echte Männlichkeit bestehen.«[27] Das ist wahr. Aber die erreichen wir nicht, indem wir unsere Partner durch Nörgeln und

Kritisieren klein machen. Übe dich deshalb darin, dir ehrlich bewusst zu machen, welches deine innere Einstellung zu Männern ist. Findest du sie spannend und begehrenswert? Bist du bereit, sie zu nehmen, wie sie sind? Oder hältst du sie insgeheim für nützliche Trottel? Hast du genaue Vorstellungen, wie dein Mann zu sein hat, oder lässt du ihm die Freiheit, dich zu überraschen und zu verzaubern? Sagst du ihm ehrlich und liebevoll, was du von ihm willst, oder zermürbst du ihn mit Andeutungen, bösen Blicken und Erwartungsdruck? Findest du, er sollte gefälligst putzen und waschen, oder bist du bereit, die Aufgaben danach zu verteilen, was jeder am besten kann? Lässt du ihn beim ersten Fehler fallen? Oder bist du bereit, Geduld aufzubringen? Von einer meiner Lehrerinnen habe ich gelernt: Ein Mann muss vor allem zwei Eigenschaften haben, er muss neugierig sein und großzügig. Darauf kann man alles andere aufbauen. Da ist etwas dran! Eine andere weise Frau hat einmal gesagt: »Damit wir in einer Beziehung glücklich werden, sollten wir jemanden finden, an dem wir Spaß haben. Denn das bleibt immer bestehen, auch wenn Verliebtheit und Aufregung schwinden.« Auch das halte ich für sehr wahr. Aber du musst deine eigene Wahrheit für deine Beziehungen finden, und das gelingt dir nur, wenn du dir selbst schonungslos offenbarst, was für eine Meinung du im tiefsten Herzen von den Männern hast.

Anregungen:
Wolfgang Paetzold: *Teflonherz und Liebesgier –*
  Liebe und Beziehungen in Zeiten der Ichsucht
Ella Kensington: *Mary*
Gigi Tomasek, Birgit Claire Engel: *Hallo Tarzan*

Pflege die Freundschaft zu Frauen

Hast du viele Freundinnen? Häufig kommen Frauen mit starker Lilith zunächst nicht so gut mit ihren Geschlechtsgenossinnen klar. Vor allem in jüngeren Jahren kann die Faszination um Männer, Partnerschaft und Sexualität sehr viel Raum im Leben einnehmen. Doch es ist im Sinne Liliths als Botschafterin der alten Göttin, dass wir uns mit Frauen verbinden. Es ist nicht gut, Anerkennung allein bei unserem Partner oder gar bei den Kindern zu suchen. Auch Männer als Freunde sind zwar wunderbar, aber ihre Energie ist eine andere. Echte Anerkennung erhältst du am besten von deinen Freundinnen oder, wenn es gut läuft, auch von deiner Mutter, den Tanten, sogar der Schwiegermutter. Kennst du den schönen Spruch: »Männer kommen und gehen, Freundinnen bleiben«? Da ist viel Wahres dran! Falls du großes Charisma hast, wirst du vielleicht mit der »Stutenbissigkeit« anderer Frauen konfrontiert. Man neidet dir deinen Erfolg bei anderen, respektive Männern. Wenn du alleinstehend bist, laden dich Freundinnen mit festem Partner nicht mehr ein, aus Angst, du könntest ihn einer ausspannen. Doch das ist kein unveränderlicher Zustand, den du hinnehmen musst. Suche dir Frauen und Freundinnen auf Augenhöhe, die dich verstehen und die du verstehst. Eine gute Regel kann sein, dass du grundsätzlich nicht mit Männern flirtest, deren Frauen du persönlich kennst, oder mit Männern in fester Beziehung. Sorge dafür, dass alle dies wissen. Wenn du nicht bereit bist, dich an solche Vorgaben zu halten, finde Freundinnen, die ebenso unabhängig sind wie du. Akzeptiere deine Freundinnen grundsätzlich, so wie sie sind, und stärke ihnen den

Rücken. Ihr könnt diskutieren und euch Hinweise geben, aber ungefragtes Kritisieren und Erziehen sind tabu. Es geht darum, dass ihr euch gegenseitig in eurer Kompetenz bestärkt. Unterstützt euch auch praktisch! Auch in Jobsituationen! Hier können wir noch viel von Männern lernen, die ihren Kumpels Jobs und Aufträge zuschanzen, egal, wie gut es passt. Weil man sich kennt, hilft man sich. Frauen neigen eher dazu, selbst eine gute Freundin nicht in Betracht zu ziehen, weil diese vielleicht die sachliche Qualifikation nicht erfüllt oder weil sie glauben, die Einhaltung des Dienstwegs sei wichtiger. Das halte ich für falsch, und ich bin mir sicher, Männer lachen sich ins Fäustchen über diese Art von politischer Korrektheit, mit der sich die Frauen selbst ausbooten. In unserer Kultur wird es geradezu gern gesehen, wenn Frauen »zickig« untereinander sind, während man ihnen einredet, das sei ein Naturgesetz. Ich glaube nicht daran, und du solltest das auch nicht tun. Es liegt an uns, zusammenzuhalten, so wie die Kerle das auch tun!

Flügel und Krallen – Ehre deine tierischen Mitwesen

In der schamanischen Spiritualität spielen Geistführer in Tiergestalt eine große Rolle. Auch die alten Göttinnen wurden oft in Tiergestalt oder in Verbindung mit Tieren dargestellt. Erst mit der Christianisierung unserer Welt ging diese direkte Verbindung zum Tier verloren. Der Mensch – respektive der Mann – distanzierte sich vom Tier und damit von seiner eigenen animalischen Natur. Tiere haben nach christlichem Verständnis keine Seele. Und auch der Frau wurde lange Zeit keine Seele zuerkannt, galt sie doch als animalisch und mit dem Tier auf einer Stufe! Lilith mit ihren Krallen und Flügeln, ihren Eulen und Löwen ist in Kontakt mit ihrer Instinktnatur. Der Kontakt mit Tieren ist eine gute Übung, um die Spiritualität der Natur zu erkennen. In der Kommunikation mit Tieren liegt eine tiefe Weisheit. Ob du nun mit deinem Haustier »sprichst«, Tiere im Freien beobachtest oder dich von den Dokus engagierter Tierforscher und -filmer berühren lässt, es wird dich stärken, wenn du das Wesen der Tiere kennst. Ich rede hier nicht von rührseliger Tierliebe, deretwegen Tiere vermenschlicht, verwöhnt oder gefüttert werden. Echte Tierliebe beruht auf dem Verständnis für das wirkliche Wesen unserer tierischen Freunde. Lass nicht zu, dass du selbst oder dein Kind den Kontakt zum Tier verliert. Das betrifft auch deine Einstellung zu Tierprodukten. Sei dir bewusst, was du isst. Iss möglichst wenig Fleisch, und würdige das Tier, von dem das Fleisch kam. Eine Ingenieurin aus Deutschland, die in die russische Taiga ausgewandert ist und dort einen Jäger geheiratet hat, sagte einmal im Interview: »Mein Mann würde niemals etwas essen, was er nicht selbst geschossen hat.«[28] Dieser Jäger trägt mehr Tierliebe in sich als jemand, der einen verwöhnten Chihuahua spazieren führt und sich abends Tiefkühl-Lasagne in der Mikrowelle warm macht. Lilith ist Mittlerin zwischen den tierischen und den geistigen Kräften. Lass dich darauf ein, und kläre dein persönliches Verhältnis zum Tier als deinem Mitwesen.

Anregungen:
Erforsche Tiergöttinnen wie Diana, Göttin der Wildnis und der Jagd, Epona, die Göttin der Pferde, und Bastet, die ägyptische Katzengöttin.
Hans Günter Wolff: *Unsere Hunde – gesund durch Homöopathie; Unsere Katze – gesund durch Homöopathie*

RITUALE FÜR DEINE LILITH-ZEIT

Jedes Jahr wandert die Sonne einmal durch den gesamten Tierkreis. Dabei aktiviert sie alle wichtigen Punkte deines Horoskops – so auch deine Lilith, den Schwarzen Mond. Wenn du herausgefunden hast, in welchem Zeichen deine Lilith steht, weißt du auch, wann die Sonne Lilith aktivieren wird. Steht deine Lilith beispielsweise im Skorpion, so ist die Zeit des Sternzeichens Skorpion (23. Oktober bis 21. November) besonders gut geeignet, um mit der Energie deines Schwarzen Mondes in Kontakt zu kommen. Das kannst du tun:

- Beschäftige dich intensiv mit Bildern, die für dich eine Lilith-Ausstrahlung haben.
- Huldige deinem Körper durch Massagen, Sex, Tantra, besondere Speisen.
- Wenn du eine Krankheit zu heilen hast, lege dir Termine mit Heilern oder beim Arzt in diese Zeit. Sei gleichzeitig bereit, die Ursachen deiner Krankheit zu erforschen und zu akzeptieren.
- Vollziehe dein persönliches Lilith-Ritual. Du kannst dich

dabei z. B. auch durch die Arbeit moderner Hexen anregen lassen.
- Führe ein Traumtagebuch, und notiere deine Träume. Ich habe die Erfahrung gemacht, dass Träume ein sehr guter Weg sind, um in Kontakt mit der Göttinnenenergie zu kommen.
- Nimm dir vor, in deiner Lilith-Zeit ein Problem, das dich schon länger quält, anzuschauen. Versuche, eine neue Perspektive dazu zu gewinnen, indem du das Problem beim richtigen Namen nennst.
- Vergib dir selbst, wenn du Schuldgefühle hast.
- Vergib jemandem, der oder die dir Unrecht getan hat.

Die Arbeit mit Ritualen ist grundsätzlich geeignet, um in Kontakt mit der Lilith-Energie zu kommen. Das können vielerlei Rituale sein – manche eher für den Körper, andere eher für den Geist, ganz wie es für dich passt. Auch deinen Partner kannst du mit einbeziehen, indem ihr euch z. B. Zeit für Liebe, Berührung und Sex nehmt. Tanzen, ein regelmäßiges Treffen mit Freundinnen, ein jährliches Kochfest – z. B. magisch Kochen – oder das bewusste Feiern der keltischen Göttinnenfeste sind Möglichkeiten, Rituale zu vollziehen. Natürlich gehören auch die Geburtstage dazu, dein eigener und der von Menschen, die dir wichtig sind! Aus astrologischer Sicht ist der Geburtstag der stärkste Termin für ein persönliches Ritual, denn an diesem Tag kommen wir erneut mit unserer Geburtsenergie in Berührung. Egal, ob du feierst oder dich zurückziehst, diesen Tag solltest du stets bewusst gestalten! Dasselbe gilt für deine Kinder, die lernen sollten, ihren Geburtstag als besonderen Tag zu würdigen. Wenn du, wie oben beschrieben, deine persönliche Lilith-Zeit würdigst, beziehst du dich auf die Geburtsenergie des Schwarzen Mondes in deinem Horoskop. Mehr zu den aktuellen Auslösungen der Lilith erfährst du auf meinem YouTube-Kanal »Antonias Sterne« in meinen ausführlichen Special-Videos über die Transite der Lilith durch die Sternzeichen. Auch in meinen monatlichen Liebeshoroskopen halte ich dich darüber auf dem Laufenden, wie sich Lilith im aktuellen Erleben auswirkt.

Falls du Fragen zu deinen ganz persönlichen Lilith-Auslösungen hast, kannst du jederzeit eine persönliche Beratung bei mir buchen.

youtube.com/user/starantonialangsdorf
antonialangsdorf.com/beratung

Schamanisches Ritual – Anrufung der Elemente

Die Lilith-Figur hat viel von einer Schamanin. Ihre Flügel und Krallen und ihre Symboltiere weisen darauf hin, dass sie in tiefer Verbindung mit der Welt der Tiergeister steht, die auch bei Schamanenritualen eine große Rolle spielen. Ihre Natur als Windgöttin ist ein weiteres Indiz dafür, dass die Arbeit mit schamanischen Techniken sehr hilfreich sein kann, um sich Lilith zu nähern. Die schamanische Anrufung der Himmelsrichtungen ist hierfür ein wunderschönes Beispiel. Sie vermittelt ein Gefühl dafür, was es bedeutet, die Kräfte der Natur in unser Wirken einzubeziehen. Hier ein Auszug:

»KRÄFTE DES SÜDENS: *Lehrt uns, den Widerstand aufzulösen gegen das, was ist.*
KRÄFTE DES WESTENS: *Lehrt uns den Weg der Intuition und Intention.*
KRÄFTE DES NORDENS, AHNEN, ELTERN UND GROSSELTERN: *Bitte verbindet uns mit eurer Weisheit.*
KRÄFTE DES OSTENS: *Große Vision, nimm uns mit in deine Welten. Mutter Erde, wir sind Teil von dir. Lehre uns das Gesetz des Energieflusses.*
VATER SONNE, GROSSMUTTER MOND, AN ALLE STERNE: *Zeigt uns eure Größe, eure Weite und Kraft.*«

Für mich persönlich ist diese Aufrufung eine Alternative zum Vaterunser-Gebet, das ich noch nie mochte, weil ich mich darin nicht aufgehoben fühlte. Für dich vielleicht auch? Du findest den gesamten Text hier:
anitaferraris.de/portfolio-item/fernbehandlung/

Mehr Inspirationen findest du hier:
walking-wolf.com/gebete-anrufungen-gedanken/

TANTRA – HEILIGE SEXUALITÄT

Es gibt viele wundervolle Übungen, die dich in Kontakt mit deiner sexuellen Natur bringen, vor allem aus der Lehre des wahren Tantra (also nicht Tantra als Übungsbuch für sexuelle Stellungen, sondern als spiritueller Weg). Zu diesem Thema gibt es jede Menge gute Bücher und Seminare. Im Sinne der Lilith lege ich dir ans Herz, dein sexuelles Erleben bewusst zu gestalten und zu erforschen. Wenn du Glück hast, entdeckst du durch die Liebe und die natürliche Experimentierfreude mit deinem Partner oder deinen Liebhabern alles, was du wissen musst. Denn das Wissen schlummert in uns, und wenn wir unbefangen ausprobieren, fordern, geben und nehmen, öffnet sich der Pfad der heiligen Sexualität ganz von allein. Doch nicht immer läuft es so glücklich. Eine einzige Zurückweisung von jemandem, in den wir verliebt sind, kann uns für lange Zeit traumatisieren. Lass nicht zu, dass dir schlechte Erfahrungen den Zugang zur sexuellen Erfüllung versperren! Mache dich mit deinem Körper und seinen Bedürfnissen vertraut, und scheue dich auch nicht, dir therapeutische Hilfe zu holen, wenn etwas schiefgelaufen ist. Übe dich darin, deinem Partner zu sagen, was du brauchst, so wie Lilith, die nicht unten liegen wollte – als Sinnbild der selbstbewussten Frau, die sich in der Sexualität frei einbringt und keine Vorschriften befolgt. Die Männer von heute können damit umgehen! Sagt zumindest Annette Meisl, die wir in den Lilith-Geschichten kennengelernt haben und die eine wundervolle Sexberaterin ist. Ihre Erfahrung ist, dass Männer es mögen, wenn man ihnen detailliert beschreibt, was man sich wünscht, was sie tun und wie sie dich berühren sollen. Frauen sind geheimnisvoll – und viele Männer wünschen sich nichts sehnlicher, als diese Geheimnisse zu entschlüsseln.

Anregungen:
Maitreyi D. Piontek: *Die Wunder der weiblichen Sexualität: Ganzheitliches Praxisbuch*
Daniel Odier: *Tantra – Eintauchen in die absolute Liebe*

Das »Yoniversum« der Göttin – Mach dir ein Bild von der Yoni

Lilith als Göttin der heiligen Namen hat mich vor vielen Jahren erstmals auf den hinduistischen Namen der Vulva, des weiblichen Geschlechts, aufmerksam gemacht: *Yoni* – ein wunderschöner Name für ein ganzes Universum! Die Yoni wird in vielen Kulturen als Tor zur Welt verehrt – denn auf natürlichem Wege muss jeder Mensch hier durch, um geboren zu werden. Gleichzeitig ist die Yoni das heilige Zentrum der Lust. Skulpturen und Bilder von erotischen, frechen Göttinnen, die heiter ihre riesigen Yonis präsentieren, können hilfreich sein, um dich mit der Lust und der heiligen Sexualität der Göttin zu verbinden und heilsame innere Bilder zu entwickeln. Die altgriechische Baubo ist so eine Göttin. Baubo heißt Bauch, und so erscheint sie als heiteres Bauchgesicht mit Yoni und Beinen, sozusagen die Göttin des Bauchgefühls. Sie ist fröhlich und obszön, und dem Mythos zufolge gelang es ihr, Demeter, die über den Verlust ihrer Tochter völlig untröstlich war, wieder zum Lachen zu bringen und damit handlungsfähig zu machen. Sehr interessant ist die Figur der irisch-keltischen Sheela-na-Gig – hutzelig, frech und versehen mit einer enormen Yoni, ziert sie Kirchen (!), Tore und Bögen in Irland und Schottland. Während die Wissenschaftler sich noch über ihre Bedeutung streiten, schlage ich vor, dass wir sie uns als Göttin für eine von Schönheitszwang und Fruchtbarkeitsdruck befreite Sexualität im Alter zurückerobern. Im Gegensatz dazu steht die pralle indische Fruchtbarkeitsgöttin Lajja Gauri, die mit ihren üppigen Formen die Verbindung von Lust und Fruchtbarkeit feiert. Die Königin unter den sexualitätsbezogenen Göttinnen ist sicherlich Shakti, die Göttin der Ekstase und der Kundalini-Kraft. Gib die Namen dieser Göttinnen einfach mal bei der Google-Bildersuche ein, und lass ihre Bildnisse auf dich wirken. Auch die Kombination »Goddess« und »Yoni« führt dich eine atemberaubende Bilderwelt der heiligen Sexualität.

Anregungen:
Linda E. Savage: *Reclaiming Goddess Sexuality*
Annie Sprinkle (Sexaktivistin und Coach): anniesprinkle.org

GÖTTINNENFESTE

Mache dich vertraut mit den heidnischen Festen des keltischen Jahreskreises. Mit der Christianisierung wurden diese Feste verboten, oder man versuchte, sie christlich umzudeuten. Doch die Göttin hat sich, von der Kirche weitgehend unbemerkt, zwei zutiefst magische heidnische Feste zurückerobert. Diese Feste sind dabei, Weihnachten und Ostern den Rang abzulaufen, weil sie lustvoll, laut, wild, sinnlich und lebendig sind, weil es dabei keine Regeln gibt und keine Priesterfiguren, die uns sagen wollen, was wir zu tun haben. Diese Feste sind nicht fromm und nicht politisch korrekt. Es geht heiß her, der Alkohol fließt in Strömen, und besonders das erste dieser Feste gilt als Aufforderung zu Flirt, Paarbildung und Sex. Ihr kennt diese Feste alle. Sie sind höchst populär und heißen »Tanz in den Mai« und »Halloween«!

Der Tanz in den Mai ist nichts anderes als das berühmte

Fruchtbarkeitsfest »Beltane«, bei uns heißt es auch »Walpurgisnacht«, welches im Zeichen Stier gefeiert wird und der Jahreszeit huldigt, in der die Natur nach dem langen Winter wieder zu voller Fruchtbarkeit erwacht. Alles blüht und grünt, die Natur ist üppig, und wir Menschen sprechen von »Frühlingsgefühlen«, die uns verrückt machen. Männer errichten phallische Maibäume für ihre Angebeteten, und es wird gefeiert bis zum Umfallen. Dieses Fest steht ganz in der Tradition des uralten Fruchtbarkeitsfests: die Vermählung der Göttin, Sinnbild für das jeweilige Land, mit dem König, der damit gelobte, sich in den Dienst des Landes zu stellen und es zu schützen. Diese heilige Vermählung wurde vom jeweiligen Herrscherpaar »ausgeführt«, und alle Untertanen durften mitfeiern und nach Herzenslust »Liebe machen«.

Ein halbes Jahr später, wenn die Sonne im Tierkreis genau auf der gegenüberliegenden Seite steht, nämlich im Zeichen Skorpion, musste der König symbolisch sterben und mit ihm die Erträge der Natur. Der Winter hielt Einzug. Das Fest, das nun gefeiert wurde – passenderweise im Zeichen Skorpion, dem Zeichen der Unterwelt – hieß *Samhain*, »Hexenneujahr«. Wir feiern es als »Halloween«. Es scheint aus Amerika zu kommen, doch sein Ursprung ist keltisch. Vermutlich brachten es englische und irische Auswanderer in die Neue Welt, und von dort kehrte es wieder nach Europa zurück. Die Gruselkostüme, die an Halloween getragen werden, erinnern noch heute daran, dass sich zu *Samhain* das Tor zur Anderswelt öffnet und man in magischen Kontakt mit den Geistern der Ahnen und der Toten treten kann. (Und genau das machen die katholischen Christen an Allerheiligen und Allerseelen!) Es ist wirklich nicht schwer, diesen Festen wieder die Bedeutung zurückzugeben, die sie ursprünglich hatten, indem man mit Gleichgesinnten die Energie nutzt, die in ihnen steckt. Falls du das einmal am eigenen Leib erleben möchtest, kannst du beispielsweise zum Tanz in den Mai auf den Blocksberg im Harz reisen. Die Gauklertruppen, die dort die alten wilden Bräuche und Riten nachspielen, lassen den Geist des Beltanefests sehr authentisch wiederaufleben.

Es gibt noch mehr interessante Feste im keltischen Jahreskreis, die du in deinen persönlichen Ritualkalender aufnehmen kannst: 22. Dezember – Jul (Wintersonnenwende, daraus machte die Kirche das Weihnachtsfest); 1./2. Februar – Imbolc (»Lichtmess«); 20./21. März – Ostara, das Feenfest zur Frühlingstagundnachtgleiche; 22. Juni – Litha, das Mittsommerfest; 1. August – Lammas, das Erntefest; und 21. September – Mabon, das Erntedankfest zur Herbsttagundnachtgleiche.

Anregung:
artedea.net

Vision Quest

Vision Quest, die Visionssuche, ist ein wundervoller Weg, sich der inneren Göttin zu nähern. Es bedeutet nichts anderes, als dass du – für dich allein oder auch in einer Gruppe, betreut von einem spirituellen Führer – ein besonderes Ritual vollziehst, um mehr über dein persönliches Lebensziel herauszufinden. Die Kräfte der Lilith können sich am besten in dir entfalten, wenn du wirklich weißt, was du in deinem Leben willst und was deine tiefste Berufung ist. Denn dann fällt es dir leichter, auch unangenehme Situationen auszuhalten, und dich, wie einst die Göttin, mit hocherhobenem Kopf gegen diejenigen durchzusetzen, die dich nicht verstehen und dir etwas aufzwingen wollen, was dir nicht entspricht. Lia, die wir in den Lilith-Geschichten kennengelernt haben, vollzog ein Schlangenritual, als sie in einer beruflich bedrückenden Situation war und wusste, dass sie dort nicht überleben würde. Eine befreundete Yogalehrerin meditierte drei Tage und drei Nächte allein im Wald, um sich über ihre Ziele klarer zu werden. Eine alte und weltbekannte Visionssuche ist Jesu Gang in die Wüste. 40 Tage blieb er dort, um sich mit seiner Seelenaufgabe zu verbinden. Aus der Wüste kommt auch Lilith. Wer mutig ist und es wissen will, wagt sich für seine persönliche Visionssuche dorthin. Man kann sich dabei auf die Erfahrung anderer stützen und die Visionssuche wie eine Ferienreise buchen, z. B. unter www.vision-quest.de. Es kann sinnvoll sein, die Sicherheitshinweise erfahrener Visionssucher zu beachten, vor allem, wenn die Suche dich auf unbekanntes Terrain führt. Du sollst dich dabei nicht in Lebensgefahr bringen! Aber du kannst es auch für dich allein tun. Niemand steht zwischen dir und deiner inneren spirituellen Führung!

Sprich die heiligen Namen aus

Manchmal hilft uns ein einziges Wort oder ein kurzer Satz, die Dinge in einem ganz neuen Licht zu sehen, zu verstehen und zu integrieren. Wörter wie »Übergangsmann«, »Loverteam« oder »Life Changing Sex«. Man hört sie – und sie setzen innerlich etwas in Gang. »Mach dir keinen Kopf, das war nur ein Übergangsmann«, tröstete mich eine Kollegin, als ich mich einmal darüber ausließ, wie um alles in der Welt ich mich, als meine Ehe zu Ende gegangen war, nur auf *diesen Typen* hatte einlassen können. Sofort besserte sich meine Laune. Genau! Er war nur ein Übergangsmann! Jetzt hatte ich einen Namen für eine Situation, die ich als peinlich und unerträglich empfunden hatte und die mir nun schon gar nicht mehr so schlimm vorkam.

Nutze das Lilith-Motiv der »heiligen Namen«. Lilith wusste um die Macht der richtigen Namen, sinnbildlich für die richtigen Begriffe und Worte, die wie ein Fluch wirken – oder einen Zauber brechen können. Wir können Einfluss nehmen, indem wir »die Dinge beim Namen nennen«. Das ist äußerst wichtig, denn es beeinflusst unsere innere Haltung. Und unsere innere Einstellung zu Ereignissen, Situationen und Erinnerungen entscheidet darüber, ob wir uns schuldig fühlen oder nicht. Sprich mit deinen Freundinnen gezielt über Situationen, die dir zu schaffen machen, und findet neue Namen dafür. Hilf auch du anderen, den Dingen durch die richtigen Worte eine neue Bedeutung zu geben.

Arbeit mit deinen inneren Dämonen

Die inneren Dämonen sind unsere abgespaltenen und verdrängten Gefühle, ausgelöst durch schlimme oder unangenehme Ereignisse, die unerkannt ein Eigenleben in unserer Psyche führen. Unser Gehirn hat eine weise Vorrichtung, die ihm ermöglicht, die Erinnerung an traumatische Erlebnisse zu vergessen und zu verdrängen. Aber die damit verbundenen Gefühle suchen sich in Abständen immer wieder einen Weg – in Träumen, als unspezifische Ängste oder auch in Form von Erfahrungen, die wir unbewusst in unser Leben ziehen. Im Horoskop geht das oft mit Auslösungen durch den Schwarzen Mond, das Zeichen der Lilith, einher. Wenn dich solche Erlebnisse verfolgen wie Dämonen, forsche nach den Ursachen dafür. Wo hat man deine unbefangene Kraft unterdrückt? Was durftest du nicht aussprechen, obwohl du es gesehen hast? Welche Wahrheiten hat man dir weggenommen? Welche Übergriffe musstest du hinnehmen? Es hilft sehr, sich dem liebevoll zuzuwenden und zu erkennen, dass die Ursache nicht in dir selbst liegt, dass du richtig bist und nicht falsch. Such dir gegebenenfalls therapeutische Hilfe. Der Geist Liliths steckt besonders in schamanischen Techniken, Familienaufstellungen, der Arbeit mit Ritualen oder Kunst- oder Klangtherapien.

Schuld auflösen

2000 Jahre christlicher Schuldzuweisung dafür, Frau zu sein, stellvertretend für alles Sinnliche, Natürliche und Unkontrollierbare, liegen hinter uns und haben uns tief geprägt. Frauen und Männer, die sich mit ihren Gefühlen nicht an geltende Regeln anpassen wollten, haben darunter gelitten. Lilith rückt das ins Bewusstsein. Sie lässt uns den Schmerz der Schuldgefühle spüren, die wir haben, weil wir unserer Rolle als Mutter oder Vater, Partnerin oder Partner nicht gerecht werden, weil wir nicht gut oder schön genug sind, nicht ins Klischee passen und nicht zur Quotenfrau oder zum Vorzeigemann taugen, weil wir nicht brav und angepasst genug waren, weil wir unserer Natur folgen wollten, statt uns an vorgegebene Regeln zu halten. Lilith ruft uns auf, all das loszulassen und zu dem zu stehen, was wir sind. Schau dir die Biografien von authentischen und erfolgreichen Menschen an, die unangepasst waren und die als schwierig galten, die Regeln gebrochen und Menschen vor den Kopf gestoßen haben, die schlechte Mütter oder Väter waren, in der Schule versagt haben, nicht schön waren und jede Menge Fehler gemacht haben und dennoch ein reiches, spannendes Leben geführt haben. Lass nicht zu, dass dich Schuldgefühle binden. Finde heraus, wo dich Glaubenssätze und Schuldgefühle blockieren, und lass sie los, damit du handlungsfähig wirst. Vergib dir selbst, was nicht mehr zu ändern ist. Dem Gesetz der Resonanz nach kannst du auch umgekehrt arbeiten, indem du anfängst, anderen zu vergeben und nicht mehr an alter Wut und Rachegefühlen festzuhalten.

Anregung:
Colin Tipping: *Ich vergebe*

FINDE DEINE PERSÖNLICHE LILITH-IKONE

Es kann sehr spannend sein, sich mit herausragenden historischen Frauenfiguren zu beschäftigen. Forsche selbst nach, und finde mehr darüber heraus, wie andere Frauen gekämpft und Spuren in der Geschichte hinterlassen haben. Lies die

Geschichten starker Frauen (z. B. in den Büchern von Dieter Wunderlich), und lass dich davon inspirieren. Wusstest du zum Beispiel von dem Wirken einer erfolgreichen Pharaonin namens Hatschepsut? Du kannst auch speziell danach gehen, ob jemand im Horoskop die gleiche Lilith-Position hat wie du. Interessante Figuren habe ich am Ende jedes Kapitels zu Lilith in den Sternzeichen aufgelistet. Anhand der Lilith-Datenliste im Anhang kannst du weitere Persönlichkeiten ausfindig machen, indem du beispielsweise im Internet die Geburtsdaten googelst.

Anregung:
Dieter Wunderlich: *AußerOrdentliche Frauen; EigenSinnige Frauen; Verführerische Frauen*

Die Lilith-Galerie – Seelenbilder finden

Liliths Archetyp ist kraftvoll und inspiriert viele Künstler. Solche Bilder zeigen beispielsweise sexy Engel mit krallenbewehrten Flügeln; eine schöne, wild schauende Tigerfrau im Käfig; kurvige, muskelbepackte Amazonen mit Vogelkrallen oder Schlangenkörpern; eine schöne nackte Frau, die sich in freier Natur an einen Tiger schmiegt … Man begegnet ihnen überall, den modernen Amazonen, Nixen, Hexen, Feen – all den Frauenfiguren, die Liliths Energien verkörpern, und die Künstler zeigen sie stets als wunderschöne und zugleich unberechenbare, instinkthafte Frauengestalten. Alternativ kannst du auch selbst googeln und dir eine schöne Galerie mit Lilith-Bildern zusammenstellen. Schon in den ersten Hochkulturen, die Göttinnen verehrten, etwa in der sumerischen oder ägyptischen, machte man sich gern Bilder der weiblichen Kraft in all ihren Facetten. Diese Tradition fortzuführen ist lustvoll und stärkend zugleich. Bilder wirken direkt auf die Seele, genau wie Musik, und ermöglichen es dir, ganz direkt in Kontakt mit der Energie der wilden Weiblichkeit zu kommen.

Anregung:
pinterest.com/alangsdorf

Pilgern – Stätten der Göttin besuchen

Das berühmte Bildnis der Lilith, das Burney-Relief, ist im Britischen Museum in London zu sehen. Die Büste der Nofretete, 4000 Jahre alt und noch immer eine der schönsten Frauen der Welt, kannst du auf der Berliner Museumsinsel besuchen. In England gibt es viele mystische Steinkreise zu entdecken, das berühmte Stonehenge ist nur einer davon. Auch auf Malta befinden sich eindrucksvolle Steinheiligtümer und archaische Statuen der göttlichen Urmutter. Der Blocksberg im Harz ist zum Tanz in den Mai eine Reise wert. Die betörenden Bildnisse von Botticelli, die »Venus« und gleich daneben »Primavera« sind in den Uffizien von Florenz zu sehen und absolut überwältigend. In Saintes-Maries-de-la-Mer kannst du den Schrein der »Schwarzen Sarah« (Sainte Sara la Kali) besuchen. Sie soll zusammen mit Maria Magdalena dort Zuflucht gesucht haben und wird bis heute mit mystisch-folkloristischen Prozessionen und Festen als »Schutzpatronin der Zigeuner« verehrt. Einen Pilgerweg für Frauen hat die Gesellschaft »MatriaVal« zusammengestellt: Der »Godeweg« führt zu frühgeschichtlichen Plätzen matriarchaler Kulturen überall in Deutschland.

Das sind nur wenige Beispiele. Es gibt auf der ganzen Welt wundervolle Bildnisse der Göttin zu sehen und magische Kraftorte zu erleben, die du auf dich wirken lassen kannst.

Anregungen:
britishmuseum.org
magisch-reisen.de
diepresse.com/home/leben/reise/1316375/Auf-den-Spuren-der-
   Grossen-Goettin
florence-museum.com/de
godeweg.de
de.wikipedia.org/wiki/Saintes-Maries-de-la-Mer

Lilith-Inspirationen

Es gibt eine Reihe von wunderbaren Frauengeschichten und Figuren aus Literatur, Theater, Oper oder Film, die dir oder auch deiner Tochter oder deinen Freundinnen als Identifikationsfiguren dienen können. Dankbar sind natürlich vor allem Spielfilme, weil diese leicht zugänglich sind und durch ihre Bildgewalt eine starke Wirkung erzeugen. Deshalb solltest du sie gut auswählen und gemeinsam mit deinen Kindern anschauen. Ich gebe hier ganz selektiv, wie bei meiner Musikplaylist, Beispiele, die ich für besonders geeignet halte, um die Energie Liliths in sich aufzunehmen. Schau sie dir an, und forsche selbst weiter!

Am Ende der Welt (Fluch der Karibik, Teil III, USA 2007)
Die Piratensaga ist durchgehend sehenswert und voller wunderbarer Frauenfiguren. Meine besondere Empfehlung ist der dritte Teil, in dem die Figur der Dschungelschamanin Tia Dalma groß herauskommt. Es stellt sich heraus, dass sie in Wahrheit Calypso, die Göttin der Meere, ist, die durch einen Fluch in einem Körper gebunden wurde. Grandios ist der Moment, wenn Tia Dalma von dem Zauber befreit wird und sich vor den Augen der ergriffenen Piraten in die Göttin der Meere zurückverwandelt. In dieser genialen Szene werden die furiosen Kräfte des Weiblichen zu Naturgewalten ent-

fesselt und bringen den Ozean zum Kochen. Nie zuvor habe ich etwas Vergleichbares gesehen. Ebenfalls eindrucksvoll als Beispiel für die Angst der Männer vor der sirenenhaften, verschlingenden Weiblichkeit: die Szene mit den Meerjungfrauen aus Teil vier. Unbedingt ansehen! Ich habe die Filme gemeinsam meiner damals zwölfjährigen Tochter (Lilith im Aszendenten) geschaut. Sie war begeistert und erklärte mir, Tia Dalma sei ihre Lieblingsfigur! Bis heute schauen wir uns die Filme immer wieder gern an.

Chocolat (GB, USA 2001)

Vianne Rocher, gespielt von Juliette Binoche, ist hier die Lilith-Figur. Mit ihrer Tochter und ohne männlichen Schutz taucht sie geheimnisvoll in einem ebenso verschlafenen wie bigotten französischen Städtchen auf und verführt die Bewohner mit ihrem Schokoladencafé zu Freiheit und Sinnlichkeit. Liliths Dämonenfreunde sind ebenfalls präsent – als Sippe von Flusszigeunern unter Führung von Roux (Johnny Depp)! Genial!

Drei Haselnüsse für Aschenbrödel (Tschechien 1973)

Der schönste Märchenfilm aller Zeiten ist zu Recht ein Hit. Hier wird Aschenbrödel als wilde Prinzessin mit Lilith-Charakter porträtiert, die sich furchtlos gegen die böse Schwiegermutter behauptet und es reitend und schießend mit ihrem Prinzen aufnimmt. Ich habe diesen Film schon als Mädchen geliebt, und meiner Tochter ging es nicht anders. Wunderbar!

Antonias Welt (Dänemark 1995)
Oscarprämierter Generationenfilm-Klassiker über Freude und Schmerz eines erfüllten Frauenlebens. Ein Muss!

Kama Sutra – die Kunst der Liebe (Indien 1996)
Opulentes erotisches Liebesdrama um eine freie Liebende, die das Können der Kurtisanen erlernt, ihren König wie auch ihren Liebhaber um den Verstand bringt und am Ende doch die Freiheit sucht.

Samsara – Geist und Leidenschaft (Indien 2001)
Ergreifende Romanze um einen ehrgeizigen jungen Mönch, der durch die Liebe einer Frau zur wahren Spiritualität als Vater und Partner findet. Hinreißend.

Das wilde Leben (Deutschland 2007)
Großartige Verfilmung des Lebens von Uschi Obermaier. Sie wird verkörpert als stolze, freie Göttin und wilde Frau mit vielen Lilith-Bezügen.

Merida (USA 2012)
Witzige und weise Mutter-Tochter-Parabel. Die wilde Waldprinzessin Merida, die ihre Mutter aus Versehen in eine Bärin verwandelt, trägt deutliche Züge einer jungen Lilith, die sich nicht zähmen lassen will.

Der schwarze Hengst (USA 1979)
Ein Klassiker über die wortlose Freundschaft zwischen Mensch und Tier, hier einem Jungen und einem wilden Hengst. Wunderschön.

Jesus liebt mich (Deutschland 2012)
Eine Romantikkomödie mit Gott, Jesus und dem Teufel. Lilith erkenne ich eindeutig in der Figur der Sylvia als sinnliche, unberechenbare Mutter wieder, genial verkörpert durch Hannelore Elsner. Unbedingt anschauen!

Wonder Woman (USA 2017)
Die Welt der Frauen ist ein wehrhaftes Amazonen-Paradies in leuchtenden Farben. Die Welt der Männer erweist sich dagegen als ein einziger, düsterer Krieg in dunklem Braun und Grau. Dort hinein stürzt sich die Heldin, nur mit Schild, Schwert und ihren mystischen Fähigkeiten bewaffnet, um schließlich in einem finalen Kampf den männlichen Gott der Zerstörung zu besiegen. Mir hat's gefallen!

Lesestoff für die weise und ungezähmte Frau

Die Nebel von Avalon
VON MARION ZIMMER BRADLEY
Dieser Klassiker ist aus meiner Sicht der schönste Roman aller Zeiten über weibliche Magie. Eine grandiose Erzählung der Arthussage aus weiblich-spiritueller Sicht. Wenn du dieses Buch noch nicht kennst, ist die Lektüre Pflicht!

*Das Land der Töchter – eine Kindheit bei den Moso,
wo die Welt den Frauen gehört*
VON YANG ERCHE NAMU UND CHRISTINE MATHIEU
Die wahre Geschichte der chinesischen Popsängerin Erche Namu, die in einem der letzten noch lebendigen Matriarchate aufgewachsen ist.

Fünf Männer für mich
VON ANNETTE MEISL
Annette als Lilith-Frau habe ich euch schon vorgesellt. Ihr authentisches, ehrliches und frivoles Buch ist ein großes Lesevergnügen.

Tantra – Eintauchen in die absolute Liebe
VON DANIEL ODIER
Ein Adept begegnet einer spirituellen Meisterin und wird von ihr in die Geheimnisse des wahren Tantra eingeweiht. Großartige und wahre Geschichte.

Frauenkörper Frauenweisheit – Wie Frauen ihre ursprüngliche Fähigkeit zur Selbstheilung wiederentdecken können
VON DR. CHRISTIANE NORTHRUP
Göttinnen altern nicht: Wie wir der Zeit die Macht nehmen, indem wir uns für die Fülle des Lebens entscheiden
VON DR. CHRISTIANE NORTHRUP
Die ganzheitlich orientierte Frauenärztin aus Amerika fasst ihr profundes Wissen liebevoll in diesen wertvollen Nachschlagewerken zusammen. Sollte jede Frau im Schrank stehen haben. Die Website ist ebenfalls sehr beeindruckend (www.drnorthrup.com).

Wicca – die alte Religion im neuen Zeitalter
VON VIVIANNE CROWLEY
Das Kapitel »Die Göttin – Wicca und das Weibliche« enthält die Essenz dessen, was man über die Göttin wissen sollte.

Die Göttin und ihr Heros
VON HEIDE GÖTTNER-ABENDROTH
Ein Klassiker. Die Autorin hat alles zusammengetragen, was es an Wissen über das Matriarchat gibt – in Religion, Märchen und Heldenepos. Da gehen einem manche Lichter dazu auf, woher die christlichen Mythen wirklich kommen. Feministisch eingefärbt, aber eine Quelle unschätzbaren Wissens über die Ursprünge menschlicher Kultur.

Religion und Frau
VON ELGA SORGE (nur noch antiquarisch)
Kampfschrift einer großartigen feministischen Theologin, die wegen ihrer unermüdlichen Aufklärung von der Kirche aus ihrem Beruf gemobbt wurde. In dem Buch findest du ihren wundervollen Vorschlag für ein »Mutter Unser«-Gebet. Ihre »Neuen 10 Gebote« sind »10 Erlaubnisse«, die es in sich haben. Für mich war dieses Buch eine Entdeckung.

Die geheimen Symbole der Frauen –
Lexikon der weiblichen Spiritualität
VON BARBARA WALKER
Viele spirituelle Symbole wurzeln in frühen, weiblich zentrierten Kulturen und wurden vom Patriarchat vereinnahmt und sinnentstellend umgedeutet. Barbara Walker beschreibt über 700 Symbole, Tiere, Pflanzen, Mineralien, Göttergestal-

ten, Fabelwesen und abstrakte Motive nach Form und Inhalt und geht ihrer Bedeutung bis zu den matriarchalen Ursprüngen nach. Eine Fundgrube!
Von derselben Autorin, ebenfalls sehr empfehlenswert: ***Das geheime Wissen der Frauen. Ein Lexikon***, inzwischen neu aufgelegt!

Macht und Magie –
Der weibliche Weg, die Welt zu verändern (nur noch antiquarisch)
VON ANGELIKA ALITI
Provokant, brillant und wirklich nützlich. Wer sich traut, dieses Buch zu lesen, sieht die Welt danach mit anderen Augen. Mit magischen Karten und kraftvollen Symbolen, die dir helfen, in deine eigene Kraft zu kommen. Die Existenz von Lilith als Göttin, die für den ungehobelten Adam nur Hohn und Spott übrighatte, ist für Aliti die größte Selbstverständlichkeit. Männer lassen besser die Finger von dem Buch!

Die Lilith-Fibel
VON CLAUDE WEISS UND ALEXANDRA KLINGHAMMER
Prägnante Deutungstexte des bekannten Schweizer Astrologenpaars. Sie haben in ihrem Verlag Astrodata bereits einflussreiche Lilith-Bücher herausgebracht und fassen ihr Erfahrungswissen hier zusammen. Für alle, die sich ein wenig mit dem Horoskop auskennen und nach einer schnellen, aber profunden Deutung suchen. Lilith in den Zeichen, Häusern, im Aspekt zu den Planeten und Lilith-Transiten (zeitliche Auslösung).

Lilith – Im Licht des schwarzen Mondes zur Kraft der Göttin
VON KOCKU VON STUCKRAD

Stuckrad ist ein kundiger Religionswissenschaftler mit astrologischem Wissen, der ergiebiges Quellenmaterial zu Herkunft und Mystik der alten Göttin zusammengetragen hat. Als einer der Ersten ging er in eine mehr positiv-kraftvolle Deutungsrichtung. Sehr empfehlenswert für jede Lilith-Begeisterte und für alle Männer, die sich der Göttin annähern wollen.

Drei Wünsche – Von der Vision zur Magie als Handwerk
VON LUISA FRANCIA
Drachenzeit VON LUISA FRANCIA (nur noch antiquarisch)
Das Gras wachsen hören – Die spirituellen Fähigkeiten des Körpers VON LUISA FRANCIA

Diese Bücher der Magierin Luisa Francia führen dich in eine magisch-weibliche Weltsicht ein. In *Drei Wünsche* geht es um die Macht der Gedanken, in *Das Gras wachsen hören* um die Macht des Körpers. Besonders bemerkenswert ist *Drachenzeit*, welches zu einem neuen, aber eigentlich uralten Verständnis vom Mysterium des weiblichen Zyklus verhilft.

Eine Göttin für jeden Tag: Immerwährender Kalender, Orakelbuch und Lexikon
VON LUISA FRANCIA

Infos, Anregungen und Inspirationen zu bekannten Göttinnen und weisen Frauen.

Im Namen der Großen Göttin
VON PHYLLIS CURROTT
Die wahre Geschichte einer amerikanischen Anwältin, die sich dem magisch-heidnischen Zirkel der Göttin anschließt.

Der Alchemist
VON PAULO COELHO
Ein spiritueller Klassiker. Außerdem erfährst du in diesem Buch alles über das Wesen der Wüste.

LILITH-TEST

Ist Lilith deine innere Göttin?

Zum Schluss hier ein kleiner Lilith-Test.
Beantworte die Fragen mit Ja oder Nein:

Lässt du dich gern von der Natur berühren?

....

Findest du spirituellen Trost eher in einer natürlichen Umgebung als in einer Kirche?

....

Üben heidnische Feste wie Beltane oder Samhain eine magische Anziehungskraft auf dich aus?

....

Bist du von deinem Körper und seinen Empfindungen fasziniert?

....

Hast du mit Vergnügen *Feuchtgebiete* gelesen?

....

Falls du dir Kinder wünschst – würdest du gern eine natürliche Geburt in einer schönen Umgebung erleben?

....

Falls du schwanger warst oder bist – warst oder bist du fasziniert von den Veränderungen des Körpers, ganz unabhängig von eventuellen Beschwerden?

....

Hast du den Eindruck, dass die Männer irgendwie Angst vor dir haben?

....

Erlebst du, dass Männer dich sexuell begehren, aber als Partnerin bravere Frauen bevorzugen?

....

Wirkst du provokant auf andere, ohne es zu beabsichtigen?

....

Findest du Männer spannend, aber fremdartig?

....

Würdest du für die Liebe alles aufs Spiel setzen?

....

Forderst du im Bett ein, was du brauchst, um Orgasmen zu erleben?

....

Brauchst du Phasen des Alleinseins?

....

Lehnst du es ab, dich zu rechtfertigen oder zu erklären, wenn du dir sicher bist, das Richtige zu tun?

....

Würdest du lieber auf eine Partnerschaft verzichten, als Kompromisse einzugehen?

....

Sagst du gern die Wahrheit, auch wenn du damit andere vor den Kopf stößt?

....

Fühlst du dich barfuß oder in Sneakers wohler als in High Heels?

....

Auswertung:

BIS SIEBENMAL JA: Lilith fasziniert dich – aus gebührendem Abstand. Du hast es eben gern, wenn die Dinge in deinem Leben überschaubar bleiben, und wünschst dir Schutz und Sicherheit.

BIS ZWÖLFMAL JA: Lilith ist auf jeden Fall in dir präsent. Es gibt Bereiche, wo du dich auf ihre Risiken einlässt, aber aus bestimmten Teilen deines Lebens versuchst du, sie herauszuhalten – mit wechselndem Erfolg.

13 UND MEHR JA: Für dich ist das Leben ein wilder Ritt, und du gehst keiner spannenden Erfahrung aus dem Weg. Auch wenn es mal wehtut, hast du keine Angst, denn du vertraust dem Leben. Lilith ist deine innere Göttin!

Lilith in den Zeichen / Datenliste

Geburtsdatum in der Zeit von

1920 bis 1929

01.01.1920 bis 15.07.1920	Schütze
16.07.1920 bis 31.12.1920	Steinbock
01.01.1921 bis 10.04.1921	Steinbock
11.04.1921 bis 31.12.1921	Wassermann
01.01.1922 bis 05.01.1922	Wassermann
06.01.1922 bis 01.10.1922	Fische
02.10.1922 bis 31.12.1922	Widder
01.01.1923 bis 27.06.1923	Widder
28.06.1923 bis 31.12.1923	Stier
01.01.1924 bis 23.03.1924	Stier
24.03.1924 bis 18.12.1924	Zwillinge
19.12.1924 bis 31.12.1924	Zwillinge
01.01.1925 bis 12.09.1925	Krebs
13.09.1925 bis 31.12.1925	Löwe
01.01.1926 bis 09.06.1926	Löwe
10.06.1926 bis 31.12.1926	Jungfrau
01.01.1927 bis 05.03.1927	Jungfrau
06.03.1927 bis 29.11.1927	Waage
30.11.1927 bis 31.12.1927	Skorpion
01.01.1928 bis 24.08.1928	Skorpion
25.08.1928 bis 31.12.1928	Schütze
01.01.1929 bis 21.05.1929	Schütze
22.05.1929 bis 31.12.1929	Steinbock

1930 bis 1939

01.01.1930 bis 14.02.1930	Steinbock
15.02.1930 bis 10.11.1930	Wassermann
11.11.1930 bis 31.12.1930	Fische
01.01.1931 bis 07.08.1931	Fische
08.08.1931 bis 31.12.1931	Widder
01.01.1932 bis 01.05.1932	Widder
02.05.1932 bis 31.12.1932	Stier
01.01.1933 bis 26.01.1933	Stier
27.01.1933 bis 22.10.1933	Zwillinge
23.10.1933 bis 31.12.1933	Krebs
01.01.1934 bis 19.07.1934	Krebs
20.07 1934 bis 31.12.1934	Löwe
01.01.1935 bis 14.04.1935	Löwe
15.04.1935 bis 31.12.1935	Jungfrau
01.01.1936 bis 08.01.1936	Jungfrau
09.01.1936 bis 04.10.1936	Waage
05.10.1936 bis 31.12.1936	Skorpion
01.01.1937 bis 30.06.1937	Skorpion
01.07.1937 bis 31.12.1937	Schütze
01.01.1938 bis 26.03.1938	Schütze
27.03.1938 bis 20.12.1938	Steinbock
21.12.1938 bis 31.12.1938	Wassermann
01.01.1939 bis 16.09.1939	Wassermann
17.09.1939 bis 31.12.1939	Fische

1940 bis 1949

01.01.1940 bis 11.06.1940	Fische
12.06.1940 bis 31.12.1940	Widder
01.01.1941 bis 07.03.1941	Widder
08.03.1941 bis 02.12.1941	Stier
03.12.1941 bis 31.12.1941	Zwillinge
01.01.1942 bis 28.08.1942	Zwillinge
29.08.1942 bis 31.12.1942	Krebs
01.01.1943 bis 24.05.1943	Krebs
25.05.1943 bis 31.12.1943	Löwe
01.01.1944 bis 18.02.1944	Löwe
19.02.1944 bis 13.11.1944	Jungfrau
14.11.1944 bis 31.12.1944	Waage
01.01.1945 bis 09.08.1945	Waage
10.08.1945 bis 31.12.1945	Skorpion
01.01.1946 bis 05.05.1946	Skorpion
06.05.1946 bis 31.12.1946	Schütze
01.01.1947 bis 30.01.1947	Schütze
31.01.1947 bis 26.10.1947	Steinbock
27.10.1947 bis 31.12.1947	Wassermann
01.01.1948 bis 21.07.1948	Wassermann
22.07.1948 bis 31.12.1948	Fische
01.01.1949 bis 17.04.1949	Fische
18.04.1949 bis 31.12.1949	Widder

1950 bis 1959

01.01.1950 bis 11.01.1950	Widder
12.01.1950 bis 07.10.1950	Stier
08.10.1950 bis 31.12.1950	Zwillinge
01.01.1951 bis 03.07.1951	Zwillinge
04.07.1951 bis 31.12.1951	Krebs
01.01.1952 bis 29.03.1952	Krebs
30.03.1952 bis 23.12.1952	Löwe
24.12.1952 bis 31.12.1952	Jungfrau
01.01.1953 bis 18.09.1953	Jungfrau
19.09.1953 bis 31.12.1953	Waage
01.01.1954 bis 15.06.1954	Waage
16.06.1954 bis 31.12.1954	Skorpion
01.01.1955 bis 11.03.1955	Skorpion
12.03.1955 bis 05.12.1955	Schütze
06.12.1955 bis 31.12.1955	Steinbock
01.01.1956 bis 30.08.1956	Steinbock
31.08.1956 bis 31.12.1956	Wassermann
01.01.1957 bis 27.05.1957	Wassermann
28.05.1957 bis 31.12.1957	Fische
01.01.1958 bis 20.02.1958	Fische
21.02.1958 bis 16.11.1958	Widder
17.11.1958 bis 31.12.1958	Stier
01.01.1959 bis 13.08.1959	Stier
14.08.1959 bis 31.12.1959	Zwillinge

1960 bis 1969

01.01.1960 bis 08.05.1960	Zwillinge
09.05.1960 bis 31.12.1960	Krebs
01.01.1961 bis 01.02.1961	Krebs
02.02.1961 bis 28.10.1961	Löwe
29.10.1961 bis 31.12.1961	Jungfrau
01.01.1962 bis 25.07.1962	Jungfrau
26.07.1962 bis 31.12.1962	Waage
01.01.1963 bis 20.04.1963	Waage
21.04.1963 bis 31.12.1963	Skorpion
01.01.1964 bis 14.01.1964	Skorpion
15.01.1964 bis 10.10.1964	Schütze
11.10.1964 bis 31.12.1964	Steinbock
01.01.1965 bis 06.07.1965	Steinbock
07.07.1965 bis 31.12.1965	Wassermann
01.01.1966 bis 01.04.1966	Wassermann
02.04.1966 bis 27.12.1966	Fische
28.12.1966 bis 31.12.1966	Widder
01.01.1967 bis 22.09.1967	Widder
23.09.1967 bis 31.12.1967	Stier
01.01.1968 bis 17.06.1968	Stier
18.06.1968 bis 31.12.1968	Zwillinge
01.01.1969 bis 13.03.1969	Zwillinge
14.03.1969 bis 08.12.1969	Krebs
09.12.1969 bis 31.12.1969	Löwe

1970 bis 1979

01.01.1970 bis 03.09.1970	Löwe
04.09.1970 bis 31.12.1970	Jungfrau
01.01.1971 bis 30.05.1971	Jungfrau
31.05.1971 bis 31.12.1971	Waage
01.01.1972 bis 23.02.1972	Waage
24.02.1972 bis 19.11.1972	Skorpion
20.11.1972 bis 31.12.1972	Schütze
01.01.1973 bis 15.08.1973	Schütze
16.08.1973 bis 31.12.1973	Steinbock
01.01.1974 bis 11.05.1974	Steinbock
12.05.1974 bis 31.12.1974	Wassermann
01.01.1975 bis 05.02.1975	Wassermann
06.02.1975 bis 01.11.1975	Fische
02.11.1975 bis 31.12.1975	Widder
01.01.1976 bis 27.07.1976	Widder
28.07.1976 bis 31.12.1976	Stier
01.01.1977 bis 23.04.1977	Stier
24.04.1977 bis 31.12.1977	Zwillinge
01.01.1978 bis 17.01.1978	Zwillinge
18.01.1978 bis 13.10.1978	Krebs
14.10.1978 bis 31.12.1978	Löwe
01.01.1979 bis 09.07.1979	Löwe
10.07.1979 bis 31.12.1979	Jungfrau

1980 bis 1989

01.01.1980 bis 04.04.1980	Jungfrau
05.04.1980 bis 29.12.1980	Waage
30.12.1980 bis 31.12.1980	Skorpion
01.01.1981 bis 24.09.1981	Skorpion
25.09.1981 bis 31.12.1981	Schütze
01.01.1982 bis 21.06.1982	Schütze
22.06.1982 bis 31.12.1982	Steinbock
01.01.1983 bis 17.03.1983	Steinbock
18.03.1983 bis 01.12.1983	Wassermann
02.12.1983 bis 31.12.1983	Fische
01.01.1984 bis 06.09.1984	Fische
07.09.1984 bis 31.12.1984	Widder
01.01.1985 bis 02.06.1985	Widder
03.06.1985 bis 31.12.1985	Stier
01.01.1986 bis 26.02.1986	Stier
27.02.1986 bis 22.11.1986	Zwillinge
23.11.1986 bis 31.12.1986	Krebs
01.01.1987 bis 19.08.1987	Krebs
20.08.1987 bis 31.12.1987	Löwe
01.01.1988 bis 14.05.1988	Löwe
15.05.1988 bis 31.12.1988	Jungfrau
01.01.1989 bis 07.02.1989	Jungfrau
08.02.1989 bis 03.11.1989	Waage
04.11.1989 bis 31.12.1989	Skorpion

1990 bis 1999

01.01.1990 bis 31.07.1990	Skorpion
01.08.1990 bis 31.12.1990	Schütze
01.01.1991 bis 26.04.1991	Schütze
27.04.1991 bis 31.12.1991	Steinbock
01.01.1992 bis 20.01.1992	Steinbock
21.01.1992 bis 01.10.1992	Wassermann
02.10.1992 bis 31.12.1992	Fische
01.01.1993 bis 12.07.1993	Fische
13.07.1993 bis 31.12.1993	Widder
01.01.1994 bis 07.04.1994	Widder
08.04.1994 bis 31.12.1994	Stier
01.01.1995 bis 02.01.1995	Stier
03.01.1995 bis 28.09.1995	Zwillinge
29.09.1995 bis 31.12.1995	Krebs
01.01.1996 bis 23.06.1996	Krebs
24.06.1996 bis 31.12.1996	Löwe
01.01.1997 bis 19.03.1997	Löwe
20.03.1997 bis 14.12.1997	Jungfrau
15.12.1997 bis 31.12.1997	Waage
01.01.1998 bis 09.09.1998	Waage
10.09.1998 bis 31.12.1998	Skorpion
01.01.1999 bis 05.06.1999	Skorpion
06.06.1999 bis 31.12.1999	Schütze

2000 bis 2009

01.01.2000 bis 01.03.2000	Schütze
02.03.2000 bis 25.11.2000	Steinbock
26.11.2000 bis 31.12.2000	Wassermann
01.01.2001 bis 21.08.2001	Wassermann
22.08.2001 bis 31.12.2001	Fische
01.01.2002 bis 18.05.2002	Fische
19.05.2002 bis 31.12.2002	Widder
01.01.2003 bis 11.02.2002	Widder
12.02.2003 bis 07.11.2003	Stier
08.11.2003 bis 31.12.2003	Zwillinge
01.01.2004 bis 02.08.2004	Zwillinge
03.08.2004 bis 31.12.2004	Krebs
01.01.2005 bis 29.04.2005	Krebs
30.04.2005 bis 31.12.2005	Löwe
01.01.2006 bis 23.01.2006	Löwe
24.01.2006 bis 19.10.2006	Jungfrau
20.10.2006 bis 31.12.2006	Jungfrau
01.01.2007 bis 15.07.2007	Waage
16.07.2007 bis 31.12.2007	Skorpion
01.01.2008 bis 10.04.2008	Skorpion
11.04.2008 bis 31.12.2008	Schütze
01.01.2009 bis 04.01.2009	Schütze
05.01.2009 bis 30.09.2009	Steinbock
01.10.2009 bis 31.12.2009	Wassermann

2010 bis 2020

01.01.2010 bis 27.06.2010	Wassermann
28.06.2010 bis 31.12.2010	Fische
01.01.2011 bis 23.03.2011	Fische
24.03.2011 bis 17.12.2011	Widder
18.12.2011 bis 31.12.2011	Stier
01.01.2012 bis 12.09.2012	Stier
13.09.2012 bis 31.12.2012	Zwillinge
01.01.2013 bis 08.06.2013	Zwillinge
09.06.2013 bis 31.12.2013	Krebs
01.01.2014 bis 04.03.1914	Krebs
05.03.2014 bis 28.11.2014	Löwe
29.11.2014 bis 31.12.2014	Jungfrau
01.01.2015 bis 25.08.2015	Jungfrau
26.08.2015 bis 31.12.2015	Waage
01.01.2016 bis 20.05.2016	Waage
21.05.2016 bis 31.12.2016	Skorpion
01.01.2017 bis 13.02.2017	Skorpion
14.02.2017 bis 10.11.2017	Schütze
11.07.2017 bis 31.12.2017	Steinbock
01.01.2018 bis 06.08.2018	Steinbock
07.08.2018 bis 31.12.2018	Wassermann
01.01.2019 bis 02.05.2019	Wassermann
03.05.2019 bis 31.12.2019	Fische
01.01.2020 bis 26.01.2020	Fische
27.01.2020 bis 22.10.2020	Widder
23.10.2020 bis 31.12.2020	Stier

Anhang

LITERATUR

Aliti, Angelika: *Macht und Magie. Der weibliche Weg, die Welt zu verändern*, Frauenoffensive, München 2001

Aliti, Angelika: *Die wilde Frau. Rückkehr zu den Quellen weiblicher Macht und Energie*, Knaur, München 1994

Bauer, Joachim: *Warum ich fühle, was du fühlst*, Hoffmann & Campe, 2005

Banzhaf, Hajo, Haebler, Anna: *Schlüsselworte zur Astrologie*, Hugendubel Verlag, München 1996

Blair, Nancy: *Göttinnen für jede Jahreszeit*, Goldmann, München 1997

Coelho, Paulo: *Auf dem Jakobsweg. Tagebuch einer Pilgerreise nach Santiago de Compostela*, Diogenes, Zürich 2007

Crowley, Vivianne: *Wicca. Die alte Religion im neuen Zeitalter*, Edition Ananael, M. Sperlhofer, Bad Ischl 1998

Curott, Phyllis: *Im Namen der Großen Göttin. Der Weg einer erfolgreichen Frau zur Hexenkunst und magischer Weisheit*, Goldmann, München 1999

de la Gravelaine, Joelle: *Lilith, der Schwarze Mond. Die große Göttin im Horoskop*, Edition Astrodata, Wettswil 1993

Delius, Walter: *Geschichte der Marienverehrung*, Ernst Reinhardt, München 1963

Göttner-Abendroth, Heide: *Die Göttin und ihr Heros*, erweiterte und vollständig überarbeitete Neuauflage, Frauenoffensive, München 1997

Griscom, Chris: *Meergeboren – Geburt als spirituelle Einweihung*, Goldmann, München 1990

Farrant, Sheila: *Die Kraft der weiblichen Symbole*, Labyrinth, Braunschweig 1997

Francia, Luisa: *Drachenzeit*, Frauenoffensive, München, 2000

Hilsberg, Regina: *Körpergefühl. Die Wurzeln der Kommunikation zwischen Eltern und Kind*, Rowohlt, Reinbek 1997

Keel, Othmar: *Gott Weiblich. Eine verborgene Seite des biblischen Gottes*, Projekt Bibel + Orient Museum, Fribourg 2008

Kerkeling, Hape: *Ich bin dann mal weg. Meine Reise auf dem Jakobsweg*, Piper, München 2009

Klinghammer, Alexandra; Weiss, Claude: *Die Lilith-Fibel – der Schwarze Mond im Horoskop*, Edition Astrodata, Wettswil 2008

Lelord, François und Andre, Christophe: *Die Macht der Emotionen – und wie sie unseren Alltag bestimmen*, Piper, München 2007

Liedloff, Jean: *Auf der Suche nach dem verlorenen Glück. Gegen die Zerstörung unserer Glücksfähigkeit in der frühen Kindheit*, C. H. Beck, München 1998

Meisl, Annette: *Fünf Männer für mich. Ein SEXperiment*, Südwest, München 2012

Namu, Yang Erche und Mathieu, Christine: *Das Land der Töchter. Eine Kindheit bei den Moso, wo die Welt den Frauen gehört*, Ullstein, Berlin 2010

Odier, Daniel: *Tantra – Eintauchen in die absolute Liebe*, Aquamarin, Grafing 2011

Paetzold, Wolfgang: *Teflonherz und Liebesgier. Beziehungen in Zeiten der Ichsucht*, Diederichs, München 2012

Roche, Charlotte: *Feuchtgebiete*, Ullstein, Berlin 2009

Röhrig, Anna Eunike: *Klug, schön und gefährlich. Die 100 berühmtesten Frauen der Weltgeschichte*, C. H. Beck, München 2010

Rosin, Hanna: *Das Ende der Männer – Und der Aufstieg der Frauen*, Berlin Verlag, Berlin 2013

Rowling Joanne K.: *Harry Potter und der Stein der Weisen*, Carlsen, Hamburg 1998 (62. Auflage)

Santoni, Francis: *The New International Ephemerides*, Aureas Edition, Paris 2006 (14. Auflage)

Savage, Linda E.: *Reclaiming Goddess Sexuality*, Divine Feminine Publication, USA 2004

Schulze, Peter H.: *Hatschepsut, Herrin beider Länder*, Bastei Lübbe, Bergisch Gladbach 1981

Schwarzer, Alice: *Der kleine Unterschied und seine großen Folgen*, Fischer, Frankfurt 2002 (Neuauflage)

Sorge, Elga: *Religion und Frau. Weibliche Spiritualität und Christentum*, Kohlhammer, Stuttgart 1987

Spitzer, Manfred: *Digitale Demenz. Wie wir unsere Kinder um den Verstand bringen*. Droemer Knaur, München 2012

Stuckrad, Kocku von: *Lilith – im Licht des schwarzen Mondes zur Kraft der Göttin*, Aurum, Braunschweig 1997

Walker, Barbara G.: *Das geheime Wissen der Frauen. Ein Lexikon*, Arun, Engerda 2003

Walker, Barbara G.: *Die geheimen Symbole der Frauen. Lexikon der weiblichen Spiritualität*, Hugendubel/Heyne, München 2000

Wangyal, Tenzin Ripoche: *Übung der Nacht. Tibetische Meditationen in Schlaf und Traum*, Hugendubel (Diederichs), München 2001

Ware, Bronnie: *5 Dinge, die Sterbende am meisten bereuen: Einsichten, die Ihr Leben verändern werden*, Goldmann, München 2003

Winter, Gayan Silvie und Dosé, Jo: *Das Orakel der Göttin. Die weiblichen Kräfte des Göttlichen entdecken*, Urania, Neuhausen 2003

Wunderlich, Dieter: *Verführerische Frauen*, Piper, München 2012

Wunderlich, Dieter: *AußerOrdentliche Frauen*, Piper, München 2009

Wunderlich, Dieter: *WageMutige Frauen*, Piper, München 2008

Wunderlich, Dieter: *EigenSinnige Frauen*, Piper, München 2004

Websites

antonialangsdorf.com (meine Homepage)
bibelwissenschaft.de (Lilith-Belege in Bibel und religiösen Texten)
dieterwunderlich.de/frauen (Frauenbiografien und Buchtipps für Frauen)
drmdjalali.wixsite.com/haptonomie (Homepage von »Haptonomie-Papst« Dr. Mehdi Djalali)
fembio.org (Biografien und Geschichten über bekannte Frauen)
kaiserin.de (Frauen in der Geschichte)
matriaval.de (Verein zur Unterstützung matriarchaler Gesellschaften und Vermittlung matriarchaler Werte)
pinterest.com/alangsdorf (Lilith-Galerie, Göttinnen-Galerie)
ritual-beratung.de (Rituale für die großen Übergänge des Lebens)
sylvie-blum.com (Fotografin – »Für mich sind Frauen Göttinnen«)
vision-quest.de (Visionssuche)

Anmerkungen

1. Kocku von Stuckrad: *Lilith – im Licht des Schwarzen Mondes zur Kraft der Göttin*
2. Ich beziehe mich hier auf die Schlussfolgerung in der *Lilith-Fibel* von Claude Weiss und Alexandra Klinghammer
3. Kocku von Stuckrad, S. 70
4. Der Ägyptologe Jan Assmann postuliert in seinem Buch *Moses der Ägypter*, dass Moses, der ja in Ägypten aufwuchs, stark vom neu geschaffenen, monotheistischen Sonnengottkult des Echnaton beeinflusst war und dass hier möglicherweise die Entstehung der monotheistischen Weltordnung des Judentums und später auch des Christentums zu suchen ist.
5. Informationen dazu findest du unter meinen Quellenangaben und im Kapitel: »Einweihung – die Göttin kehrt zurück«
6. Kocku von Stuckrad: *Lilith*, S. 72
7. Ich beziehe mich hier auf den »Auszug aus Ägypten« unter Führung von Moses, der von jüdischen Historikern auf das Jahr 1312 v. Chr. datiert wird (http://de.wikipedia.org/wiki/Auszug_aus_Ägypten). Die Geschichten um Moses markieren den Beginn des neuen Monotheismus unter Führung von Jahwe.
8. Linda Savage: *Reclaiming Goddess Sexuality*
9. Zitiert nach W. Delius: *Geschichte der Marienverehrung*, Reinhardt, München, Basel 1963, S. 105
10. bild.de/leute/aktuell/leute/uschi-obermaier-serie-teil2-845976.bild.html
11. Ich benutze dabei wie die meisten meiner Kollegen die sogenannte »mittlere Lilith«.
12. Vgl. Harald Lesch »Alpha Centauri«, Folge 01, Episode 10: »Wie entstand der Mond«
13. Eigentlich Walter Richard Old (1864–1929), hebräische Engelsnamen waren damals als Pseudonyme sehr beliebt. S. a. Sepharial – »The Science of Foreknowledge«
14. Kocku von Stuckrad: Geschichte der Astrologie
15. Aus: *Hebammenkunde – Lehrbuch für Schwangerschaft, Geburt, Wochenbett und Beruf*, S. 142, von Andrea Stiefel, Christine Geist, Ulrike Harder
16. Kocku von Stuckrad: *Lilith. Im Licht des schwarzen Mondes zur Kraft der Göttin*
17. sylvie-blum.org
18. In meinem Medienberuf als Journalistin treffe ich unter Kollegen überdurchschnittlich häufig auf Zwillinge-Geborene. Eine bekannte Klatschzeitschrift hat einmal eine Statistik über die Sternzeichen der Promis erstellt, die in ihrem Blatt am häufigsten genannt wurden. Platz eins: die Zwillinge.
19. Lady Gaga: Lady Gaga Presents The Monster Ball Tour At Madison Square Garden, DVD Universal/Music/DVD, 2011

20 Der Film von Lady Gaga beginnt damit, dass sie vor Nervosität und Bühnenangst weint und sich darüber beklagt, dass sie sich oft klein und hässlich fühlt ...
21 Vgl. Joachim Bauer: *Warum ich fühle, was du fühlst: Intuitive Kommunikation und das Geheimnis der Spiegelneurone*
22 Vgl. François Lelord: *Die Macht der Emotionen*
23 fembio.org/biographie.php/frau/biographie/elisabeth-kuebler-ross
24 Geburtsdatum umgerechnet in den gregorianischen Kalender
25 Aus einem Artikel in *Die Welt* vom 09.11.2012
26 Vgl. Manfred Spitzer: *Digitale Demenz*
27 Zitiert nach: *Die Lilith-Fibel* von Claude Weiss und Alexandra Klinghammer
28 Vgl. Karin Haß: *Fremde Heimat Sibirien: Leben an der Seite eines Taigajägers*

Dank

Ich danke für die wunderbaren Lilith-Geschichten Annette, Ingrid, Sophie, Hanna, Lia, Sylvia und Mia.
Ich danke meinem Vater, der mir mit seinem Wissen über das Matriarchat, den ägyptischen Götterhimmel und die heilige Maria eine Quelle der Inspiration war, und meiner Mutter, die mich im Geist echter Gleichberechtigung erzogen hat.
Ich danke Ray, der mich seit Jahren anspornt, endlich mein Wissen über Lilith aufzuschreiben, und ich danke Hanna und Manfred für ihre praktische Unterstützung.
Mein ganz besonderer Dank geht an Juliane, meine Lektorin, für die wundervolle und inspirierende Zusammenarbeit – und nicht zuletzt danke ich natürlich auch dem Verlag für das in mich gesetzte Vertrauen.

ÜBER DIE AUTORIN

Antonia Langsdorf, Journalistin, Astrologin und Lebensberaterin, beschäftigt sich seit Jahrzehnten mit der Frage, wie uraltes metaphysisches Wissen für die Frau von heute nutzbar gemacht werden kann. Sie ist Vice President Germany der *International Society for Astrological Research* und international mit Vorträgen als Lilith-Expertin bekannt. Auf Ihrem YouTube-Kanal »Antonias Sterne« präsentiert sie aktuelle Videos zum astrologischen Zeitgeschehen und zu Lilith.

Aus der inneren Fülle leben

Klappenbroschur, 208 Seiten
ISBN 978-3-95550-253-9

Die Frau hat neunmal mehr Schaffenskraft als der Mann. Warum leben dennoch nur wenige ihr volles Potenzial? Die russische Heilerin und Bestsellerautorin Lumira zeigt: Die Intuition ist das wichtigste Werkzeug der Frau, um ihre wahren Energiequellen zu erschließen. Anhand vieler Übungen hilft Lumira allen Frauen, in ihre ursprüngliche heilende Kraft zurückzufinden.

TRINITY

www.trinity-verlag.de